スイスの労働協約

中野育男
NAKANO Ikuo

専修大学出版局

はしがき

　これまで日本ではあまり紹介されることのなかったスイスの個別的な労働関係における労働者と使用者との間の契約法理の特殊性を解明した拙著『スイス労働契約の研究』(1995年・総合労働研究所)を当時の文部省の科学研究費の助成を受けて刊行して以来，10年余の歳月が経過した。この間にスイスの労働関係を取り巻く社会経済的な環境は大きく変容し，ベルリンの壁の崩壊とそれに続くグローバリズムの席巻は，安定的に推移してきたスイス労働関係の土台を大きく揺るがしている。またEUによる労働関係規制の進展は，EUに加盟していないものの四囲を加盟国に囲まれているスイスの労働立法政策にも少なくない影響を与えている。本書においては，この間の著者の研究の蓄積をふまえて，変貌の著しいスイス労働関係の集団的な側面に特に焦点を当て，使用者団体と労働組合との間で締結されるスイス労働協約の法理論的な特質を究明するとともに，その今日的な状況について分析を加えることを目的としている。そして，前著で明らかにされたスイスの個別的な労働関係規制の特殊性に加えて，今回その集団的な労働関係規制の特質が解明されることにより，日本におけるスイス労働関係規制に対する包括的かつ体系的な研究のための橋頭堡を構築することに，本書の意義がある。ヨーロッパにおいて特異な発展を遂げてきたスイスの労働協約の解明は，協約交渉における交渉範囲，交渉事項の決定，交渉の推進と妥結などの面で，逼塞した状況にある我が国の労働関係を活性化するための有益な示唆を提供するものと思われる。

　本書は，序章においてグローバリズムの視点から21世紀のスイス労働組合と労働協約のあり方について大胆な予想を行っているUrs. Ch. Nef (2003)の論考を取り上げ，これを批判的に検討する中で，あらためてスイス労働関係とそこに成立する労働協約に関する抜本的な究明が必要とされる契機を明らかにする。続いて第1章では，ここでの問題提起を受けて，スイスにおける集団的労働関係規制の淵源を辿る作業を通じて，スイス労働協約の持つ歴史的な意義，すなわちスイス労働関係規制の展開がヨーロッパにおける通商の健全な促進のために果たした役割を明らかにする。第2章では，このようなスイスの集団的労働関係規制が社会的パートナーの

自治に基づく実践の中で発展し，生成してきた経緯を明らかにする。また，早い時期に立法がスイス労働協約に規範的効力を与えたことで，スイスはこの領域のパイオニアとなった。このようなスイス労働関係規制の特質が今日のスイスの労働関係において，どのように継承され制度として整備されているのかが注目される。第3章では，ベルリンの壁が崩壊し，対抗軸としてのソ連邦が消滅した後，グローバリズムの嵐が席巻する中で，賃金をめぐる労働協約交渉の展開に着目して，スイスの集団的労働関係が辿った変容の過程を究明する。第4章では，労使間の対立が最も顕著であった労働時間の短縮をめぐる労働協約交渉について検討する。周辺のヨーロッパ諸国がEUの規制を受けて労働時間の短縮を先行させる中で，長時間労働が特徴とされてきたスイスの労働関係にも変化の兆しが見え始めている。第5章では，スイス労働関係における平等取扱いと多様性の確保という緊要度の高い今日的な課題を取り上げる。スイス労働関係においては多国籍企業を中心とした企業レベルの労働協約が，この問題に関する先進的な取組みを行っている。保守的な傾向の強かったスイスの労働関係が，このような領域にも進出し始めたことは，スイスの労働協約の新たな展開として注目される。終章では，総括として，ベルリンの壁が崩壊して以降，今日までの労働協約をめぐるスイスの集団的労働関係の変容について検討する。労働組合の組織率の減退傾向と地球的規模での原理主義的な労働市場の再編の動きを受けて，スイスの労働協約も当事者，交渉過程，雇用保障との関係，従業員代表制さらに紛争解決などの位相において大きな変化が現れている。

　本書の刊行にあたって，恩師である秋田成就先生（法政大学名誉教授）に心からの感謝を申し上げたい。先生には，大学院生の頃から今日に至るまでの長い年月にわたって暖かいご指導を頂いている。社会法学の碩学であり労働契約研究の最先端を常にリードされてきた先生との学問的な出会いに恵まれたことはこの上もない幸運である。今回も専修大学出版局の高橋泰男氏には厳しさを増す出版事情のもとで多くの尽力を頂き，厚くお礼を申し上げる。なお，本書は専修大学図書刊行助成の制度による刊行図書である。

　　2007年盛夏

中野　育男

〈目　次〉

序　章　21世紀のスイス労働協約 …………………………………………… *1*

　1節　新たな労働空間の出現 ………………………………………………… *1*
　2節　個別的労働関係の法的帰結 …………………………………………… *4*
　3節　スイス法における労働協約の位相 …………………………………… *7*
　4節　集団的労働法の危機 …………………………………………………… *10*
　5節　労働組合の新たな戦略 ………………………………………………… *13*

第1章　スイス集団的労働関係規制の淵源 ………………………………… *17*

　1節　スイス集団的労働関係の成立 ………………………………………… *18*
　2節　スイス労働協約の成立 ………………………………………………… *20*
　3節　企業内労使関係規制の発展 …………………………………………… *25*
　4節　スイスにおける団結の権利構造 ……………………………………… *27*
　5節　スイス労働協約法制の特質 …………………………………………… *34*
　6節　経営組織法と共同決定 ………………………………………………… *42*

第2章　スイス集団的労働関係規制の展開 ………………………………… *47*

　1節　結社の自由と団結権 …………………………………………………… *47*
　2節　集団的労働関係の当事者 ……………………………………………… *52*
　3節　企業内労使関係規制の展開 …………………………………………… *56*
　4節　労働協約規制の展開 …………………………………………………… *60*
　5節　平和義務 ………………………………………………………………… *71*

第3章　スイス労働関係における賃金交渉 ………………………………… *81*

　1節　スイス労働経済の推移 ………………………………………………… *81*
　2節　ナショナルセンターの賃金交渉 ……………………………………… *85*

iii

3節	産別賃金交渉の展開 …………………………………………… *90*
4節	スイスにおける賃金交渉の特質 ………………………………… *113*

第4章　スイス労働関係における労働時間交渉 ……………………… *137*

1節	労働時間の短縮 …………………………………………………… *137*
2節	時間外・休日労働 ………………………………………………… *150*
3節	労働時間の弾力化 ………………………………………………… *154*
4節	休暇・休日・休憩 ………………………………………………… *158*

第5章　スイス労働関係における均等取扱いと多様性の確保 ……… *165*

1節	問題の所在 ………………………………………………………… *165*
2節	均等取扱い ………………………………………………………… *169*
3節	多様性の確保 ……………………………………………………… *179*
4節	保護のシステム …………………………………………………… *191*
5節	労働組合の取組み ………………………………………………… *199*

終　章　スイス集団的労働関係の変容 ………………………………… *205*

1節	労働協約のアクター ……………………………………………… *205*
2節	団体交渉と労働協約の締結 ……………………………………… *218*
3節	雇用保障と労働協約 ……………………………………………… *225*
4節	従業員参加の制度 ………………………………………………… *235*
5節	争議行為と紛争解決システム …………………………………… *249*

お わ り に ……………………………………………………………………… *263*

序　章　21世紀のスイス労働協約

はじめに

　スイスにおける労働組合の組織率の推移は，他の先進諸国のそれと軌を一にしているが，ここでは労働組合と労働協約のあり方に関する最近のスイスにおける議論を Urs Ch. Nef（2003）の論考を踏まえて考察することにする。労働組合と労働協約をめぐるパラダイムの変動は，制度と機能の両面からの根本的な再検討を避けて通れないものにしている。

1節　新たな労働空間の出現

　前世紀の半ばごろから先進国では，製造業から徐々にサービス業を中心とする第三次産業を土台にした経済へと移行してきた。最近の10年はこのような経済の変化が劇的に進行した時代である。スイスでも1950年には，雇用者の46％が製造業で就労していたが，1990年にはこの数字が35％に低下した。そして1999年には25％にまで下落した（UBS, Die Schweiz in Zahlen, 2000）。この変化には二つの原因がある。一つには商品生産の多くが低賃金労働の国々へと移行し続けたことにある。今日では世界の製造業の労働者の80％がアジアの新興工業国に住んでいる。二つ目は，世界的な情報技術の進展により，商品の生産がその前後の計画，立案，マーケティング，販売，リサイクルなどのサービスのなかに埋め込まれてしまったことに

ある。

1．今日の生産過程と労働
　かつて多くの段階に分かれていた生産の過程は今日再び統合され，機能を重視した作業ユニットを構成するようになった。その結果，雇用者は単調な作業の繰り返しからは解放されたが，より挑戦的な仕事と向き合うことになった。工業化の過程において分業は労働者の疎外をもたらし,深刻な社会問題となった。この疎外の進行は製造業に情報技術が導入されたことによって反転した。労働者は新しい作業手順に対応することを求められ，資格や特別の技能に裏付けされた職務遂行能力を身につけるために適切な教育や訓練を受けなければならないことになった。このことは事業所内での労働者の配置転換を困難にし，また企業の外部から同等の技能を持った労働者の採用を難しくする。情報技術の導入によって，労働の高度化が進み，個人としての人間のステータスは向上している。(Urs p. 239)
　現代の労働は高度に発展したダイナミズムによって特徴づけられる。企業も製品やサービスに対する新たな需要に常に対応することが求められている。経営手法も継続的な技術や管理の進歩に遅れないよう改善されなければならない。このような文脈の中では，労働者の技術革新に対応できる能力が高い需要を生み出すことになる。リスクをとり，変化する諸条件を受入れ，これに対応するための提案を準備することこそが，現代の労働に対する需要に応えて行くための不可欠の能力となっている。開かれた機構の一員である労働者は，即座に新しい挑戦に直面させられている。労働の急激な変化はその激しさにおいて19世紀に生じた産業革命と比べることができる。
　また現代労働は明らかにプロジェクト志向的になっている。個々のプロジェクトは一定の目標を達成するために作られた作業グループによって遂行される。そのためグループのメンバーは特定の要求の完遂を求められ，一定の期限内に目標を達成する責任を負わされている。かつて上長の指揮命令に沿って遂行されていた労働は，今や責任というグループ内の規範によって独立的に遂行されている。労働基準の視点から定められ協約規定の下ですべての従業員に適用される画一的な労働時間

制度は，もはや役に立たなくなってきている。労働時間は今日では個々の労働者ごとに決められるか，プロジェクトの進捗にあわせて個別のグループを単位として決定されることになる。

2．雇用安定性の欠如

　プロジェクト志向の作業は比較的に緩い労使関係を土台にしている。従前の獲得した権利の不可侵と先任権の原理に連動した官僚主義的な労働と比較して，今日の雇用関係は労働者の能力と経験によって決定される。その結果，新しい雇用契約は概して，プロジェクトの達成に必要な期間にのみ限定された有期契約として締結される。現代の社会を特徴づける雇用の臨時的な性格は，もはや企業内でのキャリアプランニングというものを許容しなくなっている。

　今日の雇用関係における安定性の欠如は，労働者にとって挑戦であるとともに精神的な緊張として認識されている。失業の脅威の増大に伴うコストは失業保険の負担増として社会に転嫁される。保障や保護といった感覚は現代の労働からはもはや提供されることはなくなっている。そのような感覚は家族とか夫婦といった安定した関係のなかに求めなければならなくなっている。平等取扱いはもはや単なる憲法上の権利でしかない。そのため長期の失業という内在的なリスクに対するセーフガードが必要になっている。(Urs p. 240)

3．新しい労働者像

　現代の企業は高い水準での知識と技術の統合を図っている。従業員の知的能力を完全に活用し，窮極的には企業の製品開発と改良に役立てて行くことが企業経営の責務である。従業員はきわめて短い時間で，遭遇する問題を解決することのできる知識を獲得できなければならない。今日の情報化社会では，誰でもがアクセスできる知識からは，人びとが社会に対する影響力を得ることは余りない。特定の仕事に必要な知識を収拾する能力，問題解決のための能力が重視される。このことは，労働者の側に科学の発展と歩調をあわせて，技能を改善し維持して行く継続的な努力が求められることになる。現代の労働は，変化というものに対して鷹揚で柔軟な心

性を持った人びとに利益をもたらす。労働が問題の解決に貢献するものであるとすれば，それは使用者だけでなく労働者にも利益をもたらす。労働者の知的および心的な能力は仕事を通じて常に向上し，またそのことは労働市場における競争上の地位を強めることになるからである。

　今日の企業組織は，もはや階層的な構造に基礎を置くものではなく，フラットでフレキシブルな構造のものに置き換えられており，労働者の直接的な責任が指揮命令関係を凌駕している。労働者は作業の対象に応じて，以前は使用者が采配していた労働をみずから組織する。労働の遂行に関する指揮命令を行なう権限が廃棄されると，作業の流れは円滑になり速さを増し，品質は改善され，製品やサービスの流通も促進される。

　企業におけるこのようなフラットな組織構造は，労働者がチームのメンバーとして持つ特殊な技能，あるいは教育や専門などのバックグラウンドに関して存在する差異を超越して協力する意思と能力がある場合にのみ成功する。このようなフラットな構造の中で求められている社会的能力とは，相互の尊重と誠実の原則に沿って交流する態度をもって働く意思のことである。自律的なプロジェクトグループが職場に存在する場合，フォーマルな労務管理はマイナーな役割しか果たさなくなる。
(Urs p. 241)

2節　個別的労働関係の法的帰結

　スイス債務法は，労務の遂行に関わる契約を3類型に区別している。「雇用」「請負」「委任」の3類型である。委任と請負の内容は，立法によれば独立的かつ専門的活動として定められている。一方で，個別的な雇用契約（債務法319条1項）の下では，労働者は使用者の事業の中で労務を遂行することになっている。すなわち雇用は従属的な状況のなかにある。法律によって定められた（債務法319条1項，321条1項）雇用の従属性を特徴づける指標は次の通りである。①労働者の個別的に労務を遂行する義務，②労働者の労務の提供が可能な範囲で定められた労働時間，③労働者に対して個々に指揮命令を行う使用者の権利，④一般に労働時間に対

応して使用者によって支払われる賃金の 4 項目である。これらの要件と個々の経済的及び法的従属性が，様々なレベルで労働者に対する債務法の強行規定，労働協約法，社会保障法などによる立法上の特別な保護を正当化する。しかし，今日の労働法においてはこれらのメルクマールは限界的なものになっている。

1. 雇用関係における権限の委譲と自己決定

　今日の雇用関係は，指揮命令というものを不要にしており，今や「委任」のような独立性の高い労務の給付が行なわれる法的な関係へと近づいている。請負契約の場合と異なり，雇用契約の下での労働者は所期の目標を達成できなかったとしても，その責任を負わされることはない。労働の結果が有用であろうとなかろうと，また商業的に活用できようができまいが，労働者の関知するところではなかった。現代の労働法の下でも，ビジネスのリスクは使用者の側にある。

　スイスの支配的な学説と判例によれば，労働者は法的な従属の下での雇用関係の範囲内で労務の給付を行なうことになっている（Vischer, Der Arbeitsvertrag, 1994, s. 2. BGE125 III 81）。従属状態は，個人的，組織的そして時間的な要素に関して使用者が個々に指揮命令を行なう包括的な権限によって説明される。しかし，今日の労働の原理によれば，段取りの組立てや各々の段階での労務の給付は労働者の責務とされる。そのため労働者と使用者との関係は労働の過程に関する限り本質的な変革を経験している。ここでは両当事者は真のパートナーとなり，従属的な慣行から離脱することになる。労働者は個人的な自発性と工夫，努力，忍耐によってプロジェクトの目標を達成することが期待され，そのことによって企業の一層の発展に貢献することになる。この数年でサービス部門の多くの企業が高い水準の生産性を達成しているが，それは多くの場合，労働者に対する権限の委譲と労働者の自己決定によって解き放たれたダイナミックなパワーによるものである。

　個別の雇用契約における時間の要素は二つの側面から説明される。一つは雇用の期間であり，他は労働時間である（Nef, Temporäre Arbeit, 1971, s. 30）。従属的な雇用関係は期間の経過または契約の終了に関する通知によって自動的に終了する。今日の労働においては主にプロジェクトの終了が雇用関係の終了ということに

なる。労働時間とは，労働者が労務の給付を義務づけられている時間の範囲であり，伝統的な従属労働の見方からは，その時間中は労働者は使用者の指揮命令に服することになっている。予定された労働時間の間，労働者本人が存在することこそ伝統的な労働関係の特徴である。使用者は指揮命令を通じてこの関係の存在を最大限活用することができた。しかし，新しいプロジェクト志向の雇用契約では，達成すべき目標が示されることにより「委任」により近いものとして捉えられることから，所期の結果が必ず出せるように労働時間を活用し，適切な方法でプロジェクトを実現することが労働者の責務となる。給付される労働の量を測定する手段としての労働時間はもはや意味を持たず，時計のようなコントロールのための装置は必要がなくなる。

2．賃金決定と剰余価値の配分

　使用者は個別の労働契約の下で労働者に対して賃金の支払い義務を負う。伝統的な雇用関係と異なり，現代の労働関係における賃金の支払いは労働者が使用者の指揮命令の下におかれる時間によって決まるものではない。市場の条件の下で，報酬は特定の技能・能力に対する需要と供給によって決定されることになる。現代の労働に関しては，実際の給与は提供された特別の能力の対価として決定される。大量の作業を行ったとしても，それ自体では，特別な俸給を正当化することにはならない。賃金や俸給に関する交渉は，具体的な細目を考慮にいれた，非常に個人的な性格のものになる。企業の階層構造の中での職位に対応した伝統的な賃金決定は，自由市場経済の原理とは相容れないものとなっている。

　ミクロ経済学的な保障機能とは別に，賃金は今日，マクロ的な配分の構成要素も含んでいる。これは企業の付加価値の分配を労働者に認めるものである。市場賃金は労働者が企業にもたらす剰余価値とは区別される。生産された剰余価値を超えて賃金要求をする労働者は遅かれ早かれ解雇される。生産性の向上の結果としての剰余価値は公正の原則から，企業所有者と労働者との間で分配されることになる。剰余価値は集団によって作られることから，公正賃金の問題はより大きい集団的な文脈の中で検討されるべきである。この文脈において，労働協約は個別の労働契約と

ともに正統性を持つことになる。個別企業における剰余価値生産にも配慮した具体的な評価方法によって賃金は決定される。これに関する大まかな条件は常に変化するので，評価は一定の間隔をおいて繰り返されなければならない。公正な賃金政策は産業平和の維持に大きく貢献する。(Urs p. 243)

3．社会保険と労働保護

　社会のニューファミリー層の増加にあわせて使用者も新しい労働の形を取り入れるようになってきた。労働時間の弾力化はそのひとつである。労働条件に関する交渉は促進され，疾病，災害，老齢などの社会的なリスクは雇用関係の範囲から除外され，社会保険の領域に移された。原則として労働者の就労履歴は「断続的」となるので，健康保険，災害保険及び年金制度は，自発的または非自発的な一定期間の就労がなくても，途切れることなく継続することになる。現代の労働は，労働者に対して高い水準の自律性を与えている。これは社会保険が与える保護にかなりの部分を負っている。労働者の教育と交渉技術の進展は，公正な労働条件の交渉を行う際に必要な独立した地位の確保を可能にした。労働者は労働保護法規にあまり依存しなくなり，労働者が雇用関係における弱い当事者であるという伝統的な前提は，今も正しいかどうかは疑わしい。それゆえに，すべての労働者に対して法的な保護を行うことが正しいかどうかも疑わしいことになる。

3節　スイス法における労働協約の位相

　労働協約法は使用者団体と労働組合に対して，労働者の利益の視点から集団的な協定を締結する形で，雇用条件について交渉する権利を与えている。この権利は国家が協約当事者に与えている。そこでは労働者が経済的に弱い契約の当事者と前提されている。労働者は，使用者に対してその利益を有効に保護できる地位にはなく，公平で公正な雇用契約の条件を交渉する立場にもない。労働者はその生存のために，雇用のもたらす収入に頼らざるをえず，使用者の提示する条件に同意することを強いられている。このような私的契約の当事者間に存在する不均衡は労働協約

の締結によって克服されうる。労働協約の条項は協約当事者の誠実さを根拠に特別な権威が与えられている。(Urs p. 244)

1. 団結と統制

労働協約の締結によって集団的な賃金交渉は個々の労働者及び使用者を拘束する法を創造する権限を団結のパートナーに与える。国家はこの領域での立法権を放棄し，本来立法権のない団結のパートナーに経済的自由を根拠に国家類似の規則制定権限を独立して与えている。労働協約は労働者が個別の労働契約からより有利な条件を引き出せない範囲で拘束力をもつ規定を含んでいる（債務法357条2項）。

労働協約は自由な市場経済に準拠した機構であり，契約自由を排除するものではないが，一方で，反トラスト規制に違反するとか自由市場の原理と矛盾するという懸念もある。従って，集団的な賃金交渉を私的自治の独立した部門として考えることは難しい。より正確には，集団的な賃金交渉は，生産の要素としての「労働の特殊経済的な性格」から正当化されると考えるべきである。集団的な賃金交渉は，政策的な意図による政府の介入に基づいており，現行の経済システムの範囲内で，自由企業経済を統制する労働市場規制の一つの要素を構成している。

結社の自由と，そこに根拠をおく使用者団体，及び労働組合の力が，労働協約の基礎を形成した。結社の自由は，共通の利益の促進を意図して団結を形成する権利であり，このような団結に参加する権利（積極的団結の自由），及びその参加を拒否する権利（消極的団結の自由）である。積極的団結の自由と消極的なそれとはスイス法においては等価とされている（Vischer, Zürcher Kommentar, 1983, s. 84）。消極的団結の自由は，労働協約システムの随意的性格を保障する。この労働協約システムは，一定の条件のもとで国家が労働協約に一般的拘束力を宣言すること（Allgemeinverbindlicherklärung）で侵食される潜在的脅威がある。

2. 争議行為と平和義務

協約交渉の手詰まりを打開するために，団結の当事者，とりわけ労働組合は，一定の条件の下で，争議行為に訴える権限が与えられている。フランスやイタリアと

異なり，スイスではストライキ権は憲法上保障された個人の権利ではない。ストライキは，労働協約の当事者としての資格を持った組織によって実施される場合にのみ，適法とみなされる（BGE125 III 284）。したがって，労働組合の支援を受けた，山猫ストは違法となる。新しいスイス連邦憲法では，結社の自由も争議行為も団結の当事者によって行使された場合にのみ，憲法上の保護を受けることができる（スイス連邦憲法28条）。団体交渉の自由が適法な争議行為の前提条件とされるため，憲法によって保障される権利の優先順位においても，団交権の次に争議権として順位づけられる。

争議行為の憲法上の保護は，団結の当事者が紛争解決のためのシステムに従う場合にのみ，正当とされ，国家の保護の下での争議行為は，労働協約の締結を希求する際の最後の手段とされる。紛争の解決が試みられる前に開始された争議行為は，この目的に反しており，違法とされる（スイス連邦憲法28条2項）。補足制の原則は，労働協約に基づく調停を，国家が強制する調停よりも優先させることを意味する（Rehbinder s. 217）。スイスでは，連邦とともに州も調停機関（Einigungusstelen）を持っている。この調停機関の決定は，その意に反して当事者を拘束するものではない。しかし，連邦の調停機関で手続が行われている間は，当事者は平和義務を負うことになる。

3．労働協約の目標

労働協約は多様な目標を持っており，それらは一定程度，相反することもあるが，労働組合の主張する様々な要求のなかで，もっとも主要な要求は国民生産の成果を労働者に配分することである。職種と産業を通じた最低賃金の設定はこれに応えたものである。労働組合は，有給休暇，フレックスタイム，訓練休暇などの労働条件の改善のために努力をする。さらに，男女の地位の平等，同一労働同一賃金，女性に対する差別の終焉を求める。そして，産業や地域，教育の違いによる賃金格差も労働協約によって縮小されることになる（Grüber s. 247）。スイスでは，職場委員会による企業内の労働者の共同決定も，労働協約の中で規定される。

自由な市場環境の下で，労働組合の積極的な政策が功を奏したという実証的な研

究はまだ見あたらない。労働協約の締結が，国民経済における労働者の持ち分の増大を可能にしたか否かは疑問である。インフレによる購買力の減少で，労働協約による賃金の引上げが実効性を欠いてしまうこともある。一方で，最低賃金が賃金を押し下げる何らかの圧力を作り出す可能性は排除しにくい。ボーダーライン上の企業で最低賃金が定められている場合，その可能性は大きい。市場条件にそぐわない労働協約は失業を誘発するというのが，労働協約が定める最低賃金に異を唱える主な言説である（Hayek s. 344）。失業との戦いの一つとして，労働時間の短縮による労働の分かち合いが可能なの否かという問題については，議論が残る（Hanau s. 65）。公務員関係労働者の労働協約による賃金の引上げは，所得の再配分を通じて，納税者と社会保障制度に損失をもたらす可能性も残る。

4節　集団的労働法の危機

　今日，労働は非常に過酷なものになっている。労働者に対して設定されている作業標準は，人間的にもまた専門的にも高度である。企業は独自の発想ができ，日常のルーティンにとらわれず，あらゆるスキルを身につけた鷹揚な労働者を求めており，このような企業の要求は，学校その他の教育機関によって充足される。学校やその他の教育機関では，このような流れを踏まえて，広範な選択科目を用意して，学生・生徒が個人の資質，能力を高めることのできる機会を用意している。古典的な分業は，個別性という特徴を持った新しい形の労働に途を譲っている。企業内で行われている様々な活動はもはや昔日のものとは比較にならない。結果として，厳格な賃金の括りに沿って支払われる賃金制度は，一様な工業労働が行われていた時代には，適切で，妥当であり，また公平に見えたが，責任と作業が一人一人異なっている現代の企業では，通用しない。特別のスキルを持った人が行った個別的な作業の結果を，他の者が行った仕事と直接に比較することは，もはや許されない。労働協約に基づく最低賃金制度は，階層構造を持った企業組織に適合するように作られていたが，新しい労働の環境の下では，もはや使えなくなっている。（Urs　p. 247）

1．賃金協定の限界

　新しいタイプの労働は，労働者の資質を最も重要な事項としている。現代企業は，労働者の高い教育水準と有能さ，勤勉さそして忍耐力という資質を欠いてはもはや運用が困難になっている。高い資質を持った労働者は，市場における企業の優位な地位を保障することが出来る。このような立場の労働者は，企業に一定の圧力をかけて，新たな賃金の牽引車としての役割を果たし，スキルを持った仲間の労働者にとって有利なより高い賃金相場を形成する。現代の企業においては，賃金交渉は，団体法の下での介入ではなく，むしろ個別に交渉された雇用契約の結果であるといえる。

　財とサービスの市場における規制緩和と，それに伴う市場参加者間の競争の激化は，企業収益の面で大きな企業間格差をもたらすことになった。このような状況の下では，全経済部門を対象として合意された最低賃金が大規模に効果を持つということは期待できない。一方で，より高い賃金を支払うことの可能な経済状態にある企業では，このような最低賃金協定に影響されることはない。成功している企業にとっては，従業員に低い給料を支払うことなどは全く意味がない。他方で，経済学的な視点からは，労働協約は一つの問題を作り出すことになる。それは，成功している企業が低収益の限界的な企業を市場の外に排除しようとする際に労働協約が役に立ってしまうということである。(Urs p. 248)

2．失業と賃金のトレードオフ

　賃金引下げを恐れる市場の反作用から，失業率が高止まりしている場合に，使用者団体や労働組合の介入で実際の市場条件を適切に修正することは望ましい。しかし，1990年代において失業の脅威にさらされている時でも，労働者が労働組合に積極的に関わろうとする姿勢を見せることは少なかった。このことは，労働組合が失業者や賃金を引き下げられた労働者の状況を改善するために，効果的な活動を進める手段を欠いているという事実の裏返しでもある。このような状況の下で，ストライキを実施して労働力の供給を制限しても意味がない。それは，なお雇用を提供している企業の存在さえも危険にさらすことになる。不況期における賃金の一般的な

引下げは，使用者によって行われる手段としては国民経済の利益の面からも，また社会的な視点からも，さらに操業上の理由からさえも，従業員の大量解雇ほどには厳しいものではない。このことは，労働組合が将来，より厳密に検討しなければならない選択肢である。

　企業人の個別的な利益の分散が進むと，従業員は益々労働組合への参加を渋るようになる。一方で自治を求める現代人は，集団的な支援を受入れ，より良い労働条件のためには戦いもする。また，すべての従業員の平等な取扱いも要求する。労働協約は多くの場合，労働時間，時間外労働に関する規定を含んでいるが，それらが労働者の利益を損ねていることも指摘されている。同じ職業に就いている労働者の間の連帯感が薄れて行くとともに，組織の求心力も低下して行き，その結果，労働組合の正統性も侵食されることになる。

3．グローバルな視点の欠如

　グローバリゼーションの中で，財とサービスの市場は世界に開かれたが，労働市場に関しては例外となっている。しかし，労働市場が徐々に世界的に近似して来ていることは，社会政策的な観点からは望ましいといえる。我々の時代においては，経済の高度先進国は世界的な広がりのなかで，地域政策として飢餓と貧困に対する闘いの責任を負わなければならない。経済の先進国では使用者も労働組合も常に，発展途上国では13億もの人々が1日1ドル未満という極度の貧困の中で暮らしており，しかも，その数は毎年2500万人ずつ増えているという現実を心に留めておかなければならない（World Bank p. 51）。これは国内でしか通用しない労働協約では克服できない挑戦である。

　第2次世界大戦後，とりわけ西ドイツでは，集団的な交渉力は自由市場経済の限界の中で社会秩序を形成する適切な手段として本領を発揮してきた。ストライキも，使用者から賃金面での譲歩を引き出すための緊張を伴なった圧力を行使する手段として，一般に受け入れられてきた。しかし，争議行為が今なお高度に発展した経済における労働条件改善のための適切な手段であるか否かは疑わしい。争議行為は，形骸化した時代後れの手続としてみなされており，かつてのようには最早，社

会によって受け入れられなくなっている。このことは，究極的には労働者と企業との繋がりの一層の深まりによるものである。それは，企業の収益性に満足できない場合，いつでも躊躇なく営業を閉じる準備をしている企業所有者の企業との繋がりよりも，もっと親密である。(Urs p. 249)

5節　労働組合の新たな戦略

　新しいタイプの労働の出現は使用者と従業員の関係を変えた。そして，労働組合は自らを，組合員のために賃金に関する使用者の譲歩を引き出すことを目指す戦闘集団というよりも，むしろ賃金と労働条件について高度な権威をもった「技能集団」と自らを見做す新たな姿勢の受入れを迫られている。

1．認証機構としての労働組合

　将来，労働組合は，所定の労働市場の標準に基づいて主要な企業の賃金構造を評価し，賃金の面から企業の経営管理を細かく監視するようになる。ここで適用される標準は，科学の発達，実務経験，倫理面での信念なども考慮に入れれば，さらに改善が進んでいくことになる。また，その信頼性と作成者の名声とにより高い評価を得ることになる。所定の標準に達している企業には特別の認証が与えられる。すべての企業が同一の基準に適合しているかということよりも，個々の企業の収益力と市場における地位とを勘案した賃金及び労働条件の評価こそが認証の決定的な要素となる。このような認証は社会的特質を示す徴憑として企業から認知されるようになることが期待される。認証の受益者には，直接に関係する使用者及び労働者だけでなく，消費者を始めその製品の購入者も含まれる。その製品の購入者，消費者にとっては，公正な労働条件の下で作られた製品を購入したことの証明にもなる。多分，消費者の行動は，認証を受けた企業の製品をそうでないものよりも選好する傾向があることから，競争相手の企業に対しても，これらの労働基準を受け入れるよう圧力をかけることになる。

2．労働組合の新たな課題

　労働組合の仕事の主要な領域は，すべての経済部門に労働協約を適用することから，企業協定の適用へと変わって行くことになる。関心の焦点は，最早，労働組合と使用者との長期の対立の後に締結される労働協約ではなく，相互の合意のもとに，協調的な解決を促進し，労働の満足度と企業の収益性を高めることにある。このような展開は，スイスでは，賃金交渉が企業レベルで実施されるようになった時から，すでに始まっている。将来的には，パラダイムの転換により幹部要員に支払われる賃金も含めて，賃金全体がアセスメントのもとに置かれることになる。従業員だけでなく，企業の株主や公共の側でも賃金の支払いに関する透明性に対するニードが存在する。とくに証券市場に株式を上場している企業の場合はその必要性が高い。かくして，労働組合は新しい課題に直面することになり，包括的かつ適切で公正な賃金政策が個々の企業で実施されるよう訴えて行くことが求められている。これまで最低賃金制度施行の確保に責任を負ってきた労働組合は，今後は賃金制度全体の統合的な評価に関わって行くことになる。労働組合は，賃金が市場条件に適合したものであることを証明するだけでなく，企業内で実現した剰余価値の分配が適切であることも保障することになる。(Urs p. 250)

　労働組合は，これからも，賃金交渉などの伝統的な活動領域に専念し続ける。そして，工場閉鎖の際に，補償案の交渉をしたり，労働者に最低限の生活手段を提供したりする。しかし，労働組合の活動の正統性は，団結した労働者の代表の数や団体交渉の力から第一次的に引き出されるものではなく，むしろ企業業績の配分問題などの解決に関して認められた労働組合の能力から引き出されることになる。スイス労働組合総連合（SGB）は専門家の意見を踏まえ，労働市場の経験的なデータから「最低賃金」を決定し，すべての経済部門の労働者に対して3000スイスフランの最低賃金が支払われることを2005年5月に要求している。しかし，この要求を誰が実現するのかという問は答えられないまま残されている。要求実現のポイントは，ソーシャルパートナーが集団的労働法の制度をさらに発展させ，現代の労働の要請に適応可能なものに変えて行く能力にかかっている。(Urs p. 251)

むすび

　労働組合が労働協約を締結して，労働者の生活と社会の安定を確保するというシステムは，今日，賃金交渉をはじめとして多くの労働条件設定の場面で機能不全に陥っていることが指摘されている。それに代わる労働組合の役割として，権威ある労働条件の認証機構となることが提案されているが，現実との乖離は大きく，精密な理論面での架橋を施すためには，多方面からの検討が必要である。

文献資料

Urs Ch. Nef, Collective Agreement and Individual Contracts of Employment under Modern Labour Conditions-Swiss Report; M. Sewerynski, Collective Agreement and Individual Contracts of Employment, 239-251, (2003), Kluwer Law International.

EIRR: European Industrial Relations Report.

Grüber, Die Schweizerische Volkswirtshaft, Frauenfeld, 1993.

Frank Vischer, Der Arbeitsvertrag, 1994.

Urs Ch. Nef, Temporäre Arbeit, Bern, 1971.

Frank Vischer, Zürcher Kommentar, Zurich, 1983.

Manfred Rehbinder, Schweizerisches Arbeitsrecht, Bern, 1995.

Friedrich August von Hayek, Die Verfassung der Freiheit, Tübingen, 1991.

Peter Hanau, Die Tarifvertrag in der Krise, in Recht der Arbeit, 1998.

The World Bank, World Development Indications, 1997.

第1章　スイス集団的労働関係規制の淵源

はじめに

　集団的労働関係の規制は，法的にも社会政策的にも重要なものであるが，スイスにおいて，それは連邦の立法担当者のアイデアではなく，また法学者のそれでもなかった。それは社会的パートナーの事業及び職業関係の実践における自治のなかから発展してきた。そのため労働協約は当初，法的な基礎を欠いていた。労働協約の社会的な原初形態は，労働保護法のそれと同様に，劣悪な労働条件，著しい低賃金を，労働者の団結により，良好なものへと改めさせようとするものであった。団結の前提は，多数の労働者を使用する産業の出現と，都市に集まる労働者の存在によってもたらされ，労働者や使用者が職業団体や経済団体を組織した後に，労働協約は締結される。労働組合と使用者団体の存立の要件は団結の自由であり，この基本的な権利が集団的労働法の基礎となっている[1]。本章においては，このようなスイスの集団的労働関係規制の特質を，その沿革と法源の検討を通じて明らかにする。

　労働協約及び標準労働契約はスイスでは，1911年の債務法322～324条によって初めて法的に規制されることになった。スイスは債務法において労働協約に規範的効力を付与することによりこの領域のパイオニアとなった。近隣諸国でかかる規制が成立するのは第1次世界大戦の後のことである。一方，標準労働契約もスイスのオリジナルであるが，広く普及することはなかった。

1節　スイス集団的労働関係の成立

1．団結自由の承認

　労働者団体の結成はスイスでは19世紀まで禁止されていたが，1848年の連邦憲法がはじめて結社の自由を保障し，職業団体の団結自由が認められることになった。だが州における団結の禁止，とりわけ争議行為の禁止は連邦工場法の施行まで継続した[2]。連邦工場法8条2項は，労働者に工場規則（就業規則）の草案に対して意見を述べる機会を与えることを定めるとともに，1874年の修正連邦憲法56条も結社の自由を基本権として保障した。こうして，国家の経済諸団体に対する関係は新たな段階へと移行した。今まで受動的な黙認に甘んじていた職業的団結は，その要求を鮮明にすることになった。それは経済的諸団体が，一定の社会問題を解決するための社会的パートナーとして，相応しいものと見られるようになったことでもある。そこでは労働協約の締結が中心的な課題となった[3]。

　さらに第1次世界大戦後，国際労働機関（ILO）が設置されたことにより制度の整備が進んだ。ILOは各国政府及び使用者団体，労働者団体（三者構成）の協調に基づくものであり，連邦憲法に基づくスイスの団結自由はILO条約によっても保護されることになった[4]。スイスでは国家による団結自由に対する侵害は消滅し，使用者による組合活動家の解雇や，アウトサイダーに対する組合の圧力の行使などの民間による侵害も次第に減少していった[5]。

　職業団体に対する特別な立法はスイスには存在しない。諸外国の立法とは異なり，スイスでは職業団体の権利能力や，団体の内部組織については，法人に関する一般規定に基づいて規制されている。とくに市民法典60条以下の，結社の自由に関する規定は職業団体の発展を促すことになった。

2．労働者団体の組織化

　国家による権力的な介入にもかかわらず，スイスでは19世紀前半から労働者団体の組織化が始まった。その先駆けは印刷製本業の労働者だった。彼らは伝統的な結

束のもとに，精力的に組織化をすすめた。初の全スイス的な組織であるスイス印刷同盟を1858年に結成した。

　一方で使用者団体は当初，国家の立法の影響のもとに，労組の団結に対応するかたちで設立された。スイスの主要な労組と使用者団体は19世紀後半までに結成を終えた。そして今世紀はじめには1000を超える自律的な組織である職業団体，経済団体が存在することになった。今日では使用者団体の組織化の方が労組のそれよりも高くなっている。

　印刷産業の賃金協定は労働協約の先駆となった。この協定の下で印刷産業における労使関係が展開することになった。1850年のジュネーブや1861年のザンクトガレンに見られる地域協定は，労働者により集団的に設定され，使用者に対して提起された。1861年のスイス印刷同盟の綱領は，1862年初頭までに，すべての地域支部が使用者に対して，賃金協定の草案を提起することを定めていた。労働者は団結して，賃金協定の締結を使用者に要求した。この際，労働者は就業拒否も辞さなかった。この協定は賃金問題に限定したものではなく，仲裁機関の設置や見習工の員数の制限に関する規定も含んでいた[6]。製本印刷業以外での集団的規制は，1857年のジュネーブにおける家具製造業の賃金に関する労使協定が初のものである。初期の集団的規制では，賃金協定が中心になっていた。

　1870年代以降，地方レベルから全国レベルへと協定を発展させようとする動きが高まった。この時期に，労働者の側で定められ，その力によって強制される協定から，当事者の双方が社会的パートナーとして関与する労働協約へと変革が進んだ。こうして一般的な合意のための場を設置する必要性が認識されるようになった。チューリッヒ州の統計局は1908年に初の労働協約に関する調査を行っている。その調査によれば相互協力的な労働協約が29件，企業内協約が265件であった[7]。労働協約は，法的な根拠を持たないまま大いに発展した。労働協約の法的根拠に関しては，法律学の文献においても19世紀末まで論評は見られなかった。国家も労働協約に対しては懐疑的であったが，契約自由のもとにこれを黙認せざるをえなかった。

3．団結の法的状況

　労働協約は，契約自由を拠り所として相互的な権利・義務を定めていたが，個々の労働者や使用者に対する法的な拘束力はなく，債務的効力だけが当時の労働協約には存在した（債務法356条3項）。使用者は，労働組合の事実上の影響力と，その団結意思をふまえて，労働協約を尊重してきた。このような労働協約に関する法的状況は，今日でもイギリスにおいては広範に存在する。

　労働協約の履行を確保するため，これに反する個別的な使用者と労働者の間の取り決めを排除する規定が，多くの労働協約の中に盛り込まれた。この規定は効果的であった。明示の約定がないかぎり，労働協約の内容は個々の契約当事者の間で黙示的に合意された。連邦裁判所は，1914年に労働協約を原理的に認知することになった[8]。

　20世紀初頭には，法律学も労働法に対する取組みをはじめ，労働協約の固有の制度に関する研究を開始した。その当時，ベルンで活動していたドイツ人の法律学者であるフィリップ・ロトマー（Philip Lotmar）は，労働協約に関する基礎的な研究をスイスで公表した[9]。ロトマーは1902年にスイス法学会で，スイス市民法における雇用契約に関する報告を行った。これが債務法における労働関係の法的規制の出発点となった。この報告の中でロトマーは労働協約の法形式，直律的効力（unabdingbare Wirkung），及び所定の条件の下での一般的拘束力等に関する提言を行っている。これより前の1900年には，ゲオルグ・ズルツァー（Georg Sulzer）が「労働者と使用者の間の集団的な協定の締結」に関する論文と，これを定式化した立法草案を公表している。またオイゲン・フーバー（Eugen Huber）は立法作業をすすめる国民会議の委員として法案の準備に奔走した。

2節　スイス労働協約の成立

1．労働協約の黎明

　労働協約に関する初期の立法上の議論は，ジュネーブの1900年2月10日の立法から始まる[10]。これらの法律学における研究の進展と，現実における労働協約の広

範な普及は,連邦政府の立法作業を促すことになった。1911年債務法322条及び323条は不十分ではあるにしても,労働協約の実効的な規制を行い,この制度の一層の発展の可能性を開いた。債務法323条が定める,労働協約の規定と矛盾する労働契約の規定を無効にし,自動的に労働協約の規定を労働契約に設定する直律的効力は,連邦議会の草案ではまだ予定されていなかったが,連邦政府はこれを採用することにした。スイスのこの分野における功績は,早い段階で労働協約に関する明快な立法秩序を実現したことにある。このスイスの功績は,その後に発表された労働協約に関する法律学的研究の土台となった[11]。ドイツもフランスも,ほぼスイスと同じ時期に労働協約の立法的規制の準備作業に着手しているが,労働協約立法の施行は第1次世界大戦後のことであった。しかもこれらの諸国の法規範は基本的にスイス債務法の規定に沿ったものであった。

　ドイツの理論と区別される「労働協約（Gesamtarbeitsvertrag）」の概念は当初,議会では基本的な議論を避けて法案の中に取り込まれた。その理由はフランスの用語である「集団的労働契約（contrat collectif de travail）」との調和をはかる必要があったためと見られた。債務法323条ははじめに,使用者及び使用者団体と労働者及び労働者団体の当事者能力について定めている。団体相互間の労働協約だけでなく,企業及び事業所レベルの労働者の組織的集団ではない事実上の団体（groupements de fait）との協定も認めている。有効性の要件として,文書の形式をとることが求められている。なお債務法は労働協約の有効期間についても規定しており,両当事者が継続に関する合意に至らない場合,1年が経過したのちは6カ月の予告を以て何時でも解約できると定めている。

2．労働協約の規範的効力

　債務法323条で重要なことは,労働協約に法類似の権能を付与していることである。労働協約の規制を受ける使用者と労働者の間で締結された雇用契約は,労働協約の定める基準に反する場合,無効とされる。無効となった規定は労働協約の定める規定により置き換えられる。直律的及び規範的効力に関するスイスの立法者の意図は,広範な社会的パートナーによる自律的かつ創造的な法の発展を確保し,職場

秩序の明確化をはかることにあった。そこで私人の定めた規範に対して，私法規定と同様な強行的効力を付与することになった。債務法323条により国家以外の「立法者」を認知したことは重要な新機軸であった。

　労働協約に対する立法規制は社会的パートナーの間の現実的な関係を根本的に変更することはなかった。労働協約はそれ以前から一般的に存在し，パートナーはこれに従って来た。しかし，労働協約立法の成立は，当事者が労働協約に関する紛争を裁判所に提訴することを可能にした。そのため労働協約をめぐる法的状況は根本的に変わった。一方で労働協約の件数自体は微増にとどまった。そのため，新たな法規定は当時のスイスの社会政策の状況を大きく変えることはなかった。また労働協約の内容を拡大することについても躊躇があった。労働協約は先ず営業部門（gewerblichen Wirtschaftszweigen）で締結された。輸出産業はこのような拘束を拒否していたため，労働協約は工業部門では余り締結されなかった。流通業では労働協約は例外的であった[12]。

3．労働協約の普及

　労働協約が，労働条件を規制する最も重要な手段として，全国的に普及するのは第2次世界大戦の勃発前夜になってからである。1937年7月19日に機械産業と金属産業の労働協約（平和協定）が締結された。使用者側はエルンスト・デュビ（Ernst Dübi），労働者側はコンラード・イルグ（Konrad Ilg）の指導のもと大手輸出産業を中心に団体協約が成立した。この労働協約は規範的な規定を含んでおらず，協約締結当事者の債権法上の義務しか包含していなかった[13]。事業所内または団体間における紛争規制のための精密な秩序と，絶対的平和義務に関する協約の締結が問題となった。協約の適用にあたっては信義誠実の原則の遵守が両当事者を拘束し，その趣旨の下に，一方の当事者は他方の調達可能な給付を拒否することは許されず，また履行の不可能な給付を要求することも許されない。このことは，多面的な配慮の必要な協約を現実のものとするためには，とくに重要な要素であった。ナチス政権の脅威という，1930年代末の国際情勢の下でのスイスに対する外圧は，社会的パートナーにとって，協約締結の大きな誘因となった。1936年のスイス

フランの平価切下げを受けて，連邦参議は労働争議の強制仲裁制度を導入した。機械鉄鋼産業労組も時計金属労組もこのような国家の介入に反対であったが，紛争処理協定に合意する道を選んだ[14]。

4．スイス労働協約の発展

　第2次世界大戦後，矢継ぎ早に多くの産業部門で労働協約が締結され，1950年代半ばには約1500もの労働協約が締結されるに至った。圧倒的多数の労働協約は，企業協約として存在していた。その後，労働協約の総数は減少したが，労働関係における労働協約規制は後退することなく，今日，労働協約が適用される領域は増大している。数量的な発展とともに，労働協約の内容もさらに豊かになってきている。多くの労働協約は，もともと賃金協定だけを含むものであったが，次第に労働条件の包括的規制のための規範的部分が形成され拡大した。当初，明確に債権債務の取決めを行っていなかったが，1911年債務法は協約当事者の債権法上の権利・義務を明確にした。職業団体は協同歩調を取り，統一的な仲裁手続を採用することになった。

　個々の労働協約は，本来の職業特別法を構成し，労働協約当事者間の関係だけでなく個別労働契約当事者間の関係をも包括的に規制している。労働協約の発展を通じて，集団的労働法制は労働関係規制における支配的な地位を確保することとなった。

　スイスでは，労働協約は1911年債務法の施行以前に，すでに州の立法の中で普及していた。すでに1892年にはジュネーブの法規のなかに盛られている[15]。労働協約に依拠する企業を優遇する立法を通じて，ジュネーブ州は労働協約の締結を間接的に要請した。補助金の公布を通じて州は，より具体的に労働条件を統制することができた。このような政策的誘導による集団的労働関係規制は，個々の州において今もなお行われている。

5．一般的拘束力とスイス労働協約

　スイスは1911年債務法において労働協約の規範的効力のパイオニアとなったが，

一方で労働協約の一般的拘束力については近隣諸国より遅れての導入となった。一般的拘束力に関する立法化の試みは，労働関係規制のための連邦法に関する1920年の国民投票においてはじめて行われた[16]。しかし国民投票の結果はこれを認めなかった。

　一般的拘束力は，スイスでは産業部門の保護のための特別措置として，1922年10月13日の刺繍事業の保護に関する連邦決議，1935年4月5日のホテル事業の保護措置に関する連邦決議，1938年9月30日の「自動車輸送規則」に関する連邦決議，などにより行政的に導入された。家内労働に関する1940年12月12日の連邦法12条はこの系譜の中に位置している。

　1930年代に入ってジュネーブ，ヌーシャテル，フリブールの各州は一般的拘束力を自らの州域内で施行することを試みたが，連邦裁判所により連邦法違反として取り消された[17]。最初の一般的拘束力の導入は，第2次世界大戦を契機として実現した。危機感が募る中で，社会的緊張を抑止するための手段として連邦議会は，労働協約の一般的拘束力に関する1941年10月1日の緊急オルドナンスを制定した。この規定は1943年6月23日に通常の立法手続（国民投票を必要とする）により施行され，このオルドナンスは廃止された。戦後，この規定は1956年9月28日の労働協約の一般的拘束力に関する連邦法の施行まで継続して適用された。1947年の連邦憲法の新しい経済・社会規定である34条1項及び3項により，労働協約の一般的拘束力に対して明示的な憲法上の根拠が与えられた。今日，労働協約の一般的拘束力に関する連邦法はこの憲法規定を拠り所にしている。

　労働協約の一般的拘束力は，連邦憲法を根拠にして，次の要件が求められている。
　(1)　許可。
　(2)　産業及び国民の利益に対する全体的な考慮。
　(3)　宗教上及び営業上の少数者の利益に対する配慮。
　(4)　多数決の原理。
　(5)　権利の平等。
　(6)　連邦法及び州法の強行規定に違反しないこと。

(7) 団結自由の保障。
(8) 開放性の原則。
(9) 拠出に関する考慮。

　裁判管轄や訴訟手続についても詳細に規定されており，一般的拘束力の適用範囲が複数の州の領域に広がっている場合，連邦参議（行政府）が管轄し，その事務を州の機関が取り扱う。州の領域における労働協約の一般的拘束力に関しては，連邦参議の許可を必要とする。

　スイスにおいて一般的拘束力の重要度は必ずしも高くない。1982年7月1日から，連邦参議は，全国レベルの一般的拘束力を持つ労働協約と，州の範囲の一般的拘束力を持つ労働協約の二本立てのシステムを導入した。しかし現実に問題となるのは多くの小規模の労働協約の存在であり，事業所協定は一般的拘束力を持たないことが多い。一般的拘束力の適用が稀であることの理由は，多くの前提条件と複雑な手続にある。しかしもっと大きな理由は，アウトサイダーの問題である。アウトサイダーの対応に関する労働者団体と使用者団体の間の直接的な協定は，アウトサイダーの連邦法による規制を困難にしている[18]。

3節　企業内労使関係規制の発展

　スイスにおける経営組織法は変化に富んでいる。事業所においては，使用者と労働者が，人的集団を構成して活動している。組織された集団には「基本的なルール」が必要であり，それに基づいて集団は組織としての意思を決定する。「企業のルール」（Betriebsverfassung）は，国家法概念のアナロジーにより，企業の組織規定として，使用者と従業員の関係，ならびに従業員全体との関係を論じてきた。個々の事業所はこの「ルール」を定めなければならない。

1．スイスにおける経営組織法

　スイスの経営組織法は端緒的な段階にある。この理由は，主としてスイスでは，小規模ないし中規模の事業所がほとんどであることによる。このような事業所にお

いては労働者と使用者の間に直接的な人的関係が存在するので，定式化された組織規定の必要性があまりない。スイス法における個人主義やリベラリズムは，経営の組織化についても，企業施設の所有権に基づいて担保されるものとしている。

　労働契約に基づく使用者の指揮命令権は，労働者の労務給付義務の内容の曖昧さから必然的に生じる。

　個々の作業過程は経営の必要性に基づいて確定され，使用者の指揮権は債務法321条 d により明示的に定められている。この規定が債務法に導入される以前は，使用者の指揮権とこれに対応する労働者の服従義務は，労働契約上の労働義務を根拠としていた。また使用者は個別の労働者ごとにこの権利及び義務を特定し具体化しなければならなかった。物権法上の所有権と労働契約上の指揮命令権が権威主義的な経営組織の土台を構成していた。

　1911年債務法321条では，雇用主は統合的な作業規則を定めることが出来るとしている。この規則は文書で作成され採用前に通知してある場合，個々の労務給付義務者を拘束する。しかし，この規定は1971年債務法の労働契約規制には継承されなかった。この1971年債務法の定める作業規則は労働契約に基づくものであり，使用者に帰属する指揮命令権を部分的に補充し具体化する。使用者はこの作業規則により従業員全体に対して，統一的な指揮命令を行う。この規則は，経営の組織化のための手段として，また経営全体の標準として，就業規則をも包含する形で，経営組織法の枠組みのなかに置かれている。

2．経営規則の制定

　スイスにおける経営組織法の端緒は，1877年工場法及び1914年工場法の規定した工場規則にあり，それを継承したのが1964年労働法の経営規則である。すでに最初の工場法の第7条では，工場所有者に対して項目を限定した工場規則の制定を義務づけていた。改正工場法も，第11条から第18条までの間に，配置の手続，州政府の許可，労働者に対する拘束力，緊急事態，解約告知期間などの詳細な規定を含んでいた。一部には権威主義的，家父長的な企業経営に対する規制が含まれていたこともあり，労働者や州政府の支持も得ていた。州政府は公平原則及び，労働協約や標

準労働契約などの規定に違反する内容を含まない限り，提出された工場規則案を許可するものとされていた。工場規則は，工場所有者により一方的に制定される。許可手続きの際の労働者の意見聴取は，州の立法，労働協約，標準労働契約の違反を点検する程度の機能しか果たしていなかった。この意見聴取によって労働者が工場規則の内容に対して影響力をもつことにはならなかった。

　労働法上の経営規則（ArG37条～39条）は，この工場規則を継承したものである。労働法上の経営規則は工的企業に限ってその制定義務を課している。行政命令により経営規則を非工的企業においても制定することは可能であるが，連邦参議はこれまでこの権能を行使することはなかった。しかし商業，銀行，保険等の大企業では経営規則が存在しており，労働法37条3項も非工的企業の自発的な経営規則の制定を可能としている。この場合，これらの企業では労働法37条～39条の規定が適用される。

　労働法の草案では，経営規則に関して異なった規制があり，詳細な規範化をすすめる一方で，その概念の限定も行われ，経営協定に対する態度は動揺していた。経営協定と使用者の一方的に制定する経営規則の何れを優先するかについても見解が分かれた。1964年労働法の経営協定に関する規定は，1971年6月25日の労働契約法の最終規定及び移行規定により修正され，経営規則のなかの義務的な内容は縮小された。使用者は法的な規制の進展を不必要な負担と見ていた。それらに対応する規定は既に多様な形で労働協約の中に含まれていた。

　経営規則の作成については二つの方法が考えられる。使用者と労働者代表との協定によるものと，労働者の意見聴取の後，一方的に使用者が制定するものである。この選択は使用者の形成権とされ，スイスの経営規則の持つ専制的な性格が垣間見られる。労働者に対する意見聴取の義務の一定程度の軽減と，協定に基づく経営規則の内容の拡張も行われた[19]。

4節　スイスにおける団結の権利構造

　集団的労働法は労働団体の権利と社会的パートナーの個々の関係を規制する。集

団的労働法には下位概念として固有の意味での団結法，労働協約法，争議行為法がある。労働団体は個別の経営とそれを越えた領域に存在する。そのため経営組織法（Recht der Betriebsverfassung）と労働組織法（Recht der Arbeitsverfassung）の二つの領域が集団的労働関係の規制には存在する。労働組織法は団結，労働協約及び争議行為の規制を主たる対象としている[20]。

　集団的労働法の担い手は団結である。団結とは構成員の労働条件の保護と改善のための労働者または使用者の私法上の団体である。一般に団体は職業ごとにではなく産業部門ごとに結成されていることから，団結の意味でしばしば使われるドイツ語の表記である職業団体（Berufsverband）は誤解を招く表現であるといえる。

1．労働関係団体の組織

　スイスには310万人[21]の労働者が存在し，その3分の1が労働者団体（労働組合）に組織されている。単一の組合としては存在せず，部門ごとに影響力を持つ多くの組合の連合体となっている。

　とくに重要な労働者団体はベルンに本部を置くスイス労働組合総同盟（Schweizerische Gewerkschaftsbund）である。スイス労働組合総同盟は連合体（Spitzenorganisation）であり，16の単位組合と43万1000人の傘下組合員を擁している（1993年末）。スイス労働組合総同盟（SGB）に加盟する単位組合はその管理運営と組合員の利益擁護に関して完全な独立性を確保しており，多くの場合それぞれの産業及び営業部門の関係者により構成されている（Industrieverbandprinzip）。スイスでは純粋な意味での職業組合はその意義をすでに失っている。少数派の労働組合の連合体としては，ベルンに本部を置くキリスト教国民労働組合連合（Christlich Nationale Gewerkschaftsbund: CNG）がある。カソリックの労働者の優勢な連合体であり10万6000人の傘下組合員を擁している。

　スイスの労働組合は国際的な労働団体に加盟しているものも多い。SGBは国際自由労連（ICFTU）とヨーロッパ労働組合連合（EGB）に加盟している。

2．任務と権限

　これらの団体は第一にその構成員の利益を代表するとともに，さらに公的な秩序形成の使命も担っており，その任務を遂行するために一定の権限が与えられている。団体は債務法356条により協約締結能力を持ち（tariffähig），また一般的拘束力宣言に関する連邦法5条により一般的拘束力を通じて労働協約を構成員以外にも拡張して適用する権限を持っている。また唯一，適法に争議行為を開始することができる（労組の争議行為独占）。集団的労働法上の利益の擁護のために労働組合には弁論請求権[22]と独自の訴権[23]が認められている。団体は代理人として裁判所及び和解機関における提案権を持っている。また労働災害，労働争訟及び社会保障関係（年金保険法3条）の管理機関にも参加している。一定の法律及び規則の公布にあたってもその意見を聴取されることになっている（連邦憲法34条）。また標準労働契約の公布（債務法359条a II），職業訓練制度（職業訓練法66条）及び公法上の労働時間規制（労働法40条 II）に関しても意見聴取がなされる。

3．法的形態と組織

　労働組合と使用者団体は，そのほとんどが社団（Verein）としての法的形態を持つが，まれにスイス醸造者団体のように協同組合（Genossenschaft）の形態をとるものもある。協同組合の形態の許可は市民法典59条 II 及び60条にもとづいてなされ，営利を目的としたものは除外される。スイスでは協同組合は経済活動を目的とするよりも，むしろ人的な結合を基礎にして構成される。団体が営利活動をしないかぎり協同組合の法的形態も選択することができる。

　団体の構成員資格の得喪は，社団法または協同組合法とその規則による。加入拒否があった場合，独占や濫用の可能性があると司法審査の対象となる。加入拒否について定款に根拠がなかったり，手続に瑕疵がある場合，また法規，慣行に反し明らかに不当である場合，それは無効とされる。

4．団結の法的概念

　国家は団体に対して，広範な労働生活の領域における「社会的自主管理」と，力

関係の自由な変動を通じた労働生活の構成を委ねている。そのため，団体は国家に対して一定の要請に応える必要がある。

(1) 自由な意思に基づく統合

加入及び脱退の自由がこれに含まれる。構成員が異なる目的を表明したり，新たな団体を作ることを妨げるような団結強制は認められない。

(2) 競争者の自由の承認（Gegnerfreiheit）

団体が社会的パートナーの一方として存在しうるためには，団体は競争者の自由を承認しなければならない。団体は随時，使用者または失業者を含む労働者の加入を認めなければならない。また通常，団体は相手方に対して実態的にも理念的にも独立していなければならない。一方，労働組合員の採用及び解雇は使用者が決定する。「事業組合（Werkverein）」や「家内組合（Hausverband）」はここで言う団体ではないが，一つの職種または産業部門を現実に統括している場合，例外的に認められることもある。例としてスイス郵政職員組合やスイス税関職員組合などがこれにあたる。

(3) 第三者からの独立

団体は独自に労働条件を設定する権能を与えられていることから，第三者とくに国家，政党あるいは教会からも独立していなければならない。国家からの自由を確保するために，団体は公法上の存在ではなく，私法上の存在として組織されている。第三者からの独立はまたその指示からも自由であることを意味している。すなわち，団体は自由な意志に基づく政策または展望に沿ってその綱領を実現することになっている。

(4) 労働者及び使用者の集団的利益の保護

社会的パートナーとしての機能は，団体に対して両当事者の集団的な利益の保護を究極的な目的とすることを求める。その構成員の経済的及び社会的状態の改善だけでは目的として充分ではない。従って消費組合や企業グループのような純粋な経済組織あるいは演劇組合のような文化的組織はここでいう団体ではない。団体はむしろ（他の目的とともに）労働条件の保護あるいは促進を意図するものでなければならない。団体はこの目的のために積極的に相手方に対して社会的な圧力を行使す

るが，必ずしも争議行為の準備は必要ではない。社会的パートナーとして団体は一定程度，継続してその目的に沿った活動を行わなければならず，単発的なストライキを実行するための自然発生的な「臨時の団結」は，団体として認められない。

1．公法上の自由権としての団結自由

団結の権利は団結自由の原則により規制される。労働組合の結成を妨げられることはないとするこの権利は「結社の自由の権利」のなかに包含される（連邦憲法56条）。今日ではこの権利はヨーロッパ人権規約第11条により，さらに労働者側にとって有利に強化されている。同規約は労働者の団結自由を一般的な人権として保障している。団結自由の目的は，団体における個々人の保護と国家の介入からの団体の保護にある。

(1) 個別的団結自由

個々人にとっての団結自由は，使用者にとっても一つの権利である。また結社の自由はスイス国民にのみ限定されるものではない。個別的団結自由の保護法益は，団体への参加に関する意思決定にある。個々人は他の者と団体を結成する権利，既存の団体に参加する権利，あるいはそこにとどまる権利を持っている（積極的団結自由）。これらの権利を国家が妨げることは許されない。さらに団結自由は，憲法で保護されている当該領域の既存の団体に妨げられることなく，個々人に新たに団結する権利も認めている。団結自由は個々人が団体に加わらない権利または団体から脱退する権利を保障する（消極的団結自由）[24]。国家は団体の強制的な結成や第三者に対する強制的な参加を指示する権限を持たない。

(2) 集団的団結自由

憲法上の団結保護は，結社の自由の権利の中に含まれている。憲法は団結の存在を保障し（存立保障），団結のために活動することを認めている（活動保障）。したがって一般的な団結禁止は，団体行動の妨害とともに違憲となる。結社の自由の憲法上の保護は，結社が違法な目的を追求せず，違法な手段を用いず，また国家に害悪をもたらさないことを前提として，与えられる（憲法56条）。

2．私法における団結自由

　憲法上の自由権は国家的強制からの自由のみを保障する。その私的領域への直接適用（第三者効）は一般に否定されている[25]。私的な側面の干渉は人格権の侵害となりうる（市民法典27条f）。違法，良俗違反または権利濫用のない場合に限って，私法上の団結自由を主張できる[26]。団結に敵対的な措置（私法上の積極的団結自由）及び団結強制（私法上の消極的団結自由）に対しては保護を求めることが出来る。(s. 182)

(1) 団結に敵対的な措置からの保護

① 個人の保護

　団結に敵対的な措置からの保護のための私法上の積極的団結自由は，基本的に個人に関わるものである（個人の団結自由）。市民法典28条にもとづく人格権として団体参加の自由は，団結自由を制限したり，妨げたりするすべての行為を無効としている（債務法20条）。またそのための他のすべての作為及び不作為も違法とされる（債務法40条）。労働組合に加入したこと，または加入しないことを理由とする解雇や，適法な労働組合の活動を理由とする解雇は違法とされている。この場合，使用者には損害賠償義務が生じる（債務法336条a）。採用の際に，使用者がこのような理由で応募者を採用しないことは自由である。それは採用に対する請求権が存在しないからである。使用者に敵対する労働組合に所属しないことを将来に向けて約束することを求めることは違法である（債務法20条）[27]。いわゆるブラックリストの設定も違法である（債務法41条）。多くの労働協約は使用者の団結に敵対的な措置を明示的に禁止している。

② 団体の保護

　私法上の団結自由は，競争組織の団結関係にも適用される（集団的団結自由）。これはいわゆる切り崩しに対する保護である。対抗する労働組合の弱体化を意図して，一方の労働組合が不当に組合員の勧誘を行うことは違法とされる。この場合，他方の労働組合は損害賠償等を請求できる（市民法典28条，債務法41条）。債務法356条Ⅳは，複数の労組が労働協約に参加する場合，それらの関係においては相互に対等の権利と義務を持たなければならないと規定している。少数労組は労働協約

の他の当事者から，当該協約に参加したり，または他の協約を締結することを妨げられることはない[28]。

(2) 消極的団結の自由に対する保護

私法上の団結自由の保護は，団結に加わらない意思決定とも関わる。完全雇用の時代には，雇用の機会は保障され，労組の交渉による労働条件の改善は使用者の自由な裁量により非組合員の労働者にももたらされた。そのため労働組合の組合員であること，とくに組合費を支払っているということは，労働者個々人にとって必要性を感じることではなかった。また外国人労働者の大多数も労働組合とは無縁である。

一方，フリーライダーの存在は労働組合にとっては重大な関心事であった。また異なる労働者団体の間に競合関係が存在し，他の団体を傘下に置くことが労働組合にとって利益となるという事態も生じた。未組織のまたは他の組織の労働者であるアウトサイダーは，労働組合員の賃金要求よりも割安な賃金を提示し，労働市場に好ましくない競争状態を生じさせる。アウトサイダーは使用者に比較的低いコストでの生産を可能にするため，競争による利益をもたらす。またアウトサイダーが随時，団結に対して動揺を与えることは使用者の利益につながる。このような経緯から，アウトサイダーを団結強制の対象にしようとする試みが始まった。

① 排除

争議行為またはその他の威嚇を用いて，未組織の労働者または他の組織の労働者を事業所から排除する試みが，労働組合に加入する労働者によって行われることがある。しかし，このような「排除」はアウトサイダーの人格権に対する侵害となり，不法行為を構成することになる[29]。

② 隔離条項（組織条項）

いわゆる隔離条項（Absperrklauseln, 組織条項）は，使用者に対して排他的に当該労働組合の組合員だけを採用するよう義務づけるものである。この条項はアメリカ法の枠組みのなかで発展してきたが（Union Security Clause），スイス法ではクローズドショップ及びユニオンショップは隔離条項として無効とされている（債務法356条aⅠ）。

③ 加入義務

一方,一定の領域においては加入負担金の支払を義務づける加入強制 (Anschlusszwang) が可能とされている。この加入によりアウトサイダーは,労働協約当事者の許可を得ることにより,労働組合の組合員でなくとも労働協約上の身分を取得し,労働協約の適用を受けて,雇用されることになる (債務法356条bⅠ)。この場合,使用者が資格証明を行い,アウトサイダーに対して加入分担金の納付を証明する文書 (Berufskarte) を交付する[30]。

5節　スイス労働協約法制の特質

1911年債務法の労働協約規制の評価は高い。それは集団的労働法の大規模な発展を可能にしたことによる。一方,実務においては,重要な包括的規制に関する2項目が未解決の問題として残された。アウトサイダーの労働協約との関係や,規範的効力を持つ規定の効果的な適用の方法などは本質的な問題であった。この二つの問題の解決は,1956年9月28日の労働協約の一般的拘束力宣言に関する連邦法の施行と労働協約法の改正を待たねばならなかった[31]。

1. 協約基本法としての1956年労働協約法

1956年9月28日の法改正により労働協約法は,労働協約の基本法として本質的かつ詳細な規制を行うことになった。同法の草案の審議の段階で,以下のような問題が議論された[32]。①協約当事者の紐帯への参入及び紐帯からの退出の場合の労働協約のうける影響。②二つ以上の労働協約の抵触。③市民法典及び債務法の労働協約に対する適用可能性。④重大事由による労働協約の終了。⑤訴訟手続問題。これらの問題に対して修正法では次の新たな規定が設けられることになった。

(1) 規範的効力

労働協約の内容は,規範的効力を不可欠とした旧規定が廃止された範囲で拡張される。協約当事者は規範的効力を持つ規定を定めることが可能であり,また「その他の規定」(債務法356条2項) についても債権債務に関する規定に限って定めるこ

とが出来る。これに伴い，金属機械産業における「平和協定」は労働協約として認められることになった。

(2) 平和協定

平和協定の中に，詳細な規範的部分を取り入れようとした立法者の意図は妥当なものであった。今日，平和協定は原則として，その他の労働協約にも対応しており，現行法の労働協約の規範的部分はもはや概念規定ではなく，多くの場合その協約の主要な内容となっている。協約当事者のもとでの債権法上の機能は，旧法の下で学説が発展させてきた相対的平和義務などの形で債務法357条に規定された。絶対的平和義務は労働協約において明確に協定されている場合に限って有効とされる。金属機械産業における平和協定をひな型として，今日では大半の労働協約がこのような協定を取り入れている。

(3) 債務履行の確保

労働協約における義務履行の確保は，この法改正の重要な目的の一つであった。このための手段として，協約の締結団体は労働協約を核として共同体を構成するものとし，これに伴う権利の取得と，義務の履行，さらに裁判所での訴訟が可能になった[33]。労働協約の当事者により送出された法主体と，これに与えられた権利行使の可能性は，事前の審議会や連邦議会においても，議論の分かれるところであった。最終草案（債務法375条b）では「協約共同体」の呼称はなくなっており，「共同的実施」が言及されるにとどまった。

労働協約当事者が他に定めをしない限り，共同体に関する規定の適用可能とされ，債務法356条第4項により，協約を核とした共同体の内的関係が規制される。共同体としての請求権は，労働協約当事者に対し個別の労働契約の当事者としての請求権に基づく訴権が帰属しない限り，厳格に規制される。労働関係の締結，内容及び終了に関する請求権は単に確認されているにすぎない。個別の使用者及び労働者が，自らに帰属する請求権を実際に行使する必要がある。

労働協約の当事者は団体間で締結された労働協約において，次の事項が問題となる場合，関与した労働者及び使用者の契約の遵守に関する請求権が共同で協約当事者に帰属することを協定することが可能である。①労働契約の締結，内容及び終

了。②労働関係に関する制度，企業における労働者代表，労働平和の確保。③これらの規定に関連する監督，保証及び違約金。これらの規定は実務では必ずしも活用されてこなかった[34]。それは法規制の複雑さだけでなく，個別の労働契約のレベルでの請求権を欠いていることが多く，労働協約上の債権債務の履行請求が中心になっていたことによるものである。

⑷　アウトサイダー

1956年法の準備にあたってはアウトサイダーの使用者及び労働者との連携に関する規定が大きな議論となった。債務法356条ｂの規定は，団結強制の禁止（第2項），協約強制の承認（第3項）など，目的指向的なものであって，団結への貢献の約定，不適切な場合の裁判官の無効宣告，許容範囲の限定などが可能になっているが，明快さを欠いており実務に役立つものではなかった[35]。この場合，アウトサイダーの負担すべき組合費に相当する拠出は，学説及び実務では，通常の3分の2程度としている。

⑸　少数組合

債務法356条4項は，少数組合との関係に関する規定を取り入れている。労働協約は契約自由の原則をふまえて，当該協約の当事者間で締結されることから，少数組合はこの労働協約に関与することはできない。しかし，一つの労働協約に，同じ権利と義務の関係に立った多くの団体が参加している現実があり，個別に異なった約定は無効とされていることから，労働協約の枠組みのなかでの少数組合に対する差別は排除されるとしている。

⑹　1971年債務法への移行

1956年9月28日の法律の労働協約に関する規定は，ほとんど変更されることなく1971年債務法の労働契約に関する章の356条以下に継承された。職業選択の自由に関する356条ａ2項及び3項はこの改正を機に追加された。これはカルテル法の審議がその契機となっており，労働者を一定の職業または一定の行為，あるいは必要とされる訓練から排除し，またそれを制限する約定を無効とする人格保護の規範は，一般的に適用される。早い時期から，このような協定は労働協約に取り入れられていたが，これに対応する立法は1971年法の労働協約に関する規定を待たなけれ

ばならなかった。保護すべき価値のある利益，安全衛生上の必要性，労働の質の確保などから正当化される場合，職業選択及び職業訓練に関する制限を例外的に有効としている。しかし新規に職業に参加しようとする者を排除することは，保護すべき価値のある利益として認められていない。一方，災害の防止及び健康への配慮並びに年少及び女性の労働者に関する保護を強化する特別な規定を設けることは認められる[36]。

2．労働協約規制

労働関係規制の法源は法律，規則，労働契約だけではなく，労働協約もその法源となっている。労働協約は集団的なものであり，労働者団体及び使用者団体の団結に対応して階層構造をなしている。労働関係を規制する団体間の協定を労働協約という。今日の労働協約はその規範的部分において多くの問題を規制している。また実務においては個別的労働関係にとっても重要な法源となっている。また事業所内の組織，委員会等を通じて事業所の内的問題に対応する協定を事業所協定（経営協定）という。事業所協定は法的には労働協約を補充するものであるが，より詳細な経営内の事項を規制することから実務における意義は大きい[37]。

(1) 労働協約一般
① 労働協約の当事者

労働協約は，一方において個別の使用者または複数の使用者あるいは使用者団体を，他方において労働者団体を当事者として締結される協定である（債務法356条Ⅰ）。労働協約を締結する権限は，労働者の側では団体（労働組合）に限られている。使用者の側では団体（使用者団体）だけでなく，個別の使用者も労働協約の当事者となることができる。団体は団結としての前提条件を満たしていなければならない。組織されていない労働者の集団（事実上の集団）は，法的安定性の観点から労働協約上の権能を認められていない。労働協約における権利は義務と結びついている。労働協約に基づいて履行すべき義務の一つに平和義務がある。

組織された労働団体であっても，その団体の規約のなかで労働協約の締結が可能とされている場合にのみ，労働協約の権能が生じる。地方自治体における団結は，

その規約に定めた事項に関する労働協約を締結する場合，または傘下の団体がそれに関する権限を委譲している場合にのみ，労働協約の当事者としての権能を持つことになる。
② 労働協約の締結

現実の労働協約の締結にあたっては労働協約の管轄権限も問題となる。労働協約の当事者は労働協約の管轄する領域に関して所定の権限を持っている必要がある。団体（Verbände）は定款でこれを定める。二つの産業部門にまたがる企業の場合，困難が生じる。団体は相互に労働協約の管轄権限をめぐって競争を行う。また労働協約への参加を求める団体も存在し，このための交渉の要求も行われる[38]。しかしこれに対する応諾の強制はない[39]。

労働協約の締結，変更，終了などに関する意思表示のための書式が用意されている（債務法356条ＣⅠ）。このような書式が用意されているのは，注意を喚起するためと証明の機能を果たすためである。従って形式を欠いた労働協約は無効とされる。
③ 労働協約の法的性格

労働協約の規範的効力を法理論的に説明することは容易でない。団体は労働協約を自己の名義で締結するのであって，その構成員を代表して締結しているのではない[40]。団体は，労働者が個別労働契約において不利な約定を強いられる可能性を，規範的効力により直接的に妨げる。団体は，法律行為における代表権としてではなく，「労働組合の社会的後見」の見地から，これを排除することになる。一方，団結はその本質が規則制定権に由来する固有の権利を行使する。これらの規則制定権は，国家が本来的に団結に対して付与したものではなく，譲歩したものであり，この規則制定権の行使は，主権に基づく立法行為ではない。非国家機関への主権に基づく規則制定権限の譲渡は，国家に監督の可能性が留保されている場合にのみ可能である。一方，団体の協約自治は国家の干渉から直接的に解放されていることを本旨としている。従って，私的自治の領域における立法行為は，規範的約定（Normenvertrag）の枠組みのなかで社会的パートナーの協力のもとに行われる行為である。
④ 労働協約の適用可能性

労働協約の紛争処理の際の適用可能性は，個々の規程の内容によって異なる。債務的な規程は訴訟を通じてのみ，他の協約当事者に対して適用可能となる。しかし，実務においては仲裁に関する合意により，訴訟を排除することが一般的である。さらに保証金や違約金に関する約定がなされていることも多い。これに対して，規範的な規程は事例ごとにその扱いを異にしている。

個別労働関係における当事者間の権利と義務に関する条項が問題となる場合，まず個々の労働者または使用者の個別労働契約における相手方当事者に対する直接の訴えがなされる。その上で団体間で締結された労働協約に基づいて，個々の当事者の労働契約上の条項の遵守に関する請求について，両団体に共通して帰属させることも可能である。この場合，両団体は集団的な訴権を持つ。この訴権は契約不履行の認定にのみ関わるものである（債務法357条ｂⅠ項）。給付訴訟の提起は個人の意思決定を留保するが，一方で個人はその請求権を団体や協約共同体（Vertragsgemeinschaft）に譲渡することも出来る。また団体が持つ遵守請求権は保証金及び違約金により確保される。

規範的条項に対して，間接的な債務的規程が問題となる場合，この規程は個別労働関係に適用されるが，個人の権利と義務は個別契約の相手方ではなく，団体に帰属し，個別の労働者または使用者の相手方当事者に対する直接の訴えは排除される。これらの諸条項は，団結の影響力の行使を間接的，債務的に強制する。また内容に関して限定された範囲で団体が規制を行うことも可能である。この場合，双方の団体に集団的訴権があり，さらに遵守請求を確保するために保証金や違約金に関する約定も可能である。

⑤　労働協約の終了

労働協約は次の場合に終了する。a) 約定期間の経過または条件改定の実施，b) 新しい労働協約の設定，c) 解約の告知などである。他に定めのある場合以外，一定年数の経過後，一方の当事者は解約の告知を他方の当事者に対して何時でも求めることが出来る（債務法356条ｃⅡ項）。また他の債権関係と同様に，重大な約定の違反，営業基盤の喪失等の事由がある場合，特別の解約告知も可能である（債務法337条)[41]。

(2) 労働協約の債務的効力

労働協約は，その協約当事者に内容の遵守を義務づけている（債務法第357条aⅠ）。労働平和を維持する義務とともに，団結構成員が労働協約の約定に違反する場合，これに影響力を行使する義務もその内容となっており，相互に協約当事者を拘束する（債務法356条Ⅲ項）。

① 平和義務

平和義務は相対的な平和義務にとどまる。協約の有効期間中，労働協約で規制している（債務法357条aⅡ）事項に対する争議行為は許されない。これを労働協約の平和機能という。協約で規制されている以外の事項及び労働協約と矛盾する事項でないかぎり，争議行為は許される。協約の有効期間中すべての争議行為を排除する場合には，特別の約定が必要になる。これを絶対的平和義務という。スイスの労働協約の相当数はこの約定を締結している。絶対的平和義務が労働協約の唯一の内容となっているものを平和協定という。平和義務は協約の失効後も一定の期間，存続する。平和義務の違反は，差止請求及び損害賠償請求を導くことになり，また防御のための応酬をうけることになる。

② 内部統制義務

団体はその構成員に対し，労働協約に違反のある場合，団体規約その他の手段により内部統制を行うことになる（債務法375条aⅠ）。この内部統制義務（Einwirkungspflicht）は労働協約に基づく自治にとって大きな意味を持つ。個々の労働関係の枠組みに対する実際の障害となる山猫ストを防止することが可能になる。団体はその構成員に労働協約の存在と内容を周知させ，必要な場合，制裁をもってその遵守を強制しなければならない。制裁の具体的な態様は催告，譴責，罰金，団結の保護からの除外，組合員資格の停止，そして最終的には除名に至るまで広い範囲にわたる。

この内部統制義務の違反は，団体に対して損害賠償義務を生じさせ，労働協約の解約告知を可能にし，争議行為の理由にもなる。しかし内部統制義務は「保障義務」ではなく，制裁の適用にもかかわらず，団体の構成員が労働協約の義務に従わない場合，団体はこのことに責任を負わない。保障義務については，特別の約定が

必要である。

③　その他の義務

　労働協約はまたその他の対象に対する債務的規程を含むこともできる。例えば施設の設置，管理及び出資分担に関すること，団体による協定の監視と実行についての規程や調停に基づく訴えに関すること等である（債務法356条Ⅲ項）。

　団体の規約がこれらを予め規程し，または上部組織に同様の決定があるかぎり，労働協約により，労使団体とも共同で相互に各々の所属の使用者及び労働者にその遵守を請求する（債務法357条 b）。参加団体は協約共同体を構成し，共同体に関する規程（債務法530条以下）が適用される。協約共同体に帰属する個々の使用者と労働者の請求権は法的に区別される。それは個々の労働者と使用者との関係及び，補償基金や福利厚生措置のための拠出，事業所における労働者代表，労働平和の確保，監督措置，罰金・違約金の支払などの間接的な債務のみに関与する。規範的部分の遵守に関する請求は認定に基づいてなされ，間接的な債務の請求権とはことなり，給付請求というかたちで強制されることはない。給付の訴えは個々人の決定として留保され，許容される請求の中身は罰金と違約金とによって担保される[42]。

⑶　労働協約の規範的効力

　労働条件の集団的な編成は，まず第一に労働協約の規範的部分によりなされる。労働協約は個々の団体構成員の法的位置を定める。この中には最低労働条件が含まれる。また協約当事者は労働関係に対して強行的かつ直接的な影響力を行使する。労働協約は使用者と労働者の関係にかかわる規範を含むが，その権利及び義務を直接に定めるものではない（間接債務的規程）。労働協約の法的規範の対象は，個別労働関係の締結，内容，終了に関する規定（債務法356条Ⅰ項）であるとともに間接的な債務規定でもある。

　個々の申合せにより定められた内容規範（Inhaltsnormen）は労働協約の実務的に重要な部分を構成する。それは賃金規定（Tarif）であり，さらに賃金俸給表，そして困難，危険，不潔，時間外，夜勤，休日出勤交代制を伴う作業，また疾病，事故，労働阻害（慶弔事由，転居等）の場合の賃金の継続支払である。それはまた出来高賃金か時間賃金かといった賃金形態でもあり，割増賃金や賞与のことでもあ

る。また休暇手当，労働時間，短時間労働であり，競業避止であり，合理化に関する保護，高齢時の賃金補償，労働の人間化などに関与する新たな労働関係の成立を規整する[43]。

6節　経営組織法と共同決定

　労働法上の経営規則はスイスにおける近代的経営組織法の出発点である。共同決定が出来ない場合，使用者の一方的に制定する経営規則には，労働者に対する意見聴取義務が定められている。協定による経営規則では，経営参加への共同の努力が高まり，経営共同体の発展のための新たな展望が開かれる可能性がある[44]。今日でも，経営協定の形態をとる経営規則は全体の1割程度にとどまっているが，実務における労働者と使用者の協調と協同の可能性は，当初立法が予期していたものを大きく上回っている。

1．共同決定と職場代表

　労働法は労働時間の設定に関する労働者の共同決定の権利を定めている。一連の労働時間規制のために，事前の労働者に対する意見聴取が求められており，労働者には共同討議の権利が与えられている。次の各条項がその根拠となっている。第11条（休業した労働時間の精算），第12条3項（時間外労働），第15条（休憩），第20条（代替休日）。労働者の同意とその共同決定は以下の事項を含むものとされている。第10条3項及び第34条2項（労働日の範囲），第13条2項（自由時間における残業の精算），第17条1項，第19条1項及び第24条1項（一時的な深夜労働及び休日労働），第21条2項（半休日の集約），第35条（妊産婦の就業），第36条2項（家内労働及び残業）。

　共同決定と企業の共同的経営の不可欠の土台は職場代表の設定であり，スイスでは通常は労働者委員会がこれにあたる。立法はこれについて規定していない。労働法第37条4項は，労働者により自由に選ばれた労働者代表が使用者との間で経営規則を協定することが出来る，と定めているだけである。労働法施行規則Ⅰ73条1項

により，労働協約又はその他の集団的協定に基づく選挙規則にそった選挙を経た労働者代表だけが「自由に選ばれた」とされる。このような労働者委員会はすでに19世紀末に使用者側のイニシアチブにより設けられていた。20世紀前半にはこれに対応した提案が従業員団体からもだされた。今日，労働者代表の法的な根拠は，労働協約のなかに置かれており，労働協約の３分の１以上が労働者の共同決定に関する条項を含んでいる。労働者代表の職責の範囲も，一般的に労働協約の中で定められている。労働者の利益の保護とともに，両当事者の相互的な信頼の要請が，情報の共有と共同決定に関する権限を規制する。共同決定の対象領域は，災害の防止や労働評価等の狭い範囲にとどまっている。

2．「経営共同体」の概念

このような協定を通じて，企業所有者の自由な処分権限が規制されるとともに，労働者の集団的な行動も抑制される。使用者と従業員の間のパートナーシップに関して，第２次世界大戦後は「経営共同体」の概念がしばしば提唱された。連邦憲法の経済社会条項の改正の際に，新たに第34条１項ｂが導入され，連邦は，使用者と労働者との関係，特に企業経営上の共同決定についての規制権限を持つことになった。この憲法上の規定は，経営における労働者の共同決定に関する支配的な見解に沿ったものである。

連邦はこの憲法上の根拠に基づいて，共同決定に関する立法を促進させなかったこともあり，既存の任意の規制と労働協約での合意だけでは，労働組合の満足は得られなかった。またスイスの立法がこの領域でドイツに比して遅れており，これを遺憾とする声もある。この状況は労働者の人間性を軽んじるものであり，労働者が企業内において管理の対象としてでなく，共に活動する主体として存在すべきであり，労働者が企業の発展に何らの影響力も行使できないのは不当であるとするとの主張もある。

3．共同決定のための国民発議

スイスには共同決定法がなく，労働組合は事業所レベルの共同決定権を要求し

て，1971年に「企業，経営及び行政における労働者とその団体の共同決定に関する規定を設けるための連邦憲法の修正を求める国民発議」(Volksbegehre) を提出した。連邦参議はこの国民発議を原則として適法と見なし，独自の提案を作成した。この提案は経営の職務遂行能力とその経済性を保護することを妥当とした上で，共同決定を一定の条件のもとに立法化しようとするものであった。行政機関における共同決定について，連邦参議の提案では何ら触れられていない。それは本来的に国家の権能を行使する行政機関には，共同決定を通じた労働者の関与は憲法上，馴染まないと考えられていた。

連邦議会は，連邦参議の草案をさらに大幅に変更し，その内容を緩和した。これは経営の領域における共同決定を明示的に規制し，共同決定権の行使を排他的に当該企業に雇用されている労働者に限定するものである。国民投票では，国民発議は否決されたが，経営参加，従業員の共同決定，企業の運営及び展開に対する協力等に関する要求は残り，連邦議会は再度，共同決定に関する国民投票の準備を行うことになった。憲法修正による試みには反対して，連邦憲法34条1項bの規定を踏まえた共同決定法の成立を目指した。

むすび

本章ではスイスにおける集団的労働関係規制の特質を，その沿革と法源の二つの面からの分析を通じて検討してきた。労働条件の集合的な処理は企業の経営上必須のものであるが，それを規制するシステムは，スイスにおいては近隣の大陸諸国と比して早い時期からその端緒がみられた。労働協約に規範的効力を付与する立法によりスイスはこの領域のパイオニアとなった。スイス債務法は労働協約の目的を労働条件規制の中に置いていたが，後に労働関係の規制に関する事項も盛り込むことになった。労働協約立法におけるスイスの先進性とその後の展開は，スイスにおける集団的労働関係を支えている土台の特質を明らかにしている。

文献資料

(1) Hans Peter Tschudi, Geschichte des schweizerischen Arbeitsrechts, Basel 1987, XII Ziff. 1. s. 28.
(2) Eduard Grüner, Die Arbeit in der Schweiz im 19. Jahrhundert, Bern 1968, 932.
(3) Insbesonders BV Art. 32 Abs. 3 und Art. 34 Abs. 1 lit. b und c.
(4) 結社の自由と労働組合の権利に関するILO87号条約（スイスは1974年に批准）及び1950年のヨーロッパ人権規約11条。
(5) Ekonomi und Rehbinder, Gegenwartsprobeme der Koalitionsfreiheit, Bern 1975, 54ff.
(6) Schönenberger/Vischer, Kommentar zum OR, Teilband V 2c, Zürich 1983, B13/14.
(7) Eduard Eichholzer, Aus der Geschichte des Schweizerischen Gesamtarbeitsvertrags, ZSR 1964, 55/56; Tobias Emil Wild, Die Entwicklung des Gesamtarbeitsvertragsrechts, Zürich 1985, 38.
(8) 連邦裁判所判例集 BGE 40 II 515/516.
(9) Philip Lotmar, Der Arbeitsvertrag, Bd. I, 1902, 775; Die Tarifverträge Zwischen Arbeitsgebern und Arbeitsnehmern, Archiv für Sozialwissenschaft und Sozialrecht, Bd. 15 (1900).
(10) Loi du 10 février 1900 fixant le mode d'etablissement des tarifs d'usage entre oubriers et patrons réglants les conflits collectifs relatifs aux conditions de leur engagement.
(11) Hugo Sinzheimer, Der korporative Arbeitsnormenvertrag, 2 Bände, 1907/1908; Rundstein, Die Tarifverträge und die moderne Rechtswissenschaft, 1906.
(12) Hans Peter Tschudi, Geschichte des schweizerischen Arbeitsrechts, Basel 1987. s. 32-33.
(13) この間，この集団的規制の重要性を斟酌して，債務法356条2項において排他的な債権法上の規定を含む協定が正式に労働協約として認められることになった。したがって機械金属産業で施行されていた「平和協定」は広範囲に及ぶ規範的性格を持つ労働協約となった。
(14) Frank Vischer, Der Arbeitsvertrag, in: Schweiz. Privatrecht, Bd. VII/1, Basel 1977, 455ff.
(15) Eduard Eichholzer, Aus der Geschichte des Schweizerischen Gesamtarbeitsvertrags, ZSR 1964, 59ff.
(16) 連邦参議は1911年債務法の草案（BBl 1905 III 745-853）に，雇用契約において他の定めがない限り，賃金協定を全ての関連職業または地域に適用する規定を置く提案を行った。この賃金協定の補助的あるいは反射的な効果は一般的拘束力に近いものといえるが，この提案は連邦議会において拒否された。
(17) BGE 64 I 23 und 65 I 249.
(18) Hans Peter Tschudi, Geschichte des schweizerischen Arbeitsrechts, Basel 1987. s. 52-54.
(19) Manfred Rehrinder, Schweizerisches Arbeitsrecht 12. Aufl., Stämpfli AG, Bern 1995. s. 86-87.

(20) Manfred Rehrinder, Schweizerisches Arbeitsrecht 12. Aufl., Stämpfli AG, Bern 1995, s. 174.
(21) Annuaire Statistique de la Swiss 1995.
(22) BGE 113 II 37, JAR 1988, s. 47.
(23) BGer, JAR 1989 s. 308.
(24) BG AVE 2 Ziff. 5.
(25) BGE 80 II 41.
(26) 憲法規定における間接的な第三者効については BGer, JAR 1896 s. 235ff. 及び Sec. 9 B II 1a. を参照。
(27) BGer. JAR 1989, s. 281.
(28) BGE 113II 37, JAR 1988 s. 407, 1994 s. 28.
(29) BGE 54 II 142.
(30) Manfred Rehrinder, Schweizerisches Arbeitsrecht 12. Aufl., Stämpfli AG, Bern 1995, s. 180-183.
(31) Hans Peter Tschudi, Geshichte des schweizerischen Arbeitsrechts, Basel 1987, s. 48.
(32) Botschaft zum Entwurf eines Bundesgesetzes über den Gesamtarbeitsvertrag und dessen Allgemeinverbindlicherklürung vom 25. Januar 1954.
(33) 1954年1月29日の連邦参議の草案第6条。
(34) Edwin Schweingrüber/F. Walter Bigler, Kommentar zum Gesamtarbeitsvertrag, Bern 1985, 86.
(35) Schönenberger/Vischer, a. a. O. (anm. 30), Nr. 26 zu Art. 356b.
(36) Hans Peter Tschudi, Geshichte des schweizerischen Arbeitsrechts, Basel 1987, s. 49-51.
(37) Manfred Rehbinder, Schweizerisches Arbeitsrecht 12. Aufl., Stämpfli AG, Bern 1995, s. 187.
(38) BGE 113 II 37, JAR 1988, s. 407.
(39) BGE 74 II 158 116.
(40) 団結の理論として BGE 40 II 519. がある。
(41) Manfred Rehbinder, Schweizerisches Arbeitsrecht 12. Aufl., Stämpfli AG, Bern 1995, s. 188.
(42) Manfred Rehbinder, Schweizerisches Arbeitsrecht 12. Aufl., Stämpfli AG, Bern 1995, s. 192.
(43) Manfred Rehbinder, Schweizerisches Arbeitsrecht 12. Aufl., Stämpfli AG, Bern 1995, s. 195.
(44) W. Hug, Kommentar zum Arbeitsgesetz, s. 295.

第2章　スイス集団的労働関係規制の展開

はじめに

　スイスにおける集団的労働関係規制の特質は，社会的パートナーの自治を通じた実践のなかで生まれ，そして発展してきたところにある。この規制システムは近隣大陸諸国に比して早い時期にその端緒が見られた。労働協約に規範的効力を与える立法により，スイスはこの領域のパイオニアとなった。本章ではこのような集団的労働関係規制の特質が，今日のスイス社会における労働関係にどのように継承され，展開されているのか，その現状について分析することを目的としている。

1節　結社の自由と団結権

1．結社の自由

　労働組合は結社の自由の一般原理の一つの側面である。結社の自由の一般原理はスイス連邦憲法56条によって保障されている。連邦憲法56条によれば結社の目的と手段が不法でなく国家にとって危険でない限り，国民は団体を結成する権利を持つとされている。

(1) 結社の自由と国際法

　労働組合の自由に関する特別な憲法上及び法令の規定はないが，スイスは結社の自由と団結権に関するILO87号条約を批准している。

この条約の結社の自由に関する第1章の規定は自動発効の規定であり，スイス国内法と同様に法廷において適用される。

　さらにスイスはヨーロッパ人権規約の締約国である。ヨーロッパ人権規約の第11条は，何人も結社の自由の権利を持つと宣言している。この中には自己の利益の保護のために労働組合を結成しまたそれに加入する権利も含まれる。スイスではこの規約は憲法規定と同じ効力を持っており，法廷において直接に適用されることになっている[1]。この権利が侵犯された場合，ヨーロッパ人権委員会に申立てが行われる。そして最終的にはヨーロッパ人権裁判所の審判を受ける。また市民の政治的権利に関する国際規約（第22条）及び経済，社会，文化の権利に関する国際規約（第8条）に基づく保障もなされる。

(2)　国内法の枠組み

　民法典60条によれば，経済的な目的を持たない政治，宗教，科学，芸術，慈善または保養のための団体はその規約のなかで社団を組織する意思を示すことによって法人格を取得する。連邦裁判所はその目的が一般に経済的な性格を持っていても，それ自体として製造及び流通上の活動を行わない個人のグループも社団を結成することが出来るとしている。このことは使用者団体及び労働者団体の場合に顕著である[1]。労働組合はその規約のなかで社団を結成する意思及び，団体の目的，財政手段そして組織に関する必要な事項を定める意思を表明することで十分であるとされる。団体の宣言や登録あるいは公的な認証を求める必要はない。

　労働組合はまれに社団にかえて協同組合の形態を選択することがある。協同組合はその活動を通じて組合員固有の共通の利益の実現を促し又は保障することを主要な目的としており（債務法828条），登記された後，法人格を取得する。協同組合は通常，工業及び商業に関する活動を行う。

　労働組合及び使用者団体は，その選択した組織形態の種類にかかわらず，完全な自由の下に自らを構成するものとされ，公的なコントロールがその構成や活動に対して加えられることはない。それらには団体または協同組合に関する一般的な規定が適用される。強行規定の対象となっている若干の事項を除いて，団体は自らを自由に組織することができる。協同組合に対しては多くの強行規定があるが，労働組

合の活動は先ずその規約によって規制される。労働組合はその規約の枠内で組合員を拘束する決定を行うことが出来る。労働組合の執行機関はその目的を達成するために必要と考えられる場合，組合員の個人的な自由に対して規制を課することができる[2]。

(3) 団結権

労働組合には誰でも自由に加入することが出来る。労働組合の規約に沿って，執行部はすみやかに許可しなければならない。このことに関して国家は何らの統制も行わないし，規制も課さない。

しかし労働者と使用者との間の関係の中で生じる問題は重要である。使用者は労働者が組合に加入することを禁じることは許されない。このような禁止は人格権の侵害となり（民法典27条），労働者の人格と個性を保護し尊重する使用者の固有の義務に違反することになる（債務法328条1項）[3]。しかしスイス法は雇用差別に関して労働者に何ら特別の保護を与えていない。使用者は労働者の採用または不採用の決定を理由の如何にかかわらず完全に自由に行うことが出来る。一方，労働組合への加入の有無あるいは組合における活動を理由とする解雇は権利の濫用となる。権利の濫用があった場合でも使用者は損害賠償を求められるだけである。この損害賠償の額は賃金月額の6カ月分を越えることはない。

さらに解雇の実際の理由を解明することには困難がともなうため，訴訟において労働者が勝訴することは容易でない。

団結権の保護のために労働協約が最も重要な役割をはたす。例えばスイスの時計産業の労働協約はILO87号条約及び98号条約とOECD多国籍企業ガイドラインの趣旨に沿ってスイス国内及び在外事業所の労働者の結社の自由を保障しており，また組合員であることを理由とする労働者に対する不利益な取扱も禁じている。

2．団結権保障

労働組合への加入が自由であるならばまた，加入しないことも自由である。

19世紀末には相当数の労働協約がクローズドショップに関する規定を置いていた。そこでは労働者も使用者もすべての者が取引における各々の組織に所属するよ

う強いられていた。このような規定は当事者双方の利益にかなうものであった。使用者は当該の労働組合に加入していない労働者は雇用しないことにしており，また労働組合も組織に加入していない使用者のもとでは組合員を働かせないことにしていた。使用者団体との協定のもとで，労働組合はアウトサイダーの使用者に対して闘いを挑むことになった。このような使用者は協約に基づいて労使間で合意した額の賃金を労働者に支払うという拘束がないため，低価格での製品の販売やサービスの供給が可能であった。一方いくつかの事例では，労働協約は単に採用の際に組合員であればよいと定めているか，あるいは，所定の期間，協約を締結している組合に加入している必要があると定めているだけであった。また別の事例では，組織されている労働者を採用の際に優先的に扱っていた。

連邦裁判所は当初，労働協約におけるクローズドショップ条項を適法であるとしていた。職業における組合は当然かつ明白に労働条件を含む多くの事項について労働者を代表する[4]。後に特にカソリック系の団体では単一労組の運動が顕著となり，これが多数結成されるに及んで，連邦裁判所は，労働組合が少数派労組の組合員の労働者の解雇を求めることを違法であると宣言した[5]。後に連邦裁判所はより一般的な事項についても同様な見解を支持するようになった[6]。最終的に，1956年に労働協約に関する法規定が改正され，債務法のなかにクローズドショップを禁止する規定が挿入された。今日この規定は債務法356条a１項として存在し，使用者または労働者に対して協約締結団体への加入を強制する当事者間の協約や協定の条項は無効とされている。

この債務法の規定は何らの公法上の帰結も伴わず，私法上の帰結を伴うだけである。労働協約または労使間の協定にクローズドショップ条項が含まれ，そのために権利が侵害されている場合，個人または組合は裁判所に対して，その労働協約または協定を無効として損害賠償の請求を提訴することが出来る。

同じように，労働協約の適用範囲の拡張を認める法律は，労働協約が結社の自由を侵害し特に団結権または団結しない権利を侵害している場合，協約の拡張適用を許していない。

クローズドショップは今日では適法と認められていないが，労働協約の当事者

が，いわゆる「協約に対する手数料」と称されるある種のエージェンシーショップの制度を採用することは許されている[7]。この制度の下で，使用者は非組合員の労働者を雇い入れることを控える必要はないが，労働協約の規定に従うことを誓約した労働者のみを雇わなければならない。連邦裁判所は1949年の判決のなかで，特定の労働者団体に加入する義務と労働協約に従う義務は基本的に異なった二つの事柄であると判断している。すなわち実際の利害と関わる協約に従うことを強いることにより，個人としての労働者の権利が損なわれる過程を明らかにすることは困難であるからである[8]。

この制度においては，アウトサイダーの労働者は組合に組合費を支払う義務を負うことはないが，適用される労働協約には，一般に賃金からの控除による「連帯拠出金」の支払を必要とする条項が含まれている。連邦裁判所は，金銭的な出捐をせずに労働協約がもたらす多くの利益の恩恵をアウトサイダーが受けることは公正を欠くと判断している。とくに労働組合は労働協約の交渉と施行にあたって相当な金額の支出を行っており，それらは組合員の拠出によって賄われているのである。アウトサイダーの支払う拠出金の額は法的な慣行により制限されており組合員の支払う組合費より高額となることはない。

連邦裁判所が定めた原則は債務法によって容認され，アウトサイダーの労働協約の適用につき明示的に債務法356条ｂ項が適用される。労働協約適用下の使用者に雇用される非組合員の労働者と同様に，当事者間の協定によりこのような個人的な労働協約への付着は使用者団体に加盟していない使用者にも適用される。負担金が高額であるなど定められた条件が不公正なものであれば，裁判官はそれらを取り消した上，適正な金額まで引き下げることが出来る。一方の当事者にのみ有利に拠出金を定める条項または協定は無効とされる。

少数派の労働組合の行動の自由を保護するために，次のような定めがある。労働者団体または使用者団体が協約の当事者となり，あるいは協約を締結する自由がない場合には，使用者団体または労働者団体の構成員に協約の条項の受入れを求める当事者間の取決めは無効となる。従って「協約の手数料」はその協約について同意が得られていない労組の組合員からは徴収されえないことになる。他方，ある労働

者団体が独自に協約の外部に留まることを決めており，労働協約の適用に関する個人的な宣言への署名や連帯拠出金の支払を拒否している場合，協約の適用下にある使用者のもとで就業の機会を得ることは難しい。しかし連邦裁判所の判決では，正当な利益がないかぎり，協約当事者は適切に少数派を代表している労組の協約の締結に反対することは出来ないとしている[9]。

(1) Arrêts du Tribunal Fédéral Suisse, Recueil Officiel 101/1975Ia67; 102/1976Ia379.
(2) Arrêts du Tribunal Fédéral Suisse, Recueil Officiel 85/1959 525.
(3) 連邦裁判所1979年3月9日判決，Semaine Judiciaire 1981, 317.
(4) Arrêts du Tribunal Fédéral Suisse, Recueil Officiel 30/1904・271.
(5) Arrêts du Tribunal Fédéral Suisse, Recueil Officiel 51/1925・525.
(6) Arrêts du Tribunal Fédéral Suisse, Recueil Officiel 75/1949・305; 82/1956・308.
(7) Berenstein, Union Security and the Scope of Collective Agreements in Switzerland. International Labour Review, Feb. 1962, p. 103 sqq.
(8) Arrêts du Tribunal Fédéral Suisse, Recueil Officiel 75/1949・305.
(9) Arrêts du Tribunal Fédéral Suisse, Recueil Officiel 113/1987・37.

2節　集団的労働関係の当事者

1．社会的パートナー

　ソーシャルパートナーとしての労働組合と使用者団体はスイスの社会的，経済的さらに政治的生活において顕著な役割を担っている。連邦憲法のいくつかの規定（第32条，第34条3項，6項，7項及び9項）では連邦当局は「経済的利益団体」と経済社会問題に関する憲法規定の履行のための立法について協議するものとしている。また両者はこれらの立法の適用について協力することが求められている。

　社会的パートナーの協議は二部構成になっている。重要な法律の制定の前に政府は当該の事項について調査研究する特別の委員会を設置する。社会的パートナーは，経済及び社会的事項について，この委員会に常に代表を送り込んでいる。次に

法案が議会に上程される前に，政府は「協議手続」を取ることになる。ここでは労働組合と使用者団体は他の団体や州とともに公式に当該の事項に関する協議を行う。

さらに労働組合と使用者団体のリーダーの多くは議会の議員となっており，大きな影響力を行使している。直接民主主義の実践にあたっても，労働組合と使用者団体は重要な役割を果たしている。彼らは連邦憲法の修正または連邦法に反対するための国民投票を求めて国民発議を行う。また彼らは連邦や州さらには市町村の選挙においてもしばしば最も彼らに親密な政党を支持する。

労働組合と使用者団体は経済及び社会的事項に関する連邦の審議会にも代表を派遣している。またスイス傷害保険機構（SUVA）をはじめ社会保険等の公的機関の理事会にも代表を派遣している。

最後にもう一つスイスの労使関係における労働協約の重要性について銘記しておくべきことがある。それはこれらの労働協約が労働条件の設定にあたって決定的な役割を果たしており，労働組合と使用者団体の間の交渉を通じて相当の部分が締結されるということである。

2．当事者の行為能力

産業団体（使用者団体と労働組合）の法的行為能力については公法と私法の二つの異なった視点から分析する必要がある。

労働法58条は次のように定めている。使用者，労働者及びその団体ならびにそれらと利害関係にあることを立証できる者は，州または連邦の決定に対して不服がある場合，法規定の適用に関して権限のある当局に対して（最終的には連邦裁判所に対して）提訴することが出来る。また裁判所は，組合員が直接の影響を受ける労組を，その組合員数にかかわらず，労組の目標が一般的な労働者の交渉利益の保護を促進するものであれば，利害関係のある労働者の団体として認識するものとしている[1]。

私法のレベルでは産業団体は集団的利益の擁護のために活動を行うことが出来る。すなわち組合員の集団的利益だけでなく，組合員以外の同じ職種についている

人々の利益も擁護する。この団体は組合員の経済的利益の保護のための規約によって，また同じ目的を定めた立法によって権限を与えられた場合にのみ活動が出来る。しかしこの団体には組合員が個人的に被った損害の賠償を要求する権限は与えられていない。労働組合に訴訟権限が与えられている事例の一つは労働者の人格権の侵害があった場合である[2]。さらに不公正競争に関する法律[3]（第10条）は，規約で構成員の経済的利益の保護をうたっている産業団体及び経済組織に対して，その経済的利益が不公正な競争によって侵害されまたは脅威を受けている場合，法に基づいて訴訟を行うことを認めている。

3．スイスの労働組合

　労働組合に組織されている労働者はスイスにおいても少数派である。それにもかかわらず労働組合の影響力は大変に大きい。労働組合は全体としての労働者を代表していると一般には認識されている。労働組合運動は統一されておらず，幾つかの労組の競合状態にある。しかしスイス労働組合評議会は疑いもなく指導的な役割を果たしている。

　労働組合は単独でまたは労働協約に基づいて労働者の利益のための多くの制度を作ってきた。社会保障の分野では労働組合は失業保険（疾病保険などとともに）の制度を作った。これらは今日スイスの社会保障制度の中に統合されている。

　スイス労働組合評議会（Schweizerischer Gewerkschaftsbund-SGB, Union Syndicale Suisse-USS）はもっとも重要な労働組合の連合体である。組織労働者の多数を系統的に分類しまとめている。スイス労働組合評議会は1880年に設立され1980年に創立100周年を迎えており，国際自由労連（ICFTU）及びヨーロッパ労働組合会議（ETUC）と提携している。またスイス労働組合評議会は宗教的には中立を維持し，政治的には独立している。この政治的独立の持つ意味はその全面的な自治の確立ということである。スイス労働組合評議会はいかなる政治運動とも提携することはない。重要問題のすべてについて独自に政治的な態度を決定し，見解を示すため，世論に対して大きな影響力を持っている。一方で，スイス労働組合評議会は社会民主党と密接な関係にあり，指導者の何人かは議員として議会内の社会主義

者グループの中で重要な役割を果たしている。一般投票の際には有権者に対する推薦も行い，選挙運動の準備もする。いくつかの州ではスイス労働組合評議会の所属組合員が社会民主党の候補者と同じ候補者名簿に搭載されることもある。スイス労働組合評議会は新しい憲法規定の導入のための投票を求める国民発議も行った。1971年には他の労働組合団体とともに労働者参加のための国民発議を，また1979年には有給休暇のための国民発議を行っている。社会民主党と共同で疾病保険及び老齢遺族保険，傷害保険に関する国民発議も行った。

　スイス労働組合評議会の規約によれば，その目標は加盟労組とその組合員の利益の保護にあり，とくに①国民の民主的な権利と自由の発展，②完全雇用と高い生活水準の保障，③国民経済の拡大とくに社会的経済の促進，④社会立法と労働者保護の発展，⑤一般の労働法と団体交渉政策の発展，⑥労働組合の国際的な連帯の促進などを挙げている。

　1980年秋に制定されたスイス労働組合評議会の倫理綱領では，経済的民主主義と労働の人間化を第一としている。目下の主要な優先課題の中には，男女の平等の推進，失業に対する戦い，雇用の拡大そして職業能力の維持などがある。

　スイス労働組合評議会はその名前が示すように労働組合の単産の連合体である。そしてスイスの経済社会政策の中に組み込まれているが，個別経済の多様なレベルにおける労使関係には組み込まれることはない。団体交渉は地方ごとに行われることはなく，加盟の単産ごとに行われる。例外として使用者団体の連合体またはその他の労働組合の連合体との間で労働協約の署名が行われることがある。1975年の剰員解雇に関する勧告などの例がある。

　さらに州ごとに労働組合評議会があり，その地域内において活動をしている労組ごとに組織されている。この地方評議会は州における社会政策の発展を常に監視している。この地方評議会は他の地域の評議会の紛争には関与しない。

　スイス労働組合評議会の最高意思決定機関は大会であり，4年ごとに開催される。大会は傘下の労組と地方評議会の代表によって構成される。役員評議会は2年ごとに開かれる。執行機関は運営委員会となっており，日々の決定を行っている。

　傘下の労組連盟は通常の場合，スイス労働組合評議会と同様の方式で構成されて

いる。すなわち，傘下の労組連盟は個々の部門ごとの代表が出席する評議会と，日々の業務を遂行するより小規模の事務局を持っている。多くの場合，例えば労働協約を受諾するか，あるいはストライキに突入するかなどについて個々の組合員は投票を求められる。

スイス労働組合評議会は公務員労働組合連合などの他の労働組合の連合体と特別な連携を持っている。公務員労働組合連合，スイス職員労組，スイス協同組合労組などとともに，スイス労働組合評議会は賃金所得者及び消費者行動委員会を形成している。

(1) Arrêts du Tribunal Fédéral Suisse, Recueil Officiel 98/1972・b344.
(2) Arrêts du Tribunal Fédéral Suisse, Recueil Officiel 114/1988・345.
(3) Systematische Sammlung des Bundesrechts 241.

3節　企業内労使関係規制の展開

スイス連邦憲法34条1項bは，労使関係に関する立法を行う権限を連邦に与えている。とくに企業と労組に関する問題について一般的に規制する権限を与えている。この憲法規定は1947年に労組の強い意向を受けて採択された。当時，労組は労組共同体に関する立法の導入を求めていたが，企業共同体の導入には熱心でなかった。

数年後，労組は方針を変更し，ドイツの共同決定立法を参考にして，スイスにおても同様の立法の制定を要求した。スイス労働組合連合は歴史上はじめて，キリスト教労組連合[1]と共闘体制をとり，三つの労組の連合体が，企業の経営に関する意思決定に労働者とその団体が参加することを求める憲法上の国民発議を開始させた。企業の意思決定への参加に関する立法を行うためには，当時の憲法規定は十分ではないと，労組は考えていた。しかし労組はその情宣活動のなかで経営参加の導入を求めつつも，単に連邦の権限の拡大を求める憲法上の国民発議に限定すること

にした。連邦政府はもっと規制を強めた内容の反対提案を行い労働組合の国民発議に反対した。この国民発議とそれに対する反対提案はともに1976年の国民投票で拒否された。

1．立法による規制

　今日まで，連邦憲法34条１項（b）を施行するための法律は成立していない。そして使用者には経営協議会または同種の機関を設置する義務はない。しかし，実際には労働協約を根拠にしてこれを設置する例が多い。

　労働法は企業内に従業員代表機関を設置することのできる規定を置いている。就業規則の制定を義務づけられている工的企業の使用者は，従業員との協議を経て就業規則を制定するか，あるいは自由に選ばれた労働者代表との間で就業規則に関する文書による協定を締結することになる。労働法37条及びオルドナンス・73条では，労働協約または類似の協定に沿って選挙が実施されている場合，この代表は自由に選ばれたと見なされる。使用者と労働者代表の間で締結された文書による協定は労働協約ではない。労働法37条の定める可能性は実際には利用されていない。

　労働法のその他の規定は，企業における労働者代表について言及している。労働法28条により，労働時間に関する許可権限を持つ当局は，法規定の適用に困難を伴う時は，企業内の関係する労働者の大部分またはその代表の同意をえて，当該法規定からの軽微な逸脱を例外的な措置として認めている。さらに労働法48条では，使用者が独自に認められている通常の労働時間とは異なる時間での労働を命じる場合，使用者は企業内の労働者またはその代表に対してその意見を表明する機会を与えなければならない。そして可能な限り，その意見を考慮しなければならない。

　公共輸送企業の労働に関する法律および，この法律の施行に関するオルドナンスでは，使用者の労働者及び労働者代表に対する意見聴取義務に関する規定はわずか数箇条だけである。また通常の労働時間に対する例外は労働者及び労働者代表の同意のある場合のみ可能であることを定めた規定もある。

　その他の法規定は企業年金基金の管理における労働者代表に関するものである。債務法第331条では，使用者はこの基金を従業員の意向により，財団，協同組合，

公的機関などに移管しなければならない。協同組合の場合，受益者が管理担当者を選出する。しかし一般的には，この基金は使用者により，使用者が作ったか，あるいは使用者が参加している財団に移管される。この場合，労働者はその拠出金額に応じて基金の運営に参加する。可能な限り，労働者は企業の従業員のなかから代表を選出することになっている。1982年7月25日の企業年金に関する法律では，この法に基づいて労働者が義務的に保障されている場合，使用者は，労働者が企業年金基金に加入していない時でも，協定に基づいて機関を選定しなければならない。協定が成立を見ない時は，仲裁者が選択を行う。この機関は労使同数の代表により選ばれた執行部が運営する。この執行部は財団の基本規則を作成し基金の融資と資産の投資に関する意思決定を行う。使用者団体が均等化基金を作り，老齢・遺族保険（AHV），障害保険（IV）の管理運営に参加している場合，少なくともその運営委員の3分の1は労働者団体が指名した者でなければならない。障害保険に関しては，労働者が全国障害保険協会の保険に入っていない場合，希望の保険会社を選択する権利を持つ。

　スイスの社会立法をEC理事会指令の法規制に適合させる観点から，連邦政府は企業における労働者の情報提供と協議に関する労働者参加法案を議会に提出した。この法案では，50人以上の労働者を抱える事業所では，労働者代表を選出することが出来る。この労働者代表はその任務を遂行するために必要なすべての情報が提供され，また①職場の安全と健康の保護，②集団的解雇，③企業の譲渡，などの事項について協議を受けることになる。

2．労働協約による規制

　最初の労使協議会は何人かの使用者によって19世紀の末に設けられた。しかし労働協約によって企業における労使協議会の法的な根拠が与えられたのは，1906年の醸造事業における全国協約以降のことである。今日では主要な全国協約は労使協議会に関する規定を設けており，労働者により選挙された代表が経営側と協議することになっている。しかしスイスの労使協議会は企業の経営に参画する権限は持っていない。企業は使用者が独自に経営するか（個人企業の場合），取締役会により経

営されることになる。労使協議会の主要な機能は，労働者または労使関係に関連する企業の内部的な問題を議論することである。その法的能力に関する検討をふまえて労使協議会の機能を次のように区分することができる。①情報提供を受ける権利，②協議を受ける権利，③意思決定に参加する権利（協同決定）の三つである。労働者代表を置いている企業の数に関する最近の統計はないが，労働者の半数以上は労働者代表のある企業に雇用されている推定されている[2]。

　ここでは一例として1988年の機械産業における労働協約を取り上げる。この労働協約は以下のように定めている。企業に労働者代表がいないばあい，労働者の5分の1の同意をもって選挙の請求ができることになっている。選挙の結果，労働者の多数が労働者代表の設置を求めている場合，労働者代表を置かなければならないことになっている。労働協約の適用のあるすべての労働者は，選挙権と被選挙権をもつ。しかし年齢，勤続年数，労働契約の種類などの特定の条件を，労働者代表と経営の間の相互協定により，定めておくこともできる。企業の異なった部門における比例代表の制度も保障されている。選出された労働者代表のなかに協約締結労組の組合員がいないばあい，組合員の候補者のうち最大の得票を得た者を当選者とみなす。またその労組が全投票の1割を得票しているのであれば，関与団体の範囲にあるとされる。協約締結労組のうちの一つだけが労働者代表として選ばれた場合，企業は補充的代表として，多数の得票をしている労組以外の労組の候補を指名することもできる。労働者代表のメンバーに対して緊急の事項を処理するための便宜が供与される。労働者代表は労組の書記やその他の者の補助を受けることが出来る。労働者代表となった者はその労働者代表としての通常の活動のゆえに解雇されたり不利益な扱いを受けることはない。解雇にあたっては労働協約によって特別の手続きが定められている。また特別の教育休暇を取得する権利も認められている。経営側は定期的に労働者代表に対して事業の状況及び労働者にとって重要と考えられるあらゆる問題に関する情報を提供するものとされている。経営と労働者代表との協力体制については企業ごとに相互協定により定められている。労働協約はこの協力体制に含まれるべき主要な事項について言及している。例えば労働時間，年次休暇計画，残業，夜業，安全衛生等である。

法は企業内における労働組合の特別な権限を何ら認めていない。しかし労働協約がこの権利を認めている場合がある。時計工業においては協約当事者になっている労組は個々の企業において労組代表として指名されることもある。この代表は経営側との協定に基づいて労組により選ばれる。この代表は経営協議会の構成員と同じ地位にある。印刷産業では，労組の依頼を受けた者と経営協議会は労組の組織そのものと見られており，企業における個人の利益を代表する権限を持っている。バーゼルの化学工業の労働協約では，労組は企業内で提案を行うことができることになっている。年に2回，労働時間に関する協議を行うことになっている。しかしこのような協約規定は例外的である。

(1)　当時，プロテスタント系の労組はカソリックの労働組合連合から分離してはいなかった。
(2)　A. Jans, Gewerkschaftliche Rundschau, 1991, s. 59.

4節　労働協約規制の展開

　労働条件の規制は大部分が団体交渉に基づいて行われている。労働者の保護は公法的な保護立法に依存するよりも，労働協約によってむしろ確保されている。政府の政策では多くの場合，労組と同じく，労働に関する事項についての立法は団体交渉によって解決のつかない場合にのみ必要とされる。法規定が補助的な機能に留まるべきであることは，今日では一般に受け入れられている。国家の介入なしに団体交渉の手段だけで問題を解決しえない場合に限って，立法者の活動が有用なものとして現れるのである。
　このような法状況こそが労働法51条の特質なのである。この規定によれば，労働法の違反が労働協約の不履行を構成する場合，州当局は労働協約当事者間で労働協約が尊重されるよう適切な配慮を行う。

1. 団体交渉と労働協約

　団体交渉の範囲にかかわらず，労働協約は立法を全面的に代替することはない。労働組合が強力でなく，団体交渉を通じて十分にその利益を達成できない場合，連邦法は最低限度の保護を与えている。この保護は労働協約の締結を通じて段階的に強化される。連邦はこのような発展を支援し，組合員であるなしを問わず，すべての労働者のための最低基準を設定する。

(1) 労働協約の当事者

　労働協約は，1人または複数の使用者，あるいは1または複数の使用者団体からなる使用者側と，1または複数の労働者団体からなる労働者側との間で締結される。

　1956年法以前は使用者は労働協約を非組織労働者とのあいだで締結することもできた。今日ではこの権限は抑止されており，いわゆる「事業所内協約」は単に使用者が作成したものにすぎず，団体交渉の帰結ではないとされている。このような「協約」はこの意味で今や署名した使用者と労働者の間の個別契約以上の効果を持たない。

　労働協約は異なったレベルでそれぞれ締結される。55％以上の事例では，労働協約は単一の使用者とその事業所の範囲の労働者との間で締結されている。45％は1以上の使用者団体との間で締結されている。この場合，労働協約は複数の企業を対象とする。また労働協約は職種，産業ごとに，あるいは専門レベルでの特殊な事情を踏まえて各々締結される。しかしながら1つ以上の使用者団体と締結している労働協約の適用対象となる労働者は労働協約適用対象労働者の全体の89％に達する。また労働者全体の53％は労働協約の適用を受けている。

　一般に労働協約はブルーカラーの職種の労働者と職種ごとの使用者団体との間で締結される。労働者団体はホワイトカラーのスタッフや管理者層を労働協約に含める努力を試みている。機械工業ではホワイトカラーの組織が労働協約の当事者となっており，年長の従業員を除いて，企業に雇用される全ての労働者に拡大されている。

　労働協約は地理的な範囲ごとに締結される。もっとも重要なものは当然に全国協

約である。これは使用者及び労働者の中央団体の間で締結され，全国的に適用される。全国協約は労働協約の適用のある労働者の全体の63％（140万人のうちの88万人である）をカバーしている。全国協約のいくつかは外郭だけを規定し，地域や州，ローカルの労働協約により補完されるようになっている。時計工業や建設産業はこの例である。従って，地方協約はミニマムとして全国協約の規定を考慮することとなる。

　債務法は使用者及び労働者団体の団体交渉及び労働協約締結権を制限することはない。協約当事者は構成員及びその代表権に関する地位を立証する義務を課せられることはない。また債務法は明示的に，使用者団体が多数派労組の代わりに少数派労組と交渉し労働協約を締結することを禁じていない。使用者団体は労働協約締結のために交渉を行うことも義務づけられていない。しかし連邦裁判所は次のような判断を示している。使用者または使用者団体が，何らの合理的な理由もなく，労働者の地位を弱め，それによって利益を得る観点から，労組との労働協約の締結のための交渉を拒否した場合，それは不法行為を構成する[1]。労働者の立場を弱める視点から少数派労組と交渉をする使用者または使用者団体の行為は同じく不法行為とされる。連邦裁判所のその他の判決によれば，労働協約の当事者は，法的利益がないのに，十分な代表権を持つ少数派労組の協約に対する同意に反対することはできないとされている[2]。

　労働協約の締結のためには，労働者の側で唯一実現しておかなければならない条件がある。それは労働者団体が法人格を取得しておかなければならないということである。すなわち社団または協同組合になるということである。この条件は使用者側には課せられていない。労働協約は使用者団体だけでなく，1または数個の個別の使用者とも締結されるからである。

　(2)　労働協約の目的

　1956年法以前は労働協約の目的は，債務法により雇用条件の規制とされていた。すなわち，使用者と労働者の間の個別労働契約を労働協約により拘束することである。債務法の改正規定（債務法356条）は明確に同じ法的定義を維持している。すなわち労働協約により両当事者が個別労働契約の締結，内容及び終了に関する一般

規定を確立することである。しかし労働協約は労使関係に関するその他の規定を包含することも可能であり，さらに契約当事者間の相互的な権利と義務を定め，かつこれらの条項の施行と監視について規定することもできる。言い換えれば，労働協約とは労働契約当事者間の諸関係に関するあらゆる規定と，労使関係の領域における使用者団体及び労働者団体の間の諸問題に関するあらゆる事項を規定することができると言うことである。

(3) 労働協約の形式

労働協約は書面に記載されている場合に限って有効である（債務法356条c）。つまり，労働協約の本文は文書の形式を取り，両当事者の権限ある機関または当事者本人（使用者の場合）の署名がなされていなければならない。同様のことは労働協約の改訂，当事者の協定に基づく終了，更新，新たな当事者の参加の場合にも適用される。アウトサイダーの個別的な労働協約への参加についても文書によらなければならない。なおアウトサイダーの参加については労働協約当事者の同意が必要である。

2．労働協約の効果

労働協約には多様な条項が含まれている。したがって労働協約は種々の法的効果を生じることになる。ここでは個別の労働契約の当事者に対する法的効果と労働協約の両当事者に対する効果とを区別する必要がある。また労働協約当事者間の関係に対する効果と労働契約当事者間の関係における効果とを区別する必要もある。

(1) 労働契約の当事者に対する効果

伝統的に労働協約の第1の目的は，労働契約により使用者の拘束をうける労働者の労働条件を定めることにある。既にいわれているように，労働協約は個別労働契約の締結，内容，終了に関する規定を確立するものである。これらの規定は労働協約の有効期間中，労働協約の適用される使用者と労働者の双方に対して直接的かつ強制的な効果を持つことになる（債務法357条）。労働協約の直接的な効果とはそれが個別雇用契約の一部になるということである。また強制的な効果とは，個別労働契約の両当事者間の約定のうち労働協約に反するものはすべて無効とするものであ

る。労働協約の定める事項はあたかも強行法規を内在しているかのように適用される。無効とされた個別契約の規定は労働協約の定めるものと置き換えられる。このことは端的にいえば，労働協約が「規範的」効果を持っているということである。労働協約のこれらの規定は客観的な法を創造し，かつ市民法の規定のように解釈されている。規範的効果をもつ労働協約の条項に対する違反は連邦市民法の違反となる[3]。

　しかし労働協約は原則として労働者に対する保護のための手段である。個別契約が労働者にとってもっと望ましい条件を定めている時は，そのより良好な条件が労働協約の条項の存在にもかかわらず維持されることになる。

　労働協約の規範的効果の帰結として，労働者は労働契約の期間中及びその終了の翌月中は労働協約から生じる請求権を有効に放棄することはできない。それはあたかも法の強行規定から生じる請求権の放棄ができないことと同じである（債務法341条）。

　一方，労働協約の規範的効果は労働協約の規定により抹消することもできる。この場合，労働協約規定は協約当事者間にのみ効力を持つことになる。

　労働協約の規範的効果は労働協約の拘束をうける使用者と労働者に適用される。この場合の使用者とは，個人的にその労働協約に署名したか，またはその加盟する使用者団体がこれに署名しているものをいう。また労働者とはその所属する労働者団体がこの労働協約に署名しているものをいう。労働協約は原則としてアウトサイダーには適用されない。ただし労働協約を了承している場合は例外である。しかし実際には労働条件に関する労働協約の規定は使用者が組合員であるか否かを問わずすべての労働者に適用している。さらに規範的効力を持つ労働協約の条項は公的機関がそれを拡張している場合，当該職種のすべての者に適用される。

　労働協約は協約の締結労組の組合員でない労働者にも適用される条項を含むこともできる。このような条項は規範的な効力を持たず，従って非組合員の労働者は使用者に対して労働協約が定める賃金の支払いがないとして，これを求める訴えを提起することはできない。しかし賃金の支払は協約当事者としての使用者の義務として構成される。使用者団体によるこの義務の履行は労組により求められることにな

る。

労働協約は間接的な効果を持ち，その根拠は一般に慣行であると考えられている。その他に間接的な効果は外国人労働者の雇用に関する州の規制から生じる。この場合，雇用許可が求められたときに，使用者がその職種に適用されている労働協約の尊重を了承した場合にのみ，許可が下りることになっている。

(2) 契約当事者に対する効果

使用者団体と労働者団体との間で締結される重要な協定は全て協約当事者の権利及び義務に関する規定，すなわち労働協約の「契約上の」効果に関する規定を含んでいる。これらの効果のいくつかは直接に立法から引き出される。その他は労働協約の条項から引き出される。

① 立法を根拠とする効果

立法から黙示的に引き出される，第1の効果は労働協約の当事者が協約を遵守する義務である。協約は約束であり，他の契約と同様に契約当事者を拘束する。

立法により（債務法357条a）特別に定められたその他の義務は労働協約の実施を確保する義務（Einwirkungspflicht）と，産業平和を維持する義務（Friedenspflicht）である。

労働協約の実施を確保するために，団体はメンバーに対してその影響力を行使しなければならない。必要な場合は，団体の規約及び立法に基づいて行使可能な措置をとることが求められる。このことは，協約に違反しているメンバーの一部に所定の措置がとれないときは，一方の協約当事者に対して責任を負うということであり，必要な場合には除名等の措置をとることを意味する。

産業平和を確保する義務は，法規定によるものであるが，これは協約当事者の双方がストライキ，ロックアウト，ボイコットなどの威圧的な行為を禁じられることである。労働協約の中に特別の規定がないかぎり，この義務は労働協約で規制している事項に限って拡張される。

相手方の協約当事者が労働協約の条項を尊重しない場合でも平和義務を遵守しなければならないのかという問題には議論の余地がある。労働者の権利に対する著しい侵害があった場合，労働者団体は同時履行の抗弁（exceptio non adimpleti contractus）の法理をもって，応えることができる（債務法82条）。この場合，遅れることの見込まれる司法判断を待つあいだ労働者に労働を続けるように求めることは不可能である。また訴訟では均衡の原則も尊重されなければならない。

両当事者は「無制限の」平和義務を労働協約の中に含めることもできる。ここでは協約当事者は労働協約の規制していない事項に関しても平和義務の尊重を誓約することになる。立法は相対的または限定的な平和義務と絶対的または無制限の平和義務を区別している。後者の義務は労働協約の特別の条項の存在により生じることになる。

② 労働協約から引き出される効果

今世紀の初めからいくつかの労働協約は無制限の平和義務の条項を取り入れるようになった。すでに1929年の時点で，労働協約の適用対象となっている労働者の半数は全面的な平和義務のもとにあった。1937年には，スイスの主要な二つの労働協約がこの義務を定めていた。1937年の時計産業の労働協約と同年の機械産業の労働協約である。これらの労働協約は適用対象の労働者の数からいえばスイスで最も重要な労働協約であった。今日では労働協約の適用対象の労働者の71％が無制限の平和義務のもとにあり，無制限の平和義務はスイスの労使関係における一つの土台であると考えられている。この規定は目的の如何にかかわらずあらゆる形態の反対行動を禁じている。この義務の見返りとして紛争を斡旋，調停，仲裁により解決するための手続が設けられている。この無制限の平和義務については労組の内部では議論が残っているが（とくにフランス語圏では），この義務は維持されており，諸外国に比して，ストライキ件数は少ない。

主要な全国協約は労使関係の規制の他は，立法または無制限の平和義務にもとづく当事者間の一般的な義務を独自に制限することはない。当事者間で，労働者に有利な手当の支払など特別な義務を定めることもできる。また集団的労使関係を処理する特別な機関を設置することもできる。それは双方同数の代表からなる合同協議会や，仲裁機関，均等化基金，雇用事務所などである。合同協議会は特に重要であり労働協約の履行の確保を委託されている。合同協議会は労働協約の解釈に関する権限を持ち，これに抵触した使用者及び労働者の懲戒と管理機構の運営を行う。こ

れらの機関の権限と構成については労働協約で定める。このような場合には労働協約は契約的な効力だけでなく，制度的な効力も持つことになる。仲裁機関の判断は両当事者によって尊重されるだけでなく，個別の労働者及び使用者によっても尊重されねばならない。従って仲裁機関の設置を定める労働協約の条項は間接的な規範的効力を持つことになる。

(3) 労働協約当事者と労働契約当事者との関係に関する効果

労働協約は企業内の集団的関係に関する規則を定める。この労働協約の条項は個別労働契約のなかにまとめられた労働条件に直接関係するのではないが，協約当事者とそのメンバーによって遵守される。例えば使用者が労働協約で定められた労使協議会を企業内に作る義務を尊重しない場合，一方の当事者である労組は協約に連署している当該使用者団体に対して傘下の使用者に条項の遵守を勧告するよう求めることができる。

なお，法はかかるケースについてもう一つの選択肢を用意している。債務法は労働協約にもとづく義務を遵守しないメンバーに対して合同で訴追する権限を認めている。このことは次の事例にも適用される。①個別労働契約の締結，内容，終了，②均等化基金への拠出金の支払，雇用関係に関する機関，企業における労働者代表，産業平和の確保，③違約金及び保証金の預託，並びにその管理（債務法357条b）。

これらのすべての事例について，協定が使用者側で一つ以上の使用者団体により（労働者サイドの場合も同じ）締結されている場合，労働協約は，これらの団体が合同でその拘束を受ける使用者及び労働者に対して規定の遵守を求める，権限の付与について定めることができる。この目的のために，協約当事者は明示的にかかる権限を労働協約の中に含めることを，その執行機関の決定または規約として定めておかなければならない。

このように，労働者団体と使用者団体は合同で行動する限り，労働協約の遵守を怠っている使用者（場合によっては労働者）に対して訴訟の提起ができる。しかし労働者にとって有利な賃金の協約所定の金額への回復を求める訴えを裁判所に提起することはできない。労組または団体に当該権利が移転されないかぎり，労働者は

個人で訴えを提起しなければならない。また使用者の協約違反についての確認を求める訴えの権限もある。また労働協約が罰則を定めている場合は罰則の適用を求める権限もある。多くの場合，罰則は合同委員会で定められており団体は裁判所に対して罰則の承認を求めることになる。裁判所は罰則が過重であると認めた場合それを軽減することができる（債務法163条)[(4)]。団体は拠出金の支払など使用者（労働者）に対するその他の請求の訴えを提起することが当然に可能である。

(4) 職業アクセスに関する条項

労働協約の内容に関しては2種類の規制がある。第1は，クローズドショップ条項の禁止である。第2は労働協約において労働者の所定の職業活動または必要な訓練を妨げ，またかかる職業活動を規制する条項の禁止である。このような条項は原則として無効とされる（債務法356条a2項）。それでも，安全衛生や労働の質のような保護に値する利益が大きい場合は有効とされることがある。しかし新規入職者の確保という目的は保護に値する利益とは考えられていない。

(5) 労働協約の終了

① 協約の期間

労働協約の期間についてはその本文中に通常は定めている。協約は所定の有効期間（一般に2年から5年である）を持つ。多くの場合，廃棄通告がなされないかぎり，その期間中，黙示的に持続される。労働協約の期間が定められていない場合（ごく稀な事例であるが），1年経過以降，6カ月前の事前通告により廃棄することができる（債務法356条c）。アウトサイダーが個別に労働協約の受入れの宣言をしている場合でも同様である。

1人以上の使用者または使用者団体あるいは労働者団体がその当事者となっている労働協約が一方の当事者により廃棄された場合，この廃棄はすべての労働協約当事者に影響をもたらすことになる。

使用者団体を脱退したのちも使用者は労働協約の拘束を受けるのか否かという問題は議論の余地がある。学説の多数は，労働協約がもはや使用者を拘束しないとしている。しかしこれを誤りとする考え方もある。債務法はこの場合の効果についてなんら規定していない。労働協約はその有効期間中，締結の時点でメンバーであっ

た者及び締結後にメンバーとなった者をその終了の時まで拘束する。時計産業の労働協約は明示的にこのことを定めている。

② 終了後の効果

債務法357条は，労働協約の規範的効力がその有効期間中に限って持続すると定めている。労働協約の債務的効力についても同様である。

しかし債務法のこの規定は必ずしも労働協約の終了の後，その条項がすべて効力を失うことを意味するものではない。債務法第357条によれば労働協約の諸条項の一部は個別労働契約の規定として置き換えられる。このように労働協約は条項は最小限度で個別労働契約に統合される。無効とされた規定が労働協約の終了の時点で復活することはない。労働協約の条項は労働契約の一部としてなお効力を持ちつづけると考えられている。

3．労働協約の拡張適用

行政当局は一定の条件のもとに労働協約の適用範囲をその拘束を受けない使用者及び労働者に拡張することができる。労働協約の拡張とその効果については1956年9月28日の労働協約の拡張の認可に関する法律によって規制されている。また連邦憲法も若干の規定を定めている。

労働協約の拡張は協約当事者となっているすべての団体の要請があってはじめて行われるものである。したがって労働協約は使用者の側だけで拡張適用されることはあり得ない。拡張適用の要請は公開され，利益関係にある人及び団体は異議の申立てができる。拡張適用の決定は二つ以上の州にまたがっているときは連邦政府が行い，一つの州だけが対象の場合は州の政府が行う。後者の場合でも拡張適用は連邦政府の承認が要る。

労働協約の拡張については以下の条件を満たさなければならない。①労働協約の中身が法のもとの平等や結社の自由を侵害したり，制定法の強行規定に反するものであってはならない。②拡張適用がなされない場合，労働協約の拘束を受ける労働者及び使用者が大変に困難な事態に遭遇するときには，拡張適用は必須とされる。しかし公益に反することは許されず，また第三者の法益を侵害することも許されな

い。これらの諸利益が地域的な条件や企業の方針に沿ったものである場合，対象となる集団の少数者の利益を正当に検討する必要がある。③労働協約は一定の重要性を持つものでなければならない。その拘束を受ける労働者及び使用者，すなわち協約当事者のメンバーまたはそれを受け入れている個人は拡張適用により，協約対象となる者の多数派を構成しなければならない。さらに協約の拘束を受ける使用者は全対象労働者のうちの多数を雇用しなければならない。④協約当事者でない団体も，関連する法益を有し，協約の履行に関する十分な保障がある場合，自由に協約に参加できるようになっていなければならない。労働協約の適用を受けていない使用者及び労働者も自由に協約当事者となっている団体に加入しまたは独自に協約に参加する可能性がなければならない。

　この拡張適用は使用者と労働者を拘束する条項すなわち規範的効力を持つかあるいは使用者と労働者を全体として団体に結合する拘束力を持つことになる条項に対してのみ効力を持つ。従ってすべての条項について影響力を持つ必要はなく，両当事者ならびに行政当局は一定の条項について，これを拡張適用から排除することもできる。

　拡張条項の法的効果は協約の条項それ自体と同一である。ただし唯一の例外はその適用範囲が限定されないことである。対象職種の全ての使用者及び労働者に適用されるが，協約及び拡張命令による例外設定は可能である。この拡張命令自体が公法の一部であっても原則として個別労働契約に対して公法的な効果を持つことはない。連邦は拡張の履行を監視することはない。それは私法の枠内のことである[5]。この原則の唯一の例外は，拡張の効果が均等化基金やその他の雇用関係に関する機関に及ぶ場合である。この場合の機関は当局の管理の下に置かれているものをいう。したがってアウトサイダーが労働協約に基づく管理機関の監督を望まないのであれば，自己の費用で特別の管理機関を選択する旨を当局に要請することができる。

　拡張の命令は期間が限定される。この期間が経過した場合，新たに期間の延長を希望する場合，協約当事者は新たに申請をしなければならない。すべての協約当事者の要請により期間の終了前に拡張を無効にすることもできる。労働協約がもはや

施行されなくなった場合,あるいは拡張適用を阻む条件が生じた場合などは,拡張適用もその効力を失う。平等取扱の原則に違反があった場合,均等化基金または労働協約の適用のあるその他の機関による正しい監理がなされていない場合も同様である。

このように,拡張の根拠は常に労働協約当事者の意思にある。連邦政府も当事者の望まない協約条項の拡張を要請することはできない。また当事者の意思に反して拡張を維持しつづけることもできない。

(1) Arrêts du Tribunal Fédéral Suisse, Recueil Officiel 74/1948 II 158.
(2) Arrêts du Tribunal Fédéral Suisse, Recueil Officiel 113/1987 II 37.
(3) Arrêts du Tribunal Fédéral Suisse, Recueil Officiel 98/1972 II 205.
(4) Arrêts du Tribunal Fédéral Suisse, Recueil Officiel 116/1990 II 302.
(5) Arrêts du Tribunal Fédéral Suisse, Recueil Officiel 98/1972 II 205.

5節　平和義務

労働争議の場面で労働者及び使用者が相互に行使する集団的圧力の中ではストライキとロックアウトがもっとも主要な手段である。ストライキは使用者との抗争のなかで労働者がその利益を防御する目的でその多数が集中的に労働の提供を停止することである。ストライキの定義もこれと同様である。ストライキに付随する他の行動形態である遵法闘争,すわり込み等はスイスでは一般的でない。連帯ストも行われない。ロックアウトは使用者又は使用者団体がその利益の保護を目的として行う労働者の集団的な解雇である。一般的にはストライキに対応して行われる。

1. 争議行為と平和義務

労使関係においてストライキ,ロックアウトあるいはボイコットなどに関する特別の規制は存在しない。1985年12月20日のカルテル及び類似の組織に関する法律は

その対象範囲から労働関係にのみ関連する協定，決定，措置を除外している。スイスではストライキは大変に少ない。ロックアウトはきわめて例外的である。一方，ストライキに関することは原則としてボイコットにもあてはまる。

(1) ストライキ権

スイス法はストライキ権を保障していない。しかし結社の自由は連邦憲法第56条の規定により保証されている。団結権すなわち使用者及び労働者がその独自の経済的利益の保護のために集合する権利は，結社の自由の一側面である。労働組合にとって必須の行動手段の一つが，最終手段としてのストライキである。ストライキ権も連邦憲法34条 ter を根拠にする。集団的労働法とりわけ労働協約の理解からは，この憲法規定が黙示的に労働問題の闘争的な性格に依拠していることがわかる。一方，労働裁判所はこの問題に関する見解を示しながらも，確定的な結論を出すにいたっていない。ストライキ権の憲法上の認知に関する問題は国民的な議論となっており，個々の問題ごとに発生しており，最終手段原則が尊重されるか否かにかかっていると裁判所は考えている[1]。

この決定はスイスが経済・社会・文化的権利に関する国際規約を批准する以前のものである。この規約の第8条は，この規約の当事者である政府がストライキ権を認めること，そして当該国の法律に違反することなくストライキ権が行使されることを，定めている。連邦裁判所がこの状況の中でその見解をなお維持しているかどうかは明確でない。

労働組合がストライキを開始する権利は何ら制限されていない。またストライキは未組織の労働者も開始することができる。山猫ストに関して特別な労組の優遇はない。しかし労組内部では，執行部の権限を制限し，組合員投票を実施する規定が存在する。

ストライキが不法な目的をもち，また違法な手段を行使しないかぎり，国家による抑制を受けることはない。ストライキ権の行使はコントロールを受けることはあっても国家によって抑圧されることはない。特別な例外は，連邦，州等の公務員に対するストライキの禁止である。

もう一つの問題は，ストライキ権が使用者と労働者との関係すなわち市民法上の

関係と認識されるか否かの問題である。公式にはストライキはその決定を行った団体のメンバーである労働者による労働契約の違反をもたらすものであると認識されている[2]。しかし学説も進化しており，今日ではストライキは契約を中断させるだけであり，特別の状況にある場合のほかは，契約の違反とはならない。この問題についても連邦裁判所は明確な結論を出していない。ストライキが均衡の原則を尊重しておらず，ストライキ参加者の解雇が正当とされるような特別な事例においては，この問題についての結論を下す必要がないのである。

(2) 平和義務と労働協約

労働協約の締結により，その当事者は平和義務を遵守しなければならない。労働協約で取り決めている事項について圧力的な行動をとることは自制しなければならない。労働協約の当事者は無制限の平和義務について同意することもできる。この場合は労働協約が規定していない事項についても平和義務が拡大される。ここでは労働協約が一般的にストライキ，ロックアウト，ボイコットを禁止するだけでなく，文書等による非難などの圧力的な手段も禁じられる。

無制限の平和義務に関する協定の締結により，労働組合は一定の期間，ストライキの実行を見合わせなければならない。この協定の終了の時点でストライキ権が回復する。この状況は，国家によってストライキ権が禁じられる場合とまったく異なっている。国家によるスト権の禁止という脅威を除くために労働組合は熱心に無制限の平和義務を伴った労働協約の締結をすすめた。1937年の時計産業や機械産業の労働協約はこのような経緯のなかで締結された。国家は労働争議の仲裁を希望した。使用者及び労働者はこのような可能性には反対した。ストライキ権の放棄は，調停や斡旋による自発的な紛争処理メカニズムの設置と引換えになされるものである。訴訟が成功し，労働協約が更新されても，労働協約の満了とともに両当事者は当然にその自由を回復する。

債務法が定める労働協約当事者に対する平和義務の遵守は，当事者のみが要求できるのであり，労働契約の当事者である個々人や偶然的に労働協約の適用範囲に入った者はこの要求ができない。ストライキとは集団的活動である。したがって労働者が個人で労働を中止してもそれはストライキではない。しかしストライキはまさ

に集団的行為として，個々の労働者の労働の中断によってのみ具体化される。ここで，労働協約において当事者が労働協約の適用範囲にある労働者のすべてに平和義務の適用を定めることが可能なのかという問題が生じる。多くの労働協約はこの規定を含んでいる。例えば，機械産業の労働協約では平和義務の遵守が個々にすべての使用者と労働者に適用されると定めている。このような規定はいくつかの労働協約の拡張条項の中にも見られる[3]。

　このような条項は有効であるとすれば二つの帰結をもたらす。その一つは，個々人に平和義務の遵守を求めるのであれば，労働協約の当事者はそれを遵守しないメンバーに対してこれを統制する義務が生じることである。もう一つは，契約上の効果を伴った平和義務とは別に，労働契約の枠組みのなかで平和義務の遵守を求められている労働協約の適用対象となっている個々人にも規範的効力に伴う義務が生じることである。この問題は議論が分かれる[4]。労働契約の当事者が「合意に基づく共同体」を形成している場合，すなわち全体としての労働協約当事者と個別労働契約の当事者との間の関係を規制しており，諸団体が合同して協約の遵守を強制することになっている場合，平和義務をみだす使用者及び労働者に対して，例えば罰金の徴収等の手続により，協同で対処することができる。

　実務では，平和義務の規範的効力を労働協約により定めることができるか否かという問題はあまり大きな意味を持たない。平和義務を中断するストライキ，すなわち労働協約により禁止されているストライキは個々の労働契約を停止することにはならない。労働を中断した労働者は，その義務が規範的な効力をもつと否とにかかわらず，その労働契約を破壊したものと見なされる。さらにストライキのあとで労働協約によりすべての問題が一般的に解決され，紛争が解決した場合，もはや裁判所に問題を持ち出すこともできない。

2．斡旋と調停

　調停の手続は，労使紛争の好ましい解決方法を当事者の組織を通じて，または外部の機関の支援を受けて探究することである。争議行為の調停はいくつかの異なった経路で構成されている。①労働協約にもとづいて設置された機関によるもの。②

州の調停機関によるもの。③連邦の調停機関によるもの。

　斡旋は法により規定されている。だが労働協約でこれを定めておくこともできる。斡旋は調停よりも有力である。調停と同様に解決の方法に関する勧告を行うだけでなく，仲裁に関する権限も持っている。

(1)　労働協約にもとづく機関

　使用者団体と労組との間で締結された労働協約は，一般に紛争の調停を担当する機関や機構の設置について定めている。このようなシステムは，特定の事業所で発生しその事業所内で解決できない紛争や，労働協約の当事者間の紛争解決のために設けられている。調停機関は協約の履行のためにつくられた合同委員会であることがほとんどである。

　機械産業では労働協約当事者は，交渉の開始，事情の聴取，勧告，そして場合によっては暫定的な措置の提案などの業務を行う9人の地域調停担当者を指名する。さらにこの地域調停担当者は一定の条件の下で当事者の同意がある場合は仲裁担当者としても活動することになる。

(2)　州の調停機関

　1914年6月18日の工場労働に関する連邦法[5]では，各州は工的企業の労働争議の調停のための常設の機関を設置しなければならないことになっている。ほとんどの州では，州法によりこの調停機関に，工的企業以外の企業もその対象とする権限が与えられている。

　すべての機関は中立の委員長と同数の労使代表により構成される。その業務は労働条件ならびに労働協約または労働契約の解釈と履行に関する労使間の集団的紛争の調停である。利益に関する紛争と同様に権利に関する紛争も州の調停機関に付託することができるが，いくつかの州の法規定は連邦法の規定にもかかわらず権利に関する紛争をその権限から除外している。

　この調停機関は紛争の発生を知ると同時に職権により活動を開始することができ，利益関係を持つ当事者からの要請を待つ必要はない。この機関への出席は義務であり，その手続は無料である。

　いくつかの州の法規定によれば，紛争当事者は調停期間中は何らの強圧的な行動

を取ることはできない。しかしこの規定は休止状態に置かれていることが多いといわれている。

　紛争の当事者となっている使用者及び労働者が，私的な斡旋または調停機関を組織している労働協約の拘束を受けていない場合にのみ，州の調停機関は活動をすることができる。私的な機関は単独で行動する権限を持つ。

　州の機関での調停手続が不調の場合，いくつかの州では当事者は州政府等の他の当局の介入を要請することができる。

(3)　連邦の調停機関

　州のレベルでは，調停機関が紛争当事者の要請に応じて，また場合によっては職権で処理しているが，連邦のレベルでは興味深いことに，状況はまったく異なっている。1949年2月12日の労働争議における連邦調停機関に関する連邦法[6]では，連邦の調停機関は連邦公共経済局の決定がある時にのみ所定の事例について設置されることになっている。直接の交渉によって当事者間で調停に移行させる試みが失敗し，合同の調停または斡旋機関がなく，さらに紛争の規模が一つの州の限界を越えている場合に，利益関係にある当事者の要請で，連邦の調停機関は設置される。連邦公共経済局の通達により，連邦の調停機関は利益紛争の場合にのみ活動できることになっている。すなわち，既に期間が満了したか，又は満了間近の労働協約の更新または新労働協約の締結から生じる紛争に限られるということである。主として既存の労働協約の履行または解釈に関する権利の紛争は連邦の調停機関の権限から除外されている。これらは裁判所で争われるべき問題と考えられている。このように連邦当局は紛争の調停が必要な場合，多くの労働争議に対する歯止めを設けている。

　連邦の調停機関は，それが設置された場合，中立の委員長と2人の補佐人そして使用者と労働者の代表から構成される。これらの人々は連邦公共経済局により連邦政府が定めたリストの中から選ばれる。

　この手続は迅速にかつ無料で行われる。この機関から召還された者は必ず出頭する必要があり，口頭の手続を支援し，情報を提供し，必要な書面を作成しなければならない。この機関は直接的な手段で当事者間に協約の締結を促す。それが困難な

時は，当事者間の妥協を提案する。調停に失敗し，当事者が仲裁を受け入れる準備をしていない時は，連邦調停機関は適切な方法で連邦当局に通報することになる。

3．仲裁手続

　仲裁手続を通じて，紛争は仲裁機関に持ち込まれる。仲裁機関は期間を定めて設置され，その仲裁勧告は判決と同様な効果を持っている。両当事者は紛争を仲裁に移行することを法的に強制されることはない。しかし労働協約の中で仲裁への移行をあらかじめ規定しておくことはできる。既存の労働協約の解釈や履行のように紛争が権利の争いである場合，当事者は仲裁と裁判手続の何れかを選択することができる。既存の規定ではなく新しい規定の作成に伴なう利益の紛争の場合は，通常の裁判所には管轄権限がなく，当事者が直接の話し合いで解決できず，調停を経た後にはじめて，仲裁に移行することになる。

　調停の場合と同様に，紛争の仲裁は次の機関に付託される。①労働協約により定められた仲裁機関。②州の調停機関。③連邦の調停機関。

(1)　労働協約にもとづく仲裁機関

　主要な労働協約は業種ごとの仲裁機関を定めている。これらの機関の業務と権限は協約により多様である。この仲裁機関は2段階で設置される。一つは企業内の紛争に対応するものであり，他は協約当事者間の紛争を処理するものである。利益に関する紛争の事例では，いくつかの労働協約はすでに定めのある特定の事項に関する仲裁裁定の権限を制限しており，その他の労働協約は仲裁裁定よりもより一般的な訴訟を選択している。機械産業においては，仲裁は以下の事項について調停が不調の場合に行われる。それは一般的な賃金の改訂，通常の労働時間の変更，職務給及び職能給の制度の導入と適用，労働協約の適用と解釈，企業閉鎖及び失業の帰結などである。その他の事項については両当事者の合意がある場合，裁判所に提訴される。時計産業では調停が失敗した場合，当事者の合意に基づき仲裁へ移行する。ここでは賃金は多くの場合，仲裁によって決定される。すなわち仲裁手続は労働協約の規制のない事項について適用されることになる。建設産業では仲裁は労働協約の適用または解釈に関わる紛争のすべてに利用できるが，賃金は対象とならない。

賃金に関する紛争が調停により処理できない場合，当事者の双方ともが有効期間中の現行の労働協約を廃棄することになる。

さらに仲裁裁定では一般に労働協約の違反について処理し，違反のある当事者に対し罰則を適用する権限も持っている。

仲裁裁定における委員長は常に法律家（通常は判事）であり，2人以上の委員の補佐を受ける。この委員は労使双方から指名された同数のものである。問題の生じた場合，まず調停をすすめ，これが不調のときに仲裁の手続に入ることになっている。仲裁命令に法の違反がある場合，州の裁判所に提訴できる。例えば命令が恣意的であるとみられる時などである。仲裁裁定の命令はそれを連邦裁判所に提訴することはできない。しかし，州の裁判所の判決は公法上の訴訟手続により連邦裁判所に提訴することができる。

いくつかの労働協約では，協約の規範的条項が終了してもなお，調停及び仲裁の条項はその手続の終了まで効力を維持すると定めている。また労働協約の全体が，終了の通知にもかかわらず，手続の終了まで効力を持続すると定めている労働協約もある。このように当事者の一方から終了の通知がなされても，紛争が解消しないかぎり仲裁は続くことになる。

当局により労働協約の適用範囲の拡張がなされた場合でも，紛争の仲裁裁定への移行を定めた協約条項にまで拡張適用することはできない。この場合，仲裁裁定に基づく命令は労働協約それ自身の拘束を受けない使用者及び労働者には直接的な効果を持たない。

(2) 州の仲裁機関

州の調停機関での調停が不調の場合，当事者は紛争の仲裁を付託することができる。公的企業の場合，所定の事例について，労働協約で事前に定めていない時にのみ工場における労働に関する法律に基づいてこの選択を採ることができる。しかし実際にはここでの紛争の解決を多くの労働協約が定めている。

州の調停機関は公的な機関であり，その仲裁命令は公法上の訴訟手続により直接に連邦裁判所に提訴することができる。

(3) 連邦の仲裁機関

連邦の調停機関での調停が不調のときは，両当事者の同意がある場合，義務的な仲裁命令を要請することができる。しかし労使が実際にこの選択を行うことはない。当事者の要請に基づいて，当局は調停手続が終了したのち，特別な仲裁機関を設置することができる。

(1) Arrêts du Tribunal Fédéral Suisse, Recueil Officiel 111/1985 II 253.
(2) Arrêts du Tribunal Fédéral Suisse, Recueil Officiel 45/1919 II 557.
(3) 1993年2月26日の連邦政府の拡張適用がなされた家具卸売産業の労働協約では，「使用者及び労働者は，現行労働協約の規制する労働条件に関するすべての事項について平和義務を遵守するものとする」と定めている。
(4) Schweingruber, Friedenspflicht und Konflikterledigung, Zurich 1979.
　　Aubert, L'obligation de paix du travail, Geneva 1981.
　　Bois, Conflits collectifs de travail et condition du salarié in Dix-huitiéme Journèe juridique, Geneva 1979.
(5) Recueil systématique du droit fédéral 821. 41. 工場法はすでに労働法により代替されているが，調停機関に関する規定（30〜35条）は例外であり，なお効力を維持している。
(6) Recueil systématique du droit fédéral 821. 42.

むすび

社会的パートナーの自治を通じた実践のなかで発展してきたスイスにおける集団的労働関係の規制システムは，立法により労働協約に規範的効力を与えることによってスイスをこの領域のパイオニアとした。このような集団的労働関係規制の特質が，今日のスイス社会の労働関係の中で継承・展開されている現状を検討してきた。近年の世界的な規模でのボーダレス化と市場経済化の進展はスイスにおいても例外ではない。スイス国民はEUの加盟を否決し続けているが，ヨーロッパ標準の労使関係規制を求める内外の圧力は高まっている。中立を国是としてきたスイスであるが孤立主義に陥る危険は避けなければならない。スイスは開放的でかつ国民の

統合を可能にする新たな社会的パートナーシップの構築と，そのための規範とを模索している。

文献資料

Heinz Ruf, Gewerkschaften und Angestelltenverbande in der schweizerischen Privatwirtschaft, 1991 Zürich.

Esther Annaheim-Büttiker, Die Stellung des Aussenseiter-Arbeitnehmers im System des Gesamtarbeitsvertragsrechts, 1990 Basel.

Manfred Rehbinder, Schweizerisches Arbeitsrecht, 1988 Bern.

Alexandre Berenstein, Labour Law in Switzerland, 1994 Bern.

Gerhard Gerhards, Repetitorium zum Schweizerischen Arbeitsrecht, 1971 Bern.

Hans Peter Tschudi, Geschite des schweizerishen Arbeitsrechts, 1987 Basel.

Ullin Streiff, Arbeitsvertrag, 1992 Zrich.

Manfred Rehbinder, Jahrbuch des Schweizerischen Arbeitsrechts, 1992 Bern.

Manfred Rehbinder, Schweizerisches Arbeitsrecht, zwörfte Aufl, Bern 1995.

Philipp Gremper, Arbeitsrechtliche Aspecte der Aüsbung verfassungsmässiger Rechte, Bassel 1993.

Pestalozzi Gmuer und Heiz, Business Law Guide to Switzerland, Zürich 1991.

Manfred Rehbinder, Jahrbuch des Schweizerischen Arbeitsrechts, Bern 1994.

第3章 スイス労働関係における賃金交渉

はじめに

　本章は，ベルリンの壁が崩壊し，世界的なパラダイム転換が生じた1990年代以降，今日に至るまでのスイス労働関係における賃金交渉の展開過程を考察の対象としている。スイスはヨーロッパの中央部における小国であるが，個性的な労働関係を歴史的に形成してきたことは周知の通りである。労使間交渉の中核的なテーマである賃金交渉について，ソ連・東欧の社会主義体制の消滅と，その後のグローバリズムの席巻の中で，スイスが辿ってきたプロセスを多面的に俯瞰する作業を通じて，スイス労働関係における賃金交渉の特質と，その変容を明らかにする。賃金に関する交渉は，労働時間とともに，その労働関係の本質を炙りだすことになるが，高い安定性を誇ってきたスイス労働関係における，賃金交渉の展開とその変容は，我が国の労働関係のこの間の変質を考える際にも示唆的である。

1節　スイス労働経済の推移

1．80年代の推移

　1985年から91年までスイスの非農業部門の労働者数は急激な増加を示した。この間に労働者数は48万3000人も増加し，労働力人口は14.7％増の376万人に達した。このうちフルタイムの労働者の数は7％増えて，21万1000人の増加となった。一方

でパートタイムの労働者も47％増えて，27万2000人の増加となった。

新たな仕事のうち9割までが3次産業，サービス業に由来するものであった。これらの部門ではこの6年間に21.5％も雇用が拡大した。一方，鉱工業では建設部門での雇用の伸び（9.6％増）が貢献しているものの，他の部門の減少は明らかである。製造業と建設では1991年の時点でなお全労働力の34.1％を抱えているが，1985年の37.8％からは低下している。他方，公務部門の雇用は地方自治体で52％，州政府で26％，連邦政府で12.2％それぞれ増加している。公務部門全体では郵便，電信電話，国鉄を含めて1991年の時点で雇用全体の17％を占めている。この1985年から1991年の間の実質的な雇用の全体の伸びは，1992年以降の失業の急増と対照的である。(EIRR No. 231 p. 12)

1990年下半期にはスイスの過熱した労働市場もクールオフが始まった。求人登録は減少し，1990年第4四半期には通常の季節的な要因による増加を上回る水準まで失業が増加した。1990年12月には前年比で2万5000人，45％の失業増となった。それでも，スイスの失業率は1990年を通じて1％を超えることはなかった。求人の伸びが求職の伸びよりも前年比で緩やかになっているということである。スイスは長期的にはヨーロッパ労働市場から孤立しては存在しえない。スイスのヨーロッパ労働市場からの孤立は，そこへのアクセスを必要とする国，産業，市民の利益に反することになる。(EIRR No. 205 p. 10)

10年ごとに実施される国勢調査の結果によると，1980年から1990年（調査の最終年度）までの間に，全体としての雇用は増大し，失業率が低下した。(EIRR No. 233 p. 13)

2．90年代前半

1991年7月の失業登録者は3万7500人で失業率は1.2％となった。スイスはなおOECD加盟各国中最低の失業率を維持している。しかし，6月末から7月末までの1ヵ月間で失業が2287人，率にして6.5％も増加した。前年7月期の失業が2万1400人で失業率0.5％であったことを考えるとこの数字は相当な記録である。スイス労働組合総同盟（SGB）の執行委員 Beat Kappeler によれば，この増加は主と

して労働力のスリム化を伴った企業の合併や，生産拠点の移転をも含むスイス企業のヨーロッパ志向や世界志向の増大によるものである。この問題に対応するために，職業訓練プログラムの強化と，選択的成長を促進する政策が検討された。(EIRR No.212 p.9)

第4四半期はさらに生産の落ち込みを記録した。スイス航空は収益が急激に悪化した。多くの州も財政赤字に陥った。失業率が急激に上昇した。12月に記録した1.9％はスイスにとっては相当に高い水準であった。(EIRR No.217 p.10)

失業は1993年には約4％も増加し，10万もの仕事が失われた。もっとも雇用の増えたサービス部門も労働市場の需要減の例外ではない。大手銀行と郵便事業は数千人規模の人員整理を伴う合理化を発表している。

連邦産業通商労働省（BIGA）の調査によると，1992年の第1四半期から1993年の同期までの間の1年間で，スイスの雇用は14万300件も失われた。これは雇用全体の5％にも達する。しかし，ほぼ同じ時期（1992年3月から翌年同月）に失業者数は7万2600人の増加に止まっており，全体の失業者数は15万1000人である。このことは，7万人もの労働者が失業登録も失業手当の給付申請もしないで，労働市場から撤退し，非労働力化したことを示している。

この現象については多くの原因が考えられ，外国人労働者が本国に帰国したこと，また一部のカテゴリー（女性や高齢者）の労働者が剰員となった結果，就労をあきらめ，失業登録もしなかったこと，などによる。もう一つ，失業登録が失業給付適格の労働者だけを組み入れているため，長期の失業者を除外する結果となっていることがあげられる。

製造業では，この期間に雇用は6％も減少し，建設業でも8.1％の減となった。一方でサービス業も4％の下落を経験している。化学部門の雇用は堅調に推移しており，仕事が失われることもなかった。(EIRR No.234 p.11)

1994年の上半期にスイスの失業率はようやく低下を始めた。5.1％を頂点として4月には4.9％まで低下した。しかし，第1四半期における数値ではフルタイムの仕事が前年比で5万4000件も減少した。

これらの数値は政府から，労働市場の改善傾向を示す兆候として歓迎された。し

かし，労働組合は，長期失業の問題が今も継続的に増加しており，失業の期間が1年以上にも及ぶ者の割合が28％にも達していることを懸念した。失業手当受給者のなかで未熟練者の占める割合が増大している。失業手当の受給期間が経過してしまった者は，結果として失業統計から排除されてしまうことになる。(EIRR No. 246 p. 13)

国内経済における労働生産性は年率2％の改善がなされた。これに伴う賃金の引上げが，スイスの国際競争力を悪化させると心配する向きもあるが，概ねEU各国とも1995年度は2.5％を超える賃上げ交渉に直面するため取り越し苦労と見られた。一部の労働組合の中には，失業を減らす観点から，実質賃金の引上げよりも労働時間の短縮を指向している。(EIRR No. 250 p. 13)

3．90年代後半

1997年1月の失業者数は20万人を突破し，1930年代以来の初の高水準に達した。スイス経済におけるインフレ下の不況も7年目に入った。スイスの失業者数は1月に20万5500人を記録し，失業率は5.7％となった。前年1月の失業者が16万4600人で失業率4.5％であった。さらに1990年は失業者が1万6000人しかいなかった。97年の時点でも，スイスの失業率はなおヨーロッパ最低にとどまっているが，失業率の増大は大きな懸念材料となっている。利子率の低下やスイスフランの下落などで1997年末までに景気の回復が期待された。(EIRR No. 278 p. 13)

政府の調査によると，1998年には，給与の平均的な水準は1994年以来の3％の上昇となった。しかし，公務員部門の賃金は僅かに0.8％の上昇に止まった。全産業における労働者の総賃金月額の平均水準は，週40時間を基準として，5000フランに達した。これは1994年の賃金統計と比べて全体として3％の賃金上昇に相当する。その内訳は製造業で3.4％，サービス業で2.9％などであった。(EIRR No. 296 p. 12)

経済状況の改善に伴ない長く続いた賃金抑制は終わり，2000年の賃金交渉は一定の成功をおさめた。(Ackermann 2001)

4．2001年以降

　競争の激化や受注の減少などの不確かな経済環境と景気の沈滞などもあり，2001年9月の米国同時テロ以降，経済の後退は明らかになった。(Ackermann 2002)

　スイス経済の悪化が進み，さらに2003年の医療保険や年金の掛け金の値上げによって困難な状況が生じた。(Ackermann 2004)

　スイス経済は輸出部門と国内部門とに2分割されており，近年，輸出関連の企業は高成長を享受している。実際に2004年の輸出伸び率は6.6％を記録しており，2005年も3～4％の伸びが期待されている。しかし，国内消費は2004年で僅かに1.3％の伸びに止まっており，2005年も不振が予想されている。これは公的部門での経費削減による下降圧力の増大が影響しているものと見られている。輸出部門では実質的に収益が増加しているにもかかわらず，実質賃金の伸びは停滞している。(EIRR No. 380 p. 15)

2節　ナショナルセンターの賃金交渉

1．90年代前半の賃金交渉

　1991年の高水準の賃上げが，経済に対するインフレ圧力を高めることが懸念された。ナショナルセンターであるスイス労働組合総同盟（SGB）はインフレ調整手当に関する交渉の開始を検討し始めた。(EIRR No. 213 p. 10)

　1992年の賃金交渉は，相対的に高いインフレ率（5.5％）と1991年第4四半期に経験した生産の落ち込みにより，一段と困難な状況になった（EIRR No. 217 p. 10）。1992年度の賃上げは平均で3％に達せず，実質賃金は減少した（EIRR No. 229 p. 13）。1993年の秋期の賃金交渉は化学，スイスの1993年の賃金交渉の平均妥結額は率にして2.6％の引上げに止まっており，インフレ率をほぼ1％下回っていた（EIRR No. 239 p. 13）。1994年の秋期賃金交渉では，インフレ調整手当との関係で2.5～3％の賃上げ交渉が必要となった。この数値は国内経済における労働生産性の改善に見合った適切なものであるとしている。(EIRR No. 250 p. 13)

　1994年の賃金交渉は，インフレ率（1994年末で0.4％）を上回る賃上げを実現し

た，一方で，個人の成果に対応した形の賃金の引上げがはっきりしてきた。また，労働協約の有効期間を1年以上の長期に設定するものが増えた。(EIRR No.259 p.11)

1995年の賃金交渉は労組にとっては遺憾な結果に終わった。多くの協約は生計費の上昇分の補塡に失敗し，いくつかの業種では新協約の締結自体に失敗している。1995年は年間を通じて消費者物価が急激に上昇しインフレが進行した。これは年初におけるVAT（付加価値税）の導入によるところが大きい。上昇分の1.1%はこの導入によるものと見られている。使用者側は，VATの導入による超過負担分は労働者側で負担すべきであるとする主張を一貫して維持した。

労働組合は生計費上昇分3%の補塡とともに，生産性の向上分に伴なう収益の配分を要求している。しかし，使用者側は強いフランに伴う輸出価格の引下げ圧力を被っており，労組の要求には応えにくいとする主張を維持し続けた。経済関係担当省庁の予測によると，1995年の平均賃上げ率0.8%に対して1996年は1.5%程度の賃金上昇が見込まれた。(EIRR No.264 p.13)

2．90年代後半の賃金交渉

1996年には，賃金の引下げが多くの産業部門に広がった。雇用保障と引き換えに賃金の引下げがなされるようになった。(EIRR No.271 p.13)

スイスの1996年の賃金交渉で，使用者側は賃金水準を低位で維持することに成功し，労働組合は生計費の増加分の確保に失敗した。1996年の交渉では，よりギブ&テイクの態度がはっきりしており，使用者側はコストダウンの継続を主張し，労働組合側は失業の増大という文脈のなかで剰員解雇の回避を義務づける協定を締結するための交渉をすすめた。

1996年に締結された協約のなかには以下の傾向が現れている。①年次毎に賃金交渉が行われる産業部門では，賃金の物価調整（Teuerungsausgleich）と実質ベースでの賃金引上げ（Reallohnerhöhung）が一つの争点となっているが，賃金の物価調整は労働時間の短縮との取引材料となった。②自動的な物価調整を盛り込んだ賃金交渉の件数は減少を続けており，10年前には，主な労働協約がこれを含んでい

たことと対照的である。③多くの賃金条項は個人の成果に対応した賃金を含むようになった。(EIRR No. 280 p. 30)

1997年度の賃金交渉では，労働側は賃金制度の弾力化の進行を受け入れる見返りとして，使用者に対して他の分野での譲歩を求めた。もっとも顕著なものは剰員解雇を避けるための特別の協定の締結であった。(Ackermann 1998)

労働組合は，使用者団体の内部での苛立ちと緊張の高まりを指摘している。使用者側は厳しい経済環境が続いていることと，生産コストの上昇が直ちに産業の競争力を損ねることを根拠に，交渉における自らのスタンスを正当化し続けた。(EIRR No. 292 p. 29)

1998年の賃金交渉では，労働者側はほとんどの労働協約で賃金の購買力の維持に成功した。実質賃金も全産業平均で1.5％の引上げとなった。SGBのまとめによると賃金の購買力は維持されたが，これは年間を通じて0.1％という低いインフレ率によるものであった。(EIRR No. 304 p. 12)

スイス労働総同盟の傘下の各労組は2000年度の賃金交渉に向けて2～4％の賃上げ要求を1999年秋に行った。推定インフレ率は1％程度であった。一部の労働組合ではさらに1～3％程度の実質賃金の引上げを要求し，病院関係でも新労組Uniaは全労働者を対象にした300フランの賃金引上げを呼びかけた。(EIRR No. 311 p. 11)

1999年度の賃金交渉では，ナショナルセンターであるSGBが2000年2月に行った傘下産別の労働協約の締結状況に関する調査によると，1999年度の賃金交渉は1998年度と同様に一般に低い水準での妥結という特徴が見られた。(SGB, Gewerkschaften, nr69)

スイス労働総同盟傘下のほとんどの組合は購買力の完全な復元と0.5～3％の実質賃金の引上げを求めた。また労働組合はこの賃金の引上げを個人ベースではなく集団ベースで行うことを要求した。労組は全ての労働者に対して賃金の最低月額3000フランを保障するよう要求した。(EIRR No. 317 p. 30)

1999年の賃金交渉は，建設，印刷，空港などで多くのストライキや争議行為が発生し，最も困難な交渉の一つとなった。2000年度の賃金交渉は，建設産業における

新たな枠組み協約に焦点が絞られることになり，交渉はGBI労組との間で行われることになった。(EIRR No. 317 p. 32)

2000年の賃金交渉でスイス労働総同盟（SGB）は，一律最低3.5％の賃上げ要求を行った。SGBによると前年の賃金の引上げは僅か0.2％に止まった。(EIRR No. 320 p. 12)

SGBは2000年秋に団体交渉における要求事項を明示するための大規模なデモ行進を呼びかけた。要求事項の中には月賃金の最低額を3000フランとすることや，一律のインフレ調整，年金の削減なしに62歳で退職できる弾力的な制度，スイスコム（電信電話公社）の民営化に全面的に反対することなどが含まれていた。このデモはベルンにおいて全国動員で実施され，「皆のための前進」をスローガンにして交渉における要求の実現を目指した。(EIRR No. 322 p. 13)

スイス労働総同盟は2000年10月に開催された大会で，公務員制度改革の撤回を政府に求める決議を採択した。連邦政府公務員の労働権に関する立法案の撤回を求める声明には，SGBの基本的な要求が盛られており，これを訴えて11月に大規模なデモ行進が行われた。(EIRR No. 323 p. 13)

SGBは2000年の交渉を通じて低賃金の問題に焦点をあてた。スイス労働総同盟の賃金関係の具体的な要求は4項目に集中している。すなわち，①自動的な生計費の賃金調整（Teurungsausgleich），②1～3％の実質賃金の引上げ，③個人ベースよりも均一の賃上げに焦点をあてる，④賃金月額は最低でも3000フランとする，などである。(Ackermann 2001)

3．21世紀に入ってからの賃金交渉

スイス労働総同盟は賃金交渉における要求項目を発表し，2001年は実質的な賃金引上げが焦点とされた。賃金の個人ベース化の傾向を阻止することにも重点が置かれた。また，中低所得層の賃金条件の引き上げも強調された。賃金交渉では一律5％の賃上げを確保することが共通目標として掲げられた。

SGBの低賃金部門の調査研究は，スイス国内に相当数のワーキングプア（働く貧困層）が存在することを指摘した。(EIRR No. 332 p. 13)

スイス労働組合総同盟は2000年の交渉と同じく2001年の交渉でも同一の4項目に焦点を絞った賃金交渉を行った。2001年9月の米国同時テロ以降，経済の後退と不確実性が高まった。(Ackermann 2002)

　スイス労働組合総同盟は2002年及び2003年2月までの賃金交渉の妥結結果をまとめた。多くは1～2％で妥結しているが，ゼロ回答となったところも少なくない。

　労働側は3％の賃上げを要求したが，経済環境の悪化もあり，金属や銀行では低めの要求に切り替えた。この年の要求も4項目設定され，自動的な生計費調整，実質1～2％の賃上げ，個人ベースではなく一律の賃金引上げ，月賃金の最低額をすべて3000フラン以上とすることとなっている。(EIRR No. 352 p. 27)

　スイス労働総同盟傘下の各組合は2003-04年度の交渉において，生計費調整込みで2～3％の賃上げを要求した。2003年12月に最初の交渉が妥結した。賃金協定の中身は産業によっても，また部門内でも多様である。労働組合の月額3000フラン以上の最低賃金を確立するキャンペーンは進展したが，なお輸送や煙草などの産業が低賃金部門として残っている。2003-04年度の賃金交渉では概ね生計費調整分を確保した。しかし，この積極的な成果も今後行われる医療保険や年金の保険料の値上げを考慮に入れると，容易に相殺されてしまうと見られていた。(EIRR No. 361 p. 12)

　2003年の賃金交渉では，スイス経済の悪化に伴ない，これまでよりも相当に交渉力が低下した。ほとんどの産業で賃金要求を実現することが出来なかった。(Ackermann 2004)

　スイス労働組合総同盟は2004年度の賃金交渉の詳細を明らかにしたが，それによると，過去数年と同じく，労働側は2～3％の賃上げ要求を行ったが，ほとんどの産業で平均的な妥結水準は2％にとどまった。

　労働組合が熱心に阻止しようとしてきた一つの傾向は，賃金引上げの個人ベース化である。この領域では労働組合は2000年度の交渉で初めて顕著な成果をおさめた。2004年度の交渉でも，この観点からは成功であったとSGBは評価している。(SGB 2004)

　サービス部門の新労組 Unia は，2005年の賃金交渉で，実質賃金の引上げを要求

する意向で，これにより消費者の需要を刺激するとともに，労働者が購買力の毀損を被ることのないようにする。同労組は2005年8月に採択した方針の中でこの要求を掲げた。

輸出部門では実質的に収益が増加しているにもかかわらず，実質賃金の伸びは停滞していると同労組は指摘している。2005-06年の賃金交渉では実質賃金の引上げを要求し，労働者が購買力の上昇という利益を得られるようにするとともに，国内消費需要を喚起するとしている。このため，産業により1.5～3％の賃上げを要求し，さらにインフレ補塡のための1％の賃上げも求めることになった。従って全体としての賃上げ要求は2.5～4％の範囲になる。新労組Uniaは建設，製造，繊維，食品，小売，観光，化学，薬品，運輸などの産業の労働者を代表している。これらの産業では，複数年度にわたる協約を締結する例が増えて来た。

また，Uniaは産業全体に機能するよう労働協約の拡張をすすめ，適切な最低賃金の設定を行っている。月賃金の最低額を3000フランとし，未熟練の労働者には3300～3400フランを，熟練者には4000フランを最低でも支払うことを要求している。(EIRR No. 380 p. 15)

3節　産別賃金交渉の展開

1．公務員関係

(1)　90年代前半

1985年から91年までの雇用統計では，公務部門の雇用は地方自治体で52％，州政府で26％，連邦政府で12.2％それぞれ増加している。公務部門全体では郵便，電信電話，国鉄を含めて1991年の時点で雇用全体の17％を占めている。この1985年から1991年の間の実質的な雇用の全体の伸びは，1992年以降の失業の急増と対照的である。郵便事業は数千人規模の人員整理を伴う合理化を発表している。(EIRR No. 231 p. 12)

国家公務員関係の労働組合は，予定されていた3％の賃上げの実施時期が1991年半ばから同年末に延期されたことに反発して，禁止されているストライキを構え

第3章 スイス労働関係における賃金交渉

た。一方，政府当局は賃金交渉にあたって一定の譲歩を示し，連邦レベルでは，インフレ調整手当（Teurungsausgleich）の支給を前倒した。ジュネーブ州政府はインフレの亢進に伴う購買力の減退をカバーする追加的な手当の支給を行った。(EIRR No.206 p.11)

スイス労働組合総同盟（SGB）傘下の公務部門の労働組合であるVPODは，1991年の交渉で，地方政府がインフレ調整手当の支給を拒否したことに抗議して，首都ベルンの議会前でデモ行進を実施した。労組の試算によれば，インフレ調整が実施されなかった場合，年間で組合員の実質賃金は2000フラン減少する。(EIRR No.213 p.10)

1992年度の賃上げはインフレを下回った。公務部門では実質賃金の減少はこの10年間で初めてのことである。公務員労組VPODによると，300の地方自治体で自動インフレ調整手当を廃止した。いくつかの州はなお少額のインフレ手当を支給している。例えばベルンは0.8％の手当を支給しており，連邦政府及び郵便，電信電話，国鉄は3％を支給した。(EIRR No.229 p.13)

1993年のインフレ率は3.4％を記録し，大部分の賃金労働者とサラリーマンは1994年度は実質賃金の低下を余儀なくされることになった。1993年の秋期の賃金交渉では，多くの州の公務員もインフレ率の半分程度の賃上げしか実現できなかった。連邦政府も，議会に対して連邦政府公務員の賃金を1.7％だけ引き上げる法案を提出した。

スイス国鉄は車掌の40％，約1000人の削減を計画しており，また郵便，電信電話事業でも職員の削減を予定している。労働組合は11月に反対のためのデモを呼びかけたが僅かに数千人の参加者があっただけであった。(EIRR No.239 p.13)

1994年の賃金交渉では，民間部門ではインフレを上回る賃上げを実現したが，公務部門の労働者は購買力の低下に直面することになった。6の州と12の地方自治体で実質賃金が引き下げられた。チューリッヒでは13カ月目の賃金の3分の2がカットされた。これは賃金の5.2％の引下げに相当する。(EIRR No.259 p.11)

1995年の賃金交渉は労組にとっては残念な結果に終わった。連邦政府及び各地方自治体の当局も賃金の凍結または0.5％の引上げだけを希望しており，チューリッ

ヒでは賃金のカットが実施された。(EIRR No. 264 p. 13)

(2) 90年代後半

1996年度の賃金交渉では公的部門での賃金カットが進行した。公的部門では労使関係は公法によって規制されるため，民間における団体交渉の成果が，公的部門に拡張されることはない。連邦政府は賃金の物価調整を実施せず，地方における公的部門もこれに続いた。しかし，一部の自治体では，大都市を中心に0.7～0.8％程度の賃金の物価調整が行われた。

1997年1月から連邦公務員に対する賃金引上げは一般的に25％カットされ，スイス国鉄（SBB）の従業員は50％カットをうけた。SBBの従業員はこれに抗議し，鉄道労組（SEV）はボーナスの増額を求める交渉を行った。結果として，成果に準じた実質賃金の引上げが合意された。連邦公務員の賃金引上げも成果に対応したものとなったが，段階的な賃金表の枠組みのなかで実施された。賃上げのカットは連邦公務員で採用後8年から10年，国鉄職員で採用後8年から12年の段階で賃金に改善の効果をもたらした。子どものいない既婚者に対する家族手当は廃止され，公務員の初任給の水準も10～15％引き下げられた。上級職公務員及び行政官も1～2％程度の賃金引下げが行われた。連邦の議員及び裁判官も3％の賃金カットとなった。(EIRR No. 280 p. 30)

1996年の賃金交渉では，公的部門の使用者側も歳出の削減を求められ，厳しい財政状況をアピールした。また，公務員の労働条件を民間と横並びにすることも求められた。(EIRR No. 280 p. 31)

1997年度の賃金交渉では，公的部門でも，使用者側は，厳しい財政状況にもとづくタイトな予算実態を指摘して，経費削減のために民間の労働条件に準拠することが必要だとした。(EIRR No. 292 p. 29)

政府の調査によると，1998年には，公的部門の賃金は僅かに0.8％の上昇に止まった。(EIRR No. 296 p. 12)

1998年の賃金交渉では，労働者側はほとんどの労働協約で賃金の購買力の維持に成功した。一方，公的部門は郵便，国鉄，地方政府とも賃金の改善は見られなかった。公的部門では争議行為が行われるようになり，アールガウ州ではコスト削減計

画の実施を阻止するための争議行為が繰り返された。(EIRR No. 304 p. 12)

1999年度に向けた賃金交渉では，労組VPODは当局に対して，雇用の創出と保護，賃金の引下げをしないこと，賃金の購買力の引上げなどを要求した。(EIRR No. 297 p. 12)

2000年度の賃金交渉に向けて，公的部門では労組VPODが賃上げ要求を行った。当局側は一層の経費削減を示唆している。(EIRR No. 311 p. 11)

1999年に政府は物価調整分1％と年金掛け金の引上げ分1％について賃金の改訂を行った。上級職を対象とした賃金カットはこの年は行われなかった。優秀な成績をおさめた国境警備隊員に対して1200フランを上限とする特別給与の支給があった。地方政府でインフレ率を超える賃金の改訂を行ったところはなかった。シャフハウゼン州及びアールガウ州では2％の賃金改訂を実施したが，内訳は個人ベースが1.3％，一律分は0.7％に止まった。

スイス国鉄（SBB）は画期的な州39時間労働を獲得したこともあり物価調整のための賃上げ要求は差し控えることで合意した。しかし，若年労働者の初任給水準については物価上昇による影響が大きく現れることから若干の引上げが行われた。郵便事業では1.3％の特別賞与を下限を800フランとして2000年3月に支給することで合意した。さらに賃金の構造調整分0.5％と個人の成果に対応した賞与も支給されることになった。(EIRR No. 317 p. 32)

1999年の賃金交渉は，困難な交渉の一つとなった。公的部門では多くの地方政府の職員が争議行為を行った。ヌーシャテルの州職員は個人の成果に対応した賃金制度の導入に対して抗議活動を行い，ヴァドゥーツ及びジュネーブの各州の職員とローザンヌ小児病院の事務職員は賃金引下げに抗議して一斉にデモ行進を行った。

公法の規制を受けている郵便職員を対象とする「初の労働協約」を締結するための交渉を通信労組が始めた。(EIRR No. 317 p. 32)

(3) 2000年以降

SGBは2000年秋に団体交渉における要求事項を明示するための大規模なデモ行進を呼びかけた。要求事項の中にはスイスコム（電信電話公社）の民営化に全面的に反対することなどが含まれていた。このデモはベルンで全国からの動員を行って

実施された。

　公務員関係の要求では，連邦政府職員の労働権に関する立法案に反対することに力点が置かれた。SGBはこの法案が公務員の労働条件を悪化させることを懸念している。また，市町村，州，連邦における公務員の賃金凍結や賃金カットにつながる財政支出の削減にも反対した。(EIRR No. 322 p. 13)

　2000年10月に開催されたスイス労働総同盟の大会で，代議委員は公務員制度改革を政府が撤回することを求める運動を起こす決議を採択した。連邦政府公務員の労働権に関する立法案の撤回声明には，SGBの基本的な要求が盛られており，これを訴えて11月に大規模なデモ行進が行われた。

　SGBはこの計画が，公務員に止まらず，民間労働者の労働権を掘り崩す端緒になるとして，抗議している。政府が公正かつ進歩的な労働者の労働条件の守護者であり続けることによって，他の全ての使用者の模範となることを求めた。

　政府の計画が実現すると，上級職の高給を支払われている公務員の賃金が上がる一方で，低賃金の職員は，ほとんどがマイナスの影響をうけ，月賃金の最低額は3000フランを下回ることになる。この3000フランはSGBの中心的な要求項目の一つである。また労働組合は，この立法案が大規模な剰員解雇に結びつくとして抗議している。また，この計画は，公務部門の一定の領域の民営化を促進することによって，スイスの公共サービスに正面から攻撃を仕掛けるものであると批判した。スイス労働総同盟は，2000年11月末の国民投票で全ての労働者がこの立法案に反対投票をするよう呼びかけた。(EIRR No. 323 p. 13)

　2000年の交渉では，全ての州の地方公務員に対して生計費調整分が全額支給されることになった。唯一の例外はヌーシャテル州であった。同州では職員の厚生のために1000フランの賞与が支給され，月賃金の最低額も3000フラン以上に引き上げられた。給与の引上げ幅は1～6％に及び，多くは2.5～4％の範囲にある。多くの州で一律の賃上げを行い，これまでの賃金カットや凍結で毀損された賃金部分の補償が行われた。

　多くの協約には1～3％の生計費調整分が含まれており，さらに個人ベースや一律分などの様々な要素がこれに加えられている。労働組合は一律の賃上げに熱心で

あり，この目標の相当部分を達成した。この結果，個人ベース単体での賃上げは3州に止まった。また，介護担当者の賃金は少なくとも7州で顕著な改善が見られ，アペンツェル州では7.7％まで引き上げられた。労働組合はこれを労働市場がタイトであることと，保健関係専門職員の動員を強化したことによるものであったと見ている。(EIRR No. 329 p. 35)

2001年の賃金交渉で，連邦政府の職員に対して，一律2.3％の賃上げが行われた。このうち1％は物価調整分であり，1％は臨時賞与であり，残りの0.3％が地域調整分であった。(EIRR No. 341 p. 17)

公務員関係の労働組合VPODは，2002年の交渉で連邦レベルで一律1％の賃上げを要求した。しかし組合員からは不十分であるとの批判が上がった。州レベルでの一律の賃上げも1％に止まり，多くの抗議が行われた。抗議活動はフランス語圏で伝統的に盛んだが，今回はドイツ語圏にも広がった。市町村の職員は個人ベース分と一律分を含めて1～2％の賃上げを獲得した。(EIRR No. 352 p. 29)

2003-04年度の交渉において，公務員関係では全職員に0.8％の賃上げが行われた。(EIRR No. 361 p. 12)

2．化学産業の賃金交渉

(1) 90年代前半

1993年秋の賃金交渉で化学産業は，4％の賃上げで合意した。(EIRR No. 239 p. 13)

1994年の賃金交渉は，個人の成果に対応した賃金の引上げがはっきりしてきた。バーゼル地域の化学産業の新協約は，0.5％のインフレ調整手当を支給するとともに，個人ベースで1％の賃上げを実施することになった。(EIRR No. 259 p. 11)

1995年の賃金交渉では，バーゼル地域の化学産業では，インフレ調整手当1.5％をふくむ協約が締結された。サービス部門の使用者には，個々人の成果に見合った個人ベースの賃金決定という一つの傾向が見られる。化学産業大手チバ社では24％まで賃率の変動を可能にしている。(EIRR No. 264 p. 13)

化学産業の1996年度に向けた協約交渉は，多くの部分で使用者側の勝利のうちに

終了した。これまでのスイスの労働協約のなかでは，常識と考えられていた自動的な賃金調整条項も廃止された。使用者は賃金交渉の第1段階において労働組合を排除することにも成功した。使用者は多くの部分を個人別の賃上げに移行することによって賃金面での弾力性を管理できるようにした。労働組合は，会社側が高い収益をあげながら，その利益を労働者側に配分しようとしないことに抗議するとともに，このような交渉のあり方を遺憾とした。労働組合はスト権確立のための投票を実施したが組合員の賛成投票は25％に止まった。ロッシュ社の支部では1日ストを実施したが，労働者の広範な支持はえられなかった。(EIRR No. 266 p. 13)

(2) 90年代後半

スイスの1996年の賃金交渉で，化学産業はバーゼル地域の労働協約において1.3％の賃金の物価調整が行われたが，そのうちの0.6％は個人の成果に対応した賃金の引上げとなっている。化学産業のEMS社では妥結した1.2％の賃上げの全額が個人ベースの成果に対応したものとされた。同じく化学大手のロンザヴィスプ社は2.1％の物価調整による賃金の引上げを行ったが，そのうちの1.1％は個人の成果をベースとした配分を行うことになった。(EIRR No. 280 p. 30)

1999年度に向けバーゼル地域における化学産業は1998年8月に賃金交渉が企業レベルで開始された。労組GBIは，組合代表が2～3％の賃上げ要求をすることを推奨した。労組GBIの書記長Hans Schäppiは，この要求は，これまで労働組合が賃金の弾力化で合意をしてきた見返りとして当然のことであるとしている。(EIRR No. 297 p. 12)

2000年度の賃金交渉に向けて化学産業の労組GBIは，これ以上の賃金引上げの個別化の進展を阻止するために1～4％の全体的な賃金の引上げを要求した。(EIRR No. 311 p. 11)

化学産業の労組GBIは1999年の賃金交渉において3～5％の賃上げを要求した。ロシュ社の労働側は個人ベースで2.5％の引上げで妥結した。一方，CSC社はインフレ調整分1％を含む，1.8％で妥結した。BL社の労働側は1.5～1.9％の集団的な賃上げを500フラン～1000フランの賞与とともに獲得した。CILAG社の労働側は個人ベースで1.5％の賃上げとインフレ調整分1.2％の引上げで妥結した。ロンザ

社の労働側は，1.5％プラス賞与の引上げという回答を得たが妥結には至らなかった。

　ノヴァルティス社の賃金交渉では，労働組合は3.5％の賃上げを全体として要求しており，そのうち1.5％は集団的な賃上げ部分とし，2％を個人ベースの引上げとした。しかし，経営側の回答は1.75％プラス成果に対応した賞与の支給というものであった。労組はこの回答を拒否し，2000年度には3分の2を集団ベースで支払うことを要求した。成果対応型の賃金ベースの下で過去3年間に労働者の4分の1が昇給していなかった。(EIRR No. 317 p. 30)

　2000年度の賃金交渉は，インフレ率を凌ぐ賃上げを実現したことが大きな特徴である。賃金の引上げは一律の賃上げと個人ベースの賃上げを合わせたものが多く，特に個人ベースの賃上げは化学産業では支配的である。(Ackermann 2001)

　化学産業では，GBIは，2000年の賃金交渉で3～5％の賃上げ要求を行い，賃金の一律引上げと，個人のインセンティブに働きかける形の賃金の抑制を企図した。しかし，この目的を達成することはできなかった。ノヴァルティス社の賃金交渉では4回連続で交渉の妥結に至らなかった。労働組合は4.5％の賃上げを要求するとともに，従業員の多数が反対している新たなボーナス制度の導入について再考を促している。使用者側は回答を改めることはなく，労組は最終的にこれを拒否することになった。労組の抗議も会社の姿勢を改めるまでには至らなかった。(EIRR No. 329 p. 33)

(3) 2001年以降

　2001年度の賃金交渉で化学産業は，会社ごとに個人の成果に対応した形の賃上げが行われた。大手ロシュ社では個人ベース2.5％の賃上げが行われ，月賃金の最低額が60フラン引き上げられた。また，年間で2カ月分の賞与が支払われることになった。ノヴァルティス社では個人ベース3％の賃上げ回答が労組によって拒否され，労組は一律分2％を上乗せした5％の賃上げを要求した。個別契約の従業員は会社側回答を受諾せざるを得ず，労働協約の適用を受ける従業員も交渉の進展が見られなかった。労働者側は2001年12月に抗議のための街頭行動を実施した。Vantico社では，年間一律600フランの賃金引上げと，これに相当する2％の個人

ベースでの賃上げを行うことになった。会社の事業計画が達成された場合，2003年始めに4％の特別ボーナスを一律に支給する予定である。計画を上回る成果があったときには，これを8％支給するとした。(EIRR No. 341 p. 17)

　2002年及び2003年2月までの賃金交渉では，個人の成果に対応した賃上げが他の産業よりも進んでいる化学産業で，初めて個人ベースの賃上げの増加傾向を抑止することに成功した。1997年以来初めて労組GBIは，化学大手ノヴァルティス社との交渉でこれに成功した。(EIRR No. 352 p. 27)

　これまで，化学産業では労組GBIはノヴァルティス社との交渉に失敗し，1997年から2001年までの間，会社の意のままに個人ベースの賃上げを容認してきた。しかし，2002年の交渉では，給料表の下位の6段階において年額900フランの一律の賃上げを認めさせた。上位の段階についても1.5％の一律賃上げと1％相当の賞与の支給となった。同様に化学大手チバ社でも，一律で1.5％の賃上げと年額700フランの保障及び1.5％の賞与の支給で交渉が妥結した。ロシュ社では個人ベースで2.5％の賃上げとなった。他の化学産業の会社では個人ベースで1.5〜2.5％の賃上げで妥結したが，最低額の保障がなされ，追加的な賞与の支給も行われた。(EIRR No. 352 p. 27)

　2003年12月の交渉では，化学産業のロシュ社，ノヴァルティス社の2大企業がそれぞれ異なった中身で妥結した。ノヴァルティス社の場合，交渉は決裂したが，経営側は個人ベースで1.3％の賃上げと女性を対象とした0.4％の引上げ，そして種々のボーナスの支給を発表した。ロシュ社は個人ベースで2％の賃上げとなった。(EIRR No. 361 p. 12)

　これまで労働組合は熱心に賃金引上げの個人ベース化の傾向を阻止しようとしてきた。この領域では労働組合は2000年度の交渉で初めて顕著な成果をおさめた。2004年度の交渉でも，この観点からは成功であったとSGBは評価している。化学大手ノヴァルティス社の労働協約をこの部分で歓迎している。この協約は年間の基本給を1300フラン引き上げている。(SGB 2004)

3．金融業

　1992年度の賃上げ交渉で銀行では，3.5％の賃上げによりインフレの完全な補填を実現した。(EIRR No. 229 p. 13)

　1993年の初頭にスイス金融大手3社は思い切った人員整理を行うと発表した。スイスユニオン銀行（Schweizerische Bankgesellshaft）は，従業員2万2341人の10％の削減を中期的な目標とした。スイス銀行（Schweizerische Bankverein）は1万5759人の従業員のうち900人から1000人程度の削減を望んでいる。またクレディスイス（Schweizerische Kreditanstalt）は同社の精鋭行員2万1000人のうち10％の削減を検討している。この人員整理はクレディスイスが業界4位のスイス国民銀行（Schweizerische Volksbank）を吸収合併したことにより，支店網が重複することになり「合理化」の必要が生じた。

　この人員整理の発表は世論を驚かせた。これまでは，サービス業とりわけ銀行業が，製造業の人員整理をカバーすることが通例だったからである。この銀行業の方向転換は，収益性の観点から単純に説明することは困難である。各行とも収益の面では相当に良好であった。その答えは銀行業が直面したグローバル化の構造的な問題の中にあった（EIRR No. 231 p. 11）。1993年の秋期の賃金交渉は銀行も4％の賃上げで合意した。(EIRR No. 239 p. 13)

　2002年及び2003年2月までの賃金交渉では，経済環境の悪化もあり，銀行では低めの要求に切り替えた（EIRR No. 352 p. 27）。銀行業では賃金交渉は企業単位で行われている。2002年の賃金交渉では，クレディスイスは労組SBPVとの交渉で0.5％の賃上げを行った。USBは個人ベースで0.9％の賃上げで妥結した。しかし，多くの銀行の賃金交渉は，ほとんどがゼロ回答という結果で終わった。(EIRR No. 352 p. 29)

4．小売・食品部門

　1993年の秋期の賃金交渉は，小売大手のミグロなどが3％で妥結した。1994年秋の賃金交渉において，小売部門では，大手ミグロの新協約が自動の賃金調整条項を含まないことになった。この協約は4年間有効とされ4万5000人の労働者に適用が

ある。チョコレート製造では，1％の実質賃金の引上げに成功した。不確実な経済状況と過去数年にわたる失業の増大が，賃金交渉に与えた影響は，この産業では緩やかなものであった。(EIRR No. 253 p. 13)

　2000年度の賃金交渉に向けて小売業では，労組VHTLが業界大手のミグロ社とコープスイス社で名目3％の賃上げ要求を検討した。ミグロ社についてはさらに一律月額100フランの賃上げを全労働者に対して行う要求を労組は検討している。これは月額賃金の最低水準を2001年1月までにミグロ社とコープスイス社で3000フランにすることを目的としたものである。

　1998年の時点で接客業の労働者の51％と小売業の労働者の33％が月額の賃金が3000フランを下回っていた。このため労働組合は，2000年度からこの部門の賃金水準引上げのためのキャンペーンを始めることにした。1998年にスイス労働総同盟はこのような低賃金と闘う運動方針を機関決定した。Unia労組も2000年春の団対交渉で，この低賃金の問題を取り上げることにした。労組Uniaは賃金月額の最低基準について300フランの引上げを求め，これを少なくとも2710フランに増額することを要求している。労組VHTLはすでに賃金の最低水準の引上げの取組みを始めている。(EIRR No. 312 p. 12)

　1999年の賃金交渉では，小売及び食品業では，多くの賃金交渉は1〜2.5％の賃上げで妥結した。この中で，ミグロ社の交渉では個人ベースで1〜2％の賃上げが行われ，醸造業の労働協約では賃金構造の調整分0.4％を含む1.2％の賃金の引上げがあった。コープ社の協定では1.5％の賃上げが行われたが，そのほとんどは個人ベースであった。しかし，2001年1月からは賃金月額3000フランが全ての労働者に保障されることになった。(EIRR No. 317 p. 31)

　小売チェーン大手のミグロ社の労働協約は個人ベース及び一律分で2.5％〜3.5％の賃上げを定めた。また2000年に月賃金の最低額を徐々に3000フラン以上に引き上げることも決定した。2001年1月から支給総額を最低でも3000フランとして，2003年1月からはこれを月額3300フランに引き上げることになった。労組VHTLは，一律分の大幅な引上げを求めるキャンペーンにも成功した。会社側は一律分を50フラン引き上げるとした第1次回答を改め，月額100フランの引上げとした。また，

流通大手コープ社の新協約が2年間の有効期間で，2001年1月から発効した。新協定では月賃金の最低額を3000フラン以上として，13カ月目の賃金（賞与）を支給することとした。(EIRR No.329 p.36)

小売大手のミグロ社は2001年秋の賃金交渉で労働協約を締結した。ミグロ社の協約では2002年1月から3.25％の賃金の引上げが行われることになった。一律分は少なくとも1.75％とし，残りを個人の成果に応じて配分することになった。労組VHTLも，この妥結を高く評価している。

2001年の賃金交渉では，1998年から始まった最低賃金額に関するキャンペーンは大きな成果を挙げた。小売及び食品関係の多くの企業でも従業員はこの成果を享受した。大手百貨店グローブスも，この交渉に成功している。(Ackermann 2002)

小売食品関係の交渉は企業単位で行われているが，2002年度の賃金交渉では，小売大手コープスイス社の交渉では労組VHTLは4％の賃上げに成功した。この中には1.5％の一律分と2％の個人ベース分が含まれている。同じく小売大手ミグロ社では個々の店舗ごとに1.75～2.25％の賃上げが行われた。この中には0.5％の一律分が含まれている。この産業における平均的な賃上げは1.5％を超えたものと見られている。(EIRR No.352 p.29)

2003-04年度の交渉において，小売部門の2大企業であるミグロ社とコープスイス社もそれぞれ1.25％と1.75％の賃上げを行い，後者は1.5％が個人ベースであった。両社は，自動的な生計費調整の全従業員への拡張を拒否した。労組はこれを遺憾とした。(SGB 2004)

5．ホテル・レストラン・観光業

1995年の賃金交渉では，ホテル・ケータリング部門の交渉当事者は新協約の締結に失敗した。1996年には，賃金の引下げが多くの産業部門に広がった。雇用保障と引き換えに賃金の引下げがなされるようになり，また賃金カットの脅威も増大した。ホテル・レストラン部門では労働組合は，現行の労働協約を終了させた上で，賃金改善と新規採用者に対する年末の賞与支給及び1992年の時点を基準にした生計費調整を要求した。使用者側は交渉には入らずに，一方的に，賃金の引下げと労働

時間の延長を行った。(EIRR No. 271 p. 13)

　労働組合は1995年末にこれまでの労働協約を破棄し，使用者側に労働条件を改善するための交渉を要求した。しかし，使用者側は交渉の開始には応じず，その間は無協約状態となり，一部の使用者は従業員の労働条件を切り下げた。結果的に労働組合は大幅な譲歩を強いられ，労働協約の更改を嘆願するしかなかった。高賃金の従業員については個別に賃金交渉が可能となり，13カ月目の賃金（賞与）は，勤続3年以上の従業員にだけ支払われることになった。この新協約では，未熟練の訓練生の場合，初任給の最低賃金が100フラン引き上げられ月額2350フランの水準に達した。また新規採用の熟練者の賃金は据え置かれ，月額3050フランに止まることになった。

　レストラン産業の労使は2年越しの交渉を経て，1998年10月から施行される新たな労働協約の締結に成功した。この間，当該産業では無協約状態が続いていた。新協約の下で従業員の労働条件は悪化するものと見られているが，政府がこの協約のレストラン産業全体への拡張適用の意向を持っていることから，労働協約の適用対象となる従業員の数は増加するものと見込まれている。スイス法では，政府は当該産業部門の残余について，労働協約の新たな一連の労働条件を遵守するよう義務づけることができる。(EIRR No. 294 p. 12)

　2000年度の賃金交渉で，ジュネーブの旅行業は賃金の月最低額を3020フランから3200フランに引き上げた。(Ackermann 2001)

　2001年の賃金交渉では，観光業でもこの取組みが成功した。観光業では，月賃金の最低額が2510フランから3000フランへと19.5％の引上げとなった。しかし，山岳地域で新規に就労する未熟練（採用後6カ月まで）の労働者は低め（10％）の引上げとなった。(Ackermann 2002)

　2002年の賃金交渉は観光業では部門ごとに行われ，労組VHTLは最低賃金を3～4％，月額にして90～150フラン引き上げることを交渉方針とした。この結果，2003年1月から観光業の最低賃金は未熟練の労働者で3100フラン，山岳地域では2790フラン，有資格者は3500フラン，有資格の経験者は4210フランとなった。

　2003-04年度の交渉において，宿泊観光業では仲裁裁定の下で部門内最低賃金が

0.7％引き上げられた。(EIRR No. 361 p. 12)

6．金属・機械産業

　1992年度の賃上げは時計製造業では、年間賃金の最高額である5万2000フラン、3.5％の賃上げによりインフレの完全な保障を達成した。1994年の賃金交渉は、製造業では、企業レベルでの賃金交渉が行われており、平均して1.5～2.5％の賃上げで妥結している。労働者個人の成果に対応した賃金の引上げも協約の中に盛り込まれており、ABB-ターボシステム社は一律0.9％の賃上げに加えて、個人ベースの0.7％の賃上げを実施し、さらに1000フランの賞与を支給した。またランディス＆Gyr 社は月額50フランの賃上げと職階に応じた定期昇給を0.6％、及び優れた成果をあげた従業員を対象とした0.2％の賃上げを実施した。(EIRR No. 259 p. 11)

　1995年の賃金交渉は、フランス語圏の時計産業では一律75フランの月賃金の引上げが賃金交渉で合意され、平均で1.7％の賃上げとなった。(EIRR No. 264 p. 13)

　1997年度の賃金交渉は困難なものであったが、金属産業の交渉は、厳しい経済状況にもかかわらず、率直で建設的であった。

(1)　交渉の企業内化の傾向

　1999年度に向けた賃金交渉では、労働組合は1～3％の賃上げを要求した。機械産業のように最近、産業別協約を締結したばかりの部門も再度交渉を行った。金属産業の労働組合（SMUV）は、インフレ調整により購買力を復元するとともに、実質賃金の1～1.5％の引上げを要求した。賃金交渉は伝統的な産別交渉とともに企業レベルでも行われるようになった。

　金属産業の労働組合（SMUV）は1999年9月に時計製造業における労働側の要求を公表した。この要求にはインフレ調整による購買力の復元と実質賃金の引上げが含まれた。(EIRR No. 297 p. 12)

　1996年度の団体交渉の結果、新しい形の早期退職制度が労働協約の中に導入された。時計産業では、労働者は退職前2年間について、労働時間を20％短縮し、これに対応する賃金カットが可能になった。

　2000年度の賃金交渉に向けて金属産業では、労組 SMUV は購買力の完全な復元

と実質賃金の引上げを求めて，1～1.5％の賃上げ要求を行った。労働組合は，会社側が賃金改善に応じられるだけの収益を十分にあげていると主張した。時計製造業では，労組SMUVが購買力の全面的な復元と可能な限りの実質賃金の引上げを求めた。

(2) 個人と集団ベースの分立

機械産業では1999年の賃金交渉で，1％から3.5％の賃上げが行われ，多くの交渉は1.8～2.5％の間で妥結した。交渉において，賃金の引上げは集団ベースまたは個人ベース，あるいはその組合わせという形態をとるが，ドイツ語圏においては後者が支配的である。収益に対応した形のボーナスの支給が一般的であるが，ボーナスの支給を労働協約で決めたものは4分の1に止まった。年間のボーナスの支給額は300フランから1400フランの範囲にあるが，もっとも多いのは500フラン程度である。(EIRR No. 317 p. 30)

1999年の賃金交渉では，個人ベースの賃上げと集団ベースのそれとの分立が機械産業の企業協約で顕著であった。Ascom社では一律の賃上げは0.8％であったが，労働者の3分の2はさらに個人ベースでの賃金の引上げを受けていた。WIFAG社では労働側は個人ベースで1.7％の賃上げに合意した。またSulzer社では個人ベースの1.2％の賃上げと賞与の支給で合意している。Rieter社では一律450フランの賃上げと個人ベースでの1％の賃上げ及び賞与の支給で賃金交渉を妥結した。Tornos-Bechler社では一律1.1％の賃上げと個人ベースの0.4％及び企業収益に対応した賞与の支給で合意している。

機械関連では時計製造業で，一律0.9％の賃上げを行った。これは実質で月額41フランの引上げに相当する。組立工を対象とした協約では1.2％または50フランの賃上げを会社が選択して実施することになった。金属労組SMUと電子機器製造関係の使用者団体との交渉は1.2％の賃上げと個人の成果に対応した賞与の支給で妥結した。一方，碍子製造業では一律1％最低額50フランの賃上げで合意した。

2000年の賃金交渉では，機械産業関係では，ドイツ語圏もフランス語圏も多くの協約が2.8～3.5％の賃上げを一律及び個人ベースで実現した。企業の業績に沿った賞与の支給制度は，フランス語圏では3分の1の協約で，またドイツ語圏でも4分

の1の労働協約で導入されている。賞与の支給額は100フランから2000フランの間で変動した。さらに，その他の賃金の引上げも行われた。多くは500フラン程度のところに集中しており，全体として20～30％の引上げとなった。(Ackermann 2001)

(3) 賃金ダンピングの抑止力

2001年の賃金交渉では，時計製造業の使用者は競争の激化を強調した。1998年から始まった最低賃金額に関するキャンペーンは大きな成果を挙げた。金属産業でも，労働組合は月賃金の最低額を3000フランに引き上げることに成功した。時計産業において賃金の最低額を定めた労組SMUVと新協約が締結された。2004年にEUとの間で労働の自由な移動が実現するが，これに伴う賃金ダンピングから時計産業を守るために，この新協約は重要な役割を果たす。新協約では，この最低賃金はEU各国の出身者との契約においても尊重されることになっており，賃金ダンピングの「画期的な抑止力」になると期待されている。この最低賃率は時計産業全体において，州及び地域のレベルで熟練，未熟練の全ての労働者に適用される。(Ackermann 2002)

製造業では，2001年度の労働協約の締結は少数に止まった。米国同時テロの影響もあり業績が不透明なことから，交渉の実施時期を2001年秋から2002年春に延期したところが多い。交渉が妥結したところも，賃上げは0～3％の範囲に分散しており，個人ベースと一律分の割合についても大きな変化はなかった。いくつかの企業では，最低賃金の改善とフラットレートの賃上げに成功した。零細の事業所では，低賃金に対する実質的な改善がはかられた。職種と事業内容によって異なるが，月額で50フランから315フランの引上げが行われた。このようにして労組SMUVは，目標であった月賃金の最低額3000フランを達成した。(EIRR No. 341 p.17)

2002年及び2003年2月までの賃金交渉では，労働側は3％の賃上げを要求したが，経済環境の悪化もあり，金属産業では低めの要求に切り替えた。

厳しい経済環境に置かれている製造業であるが2002年の賃金交渉では相当に明るい展望が開かれた。ゼロ回答の交渉もあったが，労組SMUVの交渉では2.5％程度までの賃上げが可能なところもあり，多くは0.8～1.5％の間での妥結となった。

賃上げは，ほとんどが一律分と個人ベース分を組み合わせているが，中には一律分だけ，個人ベース分だけといったところもあった。金属及び電機では，個人ベースの賃上げが合意されたが，月額50～100フランの最低額の保障がなされた。時計製造では，一律0.5％の賃上げで妥結した。自動車修理業では月額50フランの賃上げで妥結し，月賃金の最低額も30フラン引き上げられた。(EIRR No.352 p.29)

7．建設業

1994年の賃金交渉では，建設産業では，1995年から97年までを労働協約の有効期間とし，最低でも2.3％の賃上げを行った。使用者は，賃上げの3分の1を労働者個人ベースで個々の成果に応じて実施できることになった。

建設産業では27万2000人の労働者のうち，1万6300人が失業している危機的な状況にあり，1996年に労働組合と使用者団体との間で「投資と雇用に関する協定」を締結した。建設業における雇用と賃金の減退は，産業全体の労働条件に悪影響を与えることが懸念された。(EIRR No.274 p.12)

建築業でも1996年末までに早期退職に関する検討を行う作業部会を立ち上げた。

建設産業では，1998年初頭に困難な交渉の末に協約締結に漕ぎつけた。賃金に関しては，これまでの賃金表に基づく自動昇給の保障は廃止された。一方で，労働者が勤務先企業を変更した場合でも，同一の賃金段階にあることが保障された。

2000年度の賃金交渉に向けて建設業では，労組GBIは全ての労働者に対して月額200フランの賃金の引上げを行うことを求めた。これは社会保険料の値上げなどにより，過去7年間で失われた実質的な購買力を回復するためのものである。(EIRR No.311 p.11)

建設業では，業界内の職種ごとに，賃上げが変動する傾向が見られる。大工職については2000年1月と4月に，2段階に分けて職階ごとに1.5～2％の賃上げが行われた。塗装工については交替制手当の増額とともに2.5％の賃上げで妥結した。一方，屋根ふき職については1.5％の賃上げが行われたが，月額70フランを上限とすることになった。労働組合（SGB）は月額100フランの賃上げを要求したが，家具卸，林業，室内装飾などの業種で交渉結果はこれを下回った。家具卸業では職階

により53フランから62フランの範囲で交渉を妥結した。林業でも職種により47〜56フランの間で賃上げ交渉を妥結した。これには交替制手当の増額が伴っている。室内装飾業では職階により40フランから70フランの賃金の引上げを実現した。

　一方で，建設業における枠組み協定（Rahmenvertrag）に関する交渉は，紆余曲折を強いられた。12回にわたる団体交渉は何度も警告ストや全国デモといった争議行為により中断された。労組GBIは，使用者側の40フランの1次回答に対して，当初一律200フランの引上げを要求した。1999年12月に100フランの歩み寄りが見られたが，使用者側は2000年1月に集団的な賃上げ分80フランと個人ベースの引上げ分を30フランとする別の提案を行った。これが労働組合の反発を招き，連邦政府の調停を経て2000年7月から，全労働者を対象に月額100フランの賃上げという妥協が成立した。しかし，この合意には，労働組合が来年度の賃金交渉において，賃金の弾力化について議論をする用意を整えるという留保がつけられた。この時点でも塗装工とタイル工の賃金交渉は終結していなかった。（EIRR No. 317 p. 30）

　1999年の賃金交渉は，建設業でも多くのストライキや争議行為が発生し，最も困難な交渉の一つとなった。2000年度の賃金交渉は，建設産業における新たな枠組み協約に焦点が絞られることになった。この交渉はGBI労組との間で行われる。

　建設業では全国協約の締結を目指して2000年に新たな交渉が始まった。SGBは前年の交渉結果について葛藤をかかえていたが，使用者側は一律200フランの賃上げ要求に直ちに応えるという譲歩を行った。フランス語圏の建築及び引っ越し業では，これまでに前例のない労働協約が2000年に締結された。この新協約は，従前の州ごとの協約を単一の協約に統合したものである。この新協約は大筋で現状維持を図るものであるが，結果的にフライブルク州では改善につながったが，ヌーシャテル州では若干の不利益を生じることになった。この新協約では2000年4月に遡って，全ての従業員の賃金を100フラン引き上げることになった。

　リサイクル産業のZeba社では，1年間にわたる対立と2000年12月のストライキを経て，やっと2001年始めに労働協約の締結にこぎつけた。新協約は3年間有効で，賃金の最低額の改善が含まれている。これにより賃金の月最低額は3200フランとなった。加えて，年間の生計費調整分が全額支給され，さらに作業関連手当も支

給されることになった。(EIRR No. 329 p. 33)

　建設産業では2002年に，月額65フランの賃上げを求めて労組 GBI がストライキを背景に交渉を展開した。

8．情報通信・印刷出版産業

　フランス語圏の報道部門では，1994年末に最低賃金が12〜14％引き下げられた。ドイツ語圏の同業種でも高額に設定されていた最低賃金が年次休暇の延長と引き換えに，7579フランから6500フランに引き下げられた。印刷業でも月次の最低賃金を1995年3月から熟練工で9.6％，見習い訓練を受けていない未熟練者で18.3％の引下げを行った。しかし，いずれの事例も引下げは最低賃金だけで，実際の賃率には影響を与えていない。

　1996年には，賃金の引下げが多くの産業部門に広がった。雇用保障と引き換えに賃金の引下げがなされるようになり，また賃金カットの脅威も増大した。放送部門では国営テレビ及びラジオが1997年度において6500人を対象とした現行の労働協約を廃棄して，交渉をより弾力的にしていく意向を明らかにした。放送市場の自由化に伴い競争が激化するなかで，このような対応はやむを得ないものであるとしている。労働組合は，このような動きが個人の成果に対応した賃金とともに賃金及び労働条件の地域的な較差をもたらすことを懸念した。(EIRR No. 271 p. 13)

　郵便及び電気通信部門では1996年度の団体交渉の結果，新しい形の早期退職制度が労働協約の中に導入された。1999年度の賃金交渉では通信，印刷などの部門で本協約が締結され，インフレを上回る賃上げを実現した。

　2000年度の賃金交渉に向けて，印刷業では，労組 Comedia が全ての労働者を対象とした200フランの賃上げを要求した。

　印刷産業の Comedia 労組が，使用者団体 VISCOM との間で締結した労働協約は，2000年1月から発効する。この協約で最大月額60フラン及び1％の賃上げが確保された。この協約は印刷運送関係の労働者にも拡張して適用される。賃金の最低額は勤続1〜4年のホワイトカラーについては3560フラン，勤続5年以上は4270フランとし，勤続1〜3年の未熟練のブルーカラーは1999年5月から2800フラン，

2000年1月からは2900フランとし，2002年1月から3000フランとすることになった。勤続4年以上の者は3100フランとなった。

ドイツ語圏及びイタリア語圏の出版関係の労働者は，1年間の無協約状態の後，労組Comediaが締結した新協約の適用を受けることになった。協約交渉は1999年12月に妥結し2000年5月から発効することになった。労働組合は，賃金の最低水準を維持するとともに，引き続きフリーランスのジャーナリストも協約の適用対象とし，技術的な編集スタッフにも新聞の電子版作成の労働者と同じく，協約の拡張を行うことについて使用者の合意を取り付けた。

出版関係の労働者の賃金の月最低額は3地域ごとに勤続年数により4カテゴリーに分類される。第1地域はチューリッヒ州とチューリッヒ市及びバーゼル市，ベルン市である。第2地域はイタリア語圏を除くスイス全域である。第3地域は，イタリア語圏を対象とする。賃金の最低額に関する妥結結果は，第1地域で9％の引上げに相当するが，第2及び第3地域では若干低めになる。見習いや訓練生の賃金の最低額は1.5～2.5％の引上げに止まった。これらの賃金の最低額はすべて2年ごとに再度交渉することになった。

賃金の最低額の引上げを実現するために，Comedia労組は使用者側が対応する地域を第1地域から第2地域へ，第2地域から第3地域へと格下げするための交渉を可能とする条項に同意した。これによって使用者は，経済面での困難を克服し，雇用を確保することが可能になった。(Ackermann 2000)

電気通信産業のスイスコム社は労働組合との間で1999年5月に雇用の確保に関する協定を締結した。1998年10月，スイスコム社は2000年12月から4000人の余剰人員の削減を実施する計画を発表した。労使間の交渉で，2000年末の剰員解雇を回避するためのプログラムが合意され，その実施を，労使合同委員会が管理することになった。(EIRR No.317 p.32)

1999年の賃金交渉では，郵便事業で1.3％の特別賞与を，下限800フランとして2000年3月に支給することで合意した。さらに賃金の構造調整分0.5％と個人の成果に対応した賞与も支給されることになった。

SGBは2000年秋の団体交渉において，スイスコム（電信電話公社）の民営化に

全面的に反対した。

　情報通信関係では，2000年度に郵便職員に対する2.5％の賃上げが合意され，このうち1.5％は一律に支給し，残りの１％は１回限りで別枠の支給となった。スイスコム社の最初の労働協約は2000年春に締結された。この協約は全従業員の９割にあたる１万8000人に適用があり，2001年１月から施行された。この交渉では，訓練生，３カ月までの臨時従業員，管理職，一部のパート従業員は協約の適用から除外された。３年間有効のこの協約は月次の基本給を生計費上昇分として2.3％，110フランまで引上げた。加えて，賃金の最低額を引上げるため年間で800フランの賃上げも行った。また個人の成果及び企業業績に対応した賃金要素も，労働時間の短縮と合わせて導入された。(EIRR No.329 p.33)

　ドイツ語圏における印刷産業の2000年度の賃金交渉の多くは1.5～３％の賃上げでで妥結した。この中には個人ベースと一律分の両方が含まれている。フランス語圏では若干高めの額で妥結した。

　情報通信関係のスイスコム社は2001年秋の賃金交渉で労働協約を締結した。スイスコム社の労働協約では2002年から3.7％の賃上げを行い，そのうち一律分を1.5％とし，個人ベースの部分を2.2％とすることになった。協約上の最低賃金額は年額で800フラン引上げられた。情報通信関係の労働組合は，この協約交渉を高く評価している。郵便部門では，情報通信関係の労働組合は実質賃金の引上げを要求したが，使用者側の回答は生計費調整分のみに止まった。(EIRR No.335 p.12)

　郵便サービス業の交渉では使用者側が，平均3.2％の賃上げ回答を行ったが，このうち一律分が1.8％に止まったことに労働組合は反発し，これを拒否して一律分を2.5％とすることを求めた。労働組合は様々な抗議集会を開いたが，使用者側が，さらに交渉をすすめることを拒否したため，仲裁手続に移行することになった。

　情報通信産業のスイスコム社では，賃金交渉は一律分1.5％，個人ベース分2.2％を含む3.7％で妥結した。同時に賃金の最低額も年間で800フランに引き上げられた。(EIRR No.341 p.17)

　印刷業でも賃金交渉は企業単位で行われており，印刷労組 Comedia は2002年の交渉では，僅かに10％程度の企業と賃上げ交渉が出来たにすぎない。賃上げは0.5

第3章　スイス労働関係における賃金交渉

〜1.2％に止まった。使用者側は，2002年に賃上げを行った企業が多かったとしているが，この中には個人ベースで交渉なしで賃上げを行った企業も含まれている。1回限りのボーナスを支給する企業の慣行も広がりを見せているが，労働組合の2003年の賃金交渉の優先課題は，印刷産業に部門別の交渉を導入することである。(EIRR No. 352 p. 29)

　2003-04年度の交渉において，情報通信産業では，スイス郵便サービス社が一時金850フランを支給するとともに，個人ベースで0.3％の賃上げを行った。一方で，スイスコム社は全従業員を対象に2.2％の賃上げを実施した。このうちの1.6％は最低賃金部分の引上げのためのものである。新聞報道関係では，3％の賃金切り下げを使用者側が提案したため仲裁手続に入り，1.2％の賃上げが勧告された。(EIRR No. 361 p. 12)

9．運輸

　1992年の賃金交渉では，収益が急激に悪化しているスイス航空は，地上職員に対する3.5％の賃上げ回答を行った。

　1993年，スイス国鉄は車掌の40％，約1000人の削減を計画しており，また郵便，電信電話事業でも職員の削減を予定し，労働組合は11月に反対のためのデモを呼びかけたが，僅かに数千人の参加者があっただけであった。(EIRR No. 239 p. 13)

　スイス航空の協約締結に関する団体交渉が，1995年に管理者とパイロット組合との間で始まった。会社は6200万フランの経費削減をめざしている。

　1996年には，賃金の引下げが多くの産業部門に広がった。雇用保障と引替えに賃金の引下げがなされるようになり，また賃金カットの脅威も増大した。スイス航空はパイロット組合との間で，ストなし条項と5％の賃金引下げを含む，新たな労働協約を1996年7月に締結した。パイロットの飛行時間は年間600時間に増えた。また，予定している6000万フランの経費削減が実現できなかった場合は，1997年度も賃金の引下げがありうるとする内容になっていた。このような事項の見返りとして，スイス航空は3年間にわたって950人分のパイロットの雇用を保障することになった。

他にも使用者による賃金引下げの脅威は増している。スイス国鉄当局は，1997年度において2～4％の賃金引下げを予定していることを明らかにした。(EIRR No. 271 p. 13)

　1997年1月から，スイス国鉄（SBB）の従業員は賃上げを50％カットされることになった。SBBの従業員はこれに抗議し，鉄道労組SEVはボーナスの増額を求める交渉を行った。その上で成果に準じた実質賃金の引上げに同意した。

　1997年秋の賃金交渉で，航空管制官の組合は，向こう3年間にわたって10％の賃金引下げを受け入れた。この新協約ではリストラに伴う剰員解雇に関する規程も盛り込まれた。航空官制当局と労働組合FPSAは，新たな労働協約を締結し，賃金カットを行うことになった。年間賃金が9万フランを超える者については1％，12万フランを超える者については2％の直接の賃金引下げがなされ，さらに，いくつかの追加的なボーナスも廃止された。一方，労働時間と有給休暇は現状のまま維持された。

　新協約には剰員に関する協議と剰員手当に関する措置も含まれており，勤続9年以上で剰員となった場合，1カ月分の剰員手当と一連の措置を受けることができる。勤続19年以上では，2カ月分，そして勤続30年では4カ月分が付与される。これまでスイス管制当局は平均以上の賃金の改善を行ってきており，ヨーロッパで最も高コスト体質となっていた。スイス航空管制は拠点をジュネーブに移し，フランス及びドイツの管制と連繋することによってヨーロッパ航空管制のハブとなることを目指している。(EIRR No. 287 p. 12)

　1999年の賃金交渉では，地方の公共交通で，81件の労働協約のうち8割までが賃金の引上げを定めた。賃上げは0.5％から3％の範囲で行われ，多くは1～1.8％の間にある。多くの協約は一律の賃上げを定めているが，集団ベースと個人ベースの賃上げを組み合わせる協約の数も急速に増えている。前年と比較すると，企業収益に対応した賞与という形での賃金の引上げは減る傾向にある。

　航空郵送業ではSwissair Groupが2％の賃上げを2000年7月から行うことになった。また，航空管制の団体であるSwisscontrolも3年間有効の協約で，賃金の最低水準を3.2％引き上げることに合意した。さらに2000年1月からは，一律2％

の賃上げが協約期間中，毎年実施されることになった。また3ポイント以上のインフレが生じた場合，このインフレ率の変化に対応して，賃金協定の内容も交渉の対象になるとされた。

　1999年にスイス国鉄（SBB）では画期的な州39時間労働を獲得したこともあり，物価調整のための賃上げ要求は差し控えることで合意した。しかし，若年労働者の初任給水準については，物価上昇による影響が大きく現れることから若干の引上げが行われた。(EIRR No. 317 p. 32)

　2000年1月に締結されたスイス国鉄当局と鉄道労組 SEV との労働協約には，労働側が最優先事項の一つとして提案した経済及び経営上の理由による剰員解雇を行わないことを保障する条項が含まれていた。しかし，これによっても計画的な剰員解雇を回避することは難しい。合理化の対象となった労働者には，スイス国鉄の内外でのポストに対応できるようにするための訓練が用意される。

　新しい協約では賃金に関して，個人の成果に対応した賃金制度が新たに導入された。(EIRR No. 315 p. 13)

　運輸関係の賃金交渉では，2000年にはスイス国鉄の職員の90%に対して個人の成果に対応した8%の賃金の引上げが行われることになった。鉄道労働組合 SEV は，この制度を温和なものであるとして受け入れることにした。管理者層に対してはこの制度は個人の成果に対応した要素をより多く含むようになっている。地方交通では1～3%の賃上げが行われたが，一部には3%を超えるところもあった。多くは一律の賃上げで2～3%の範囲にあった。(EIRR No. 329 p. 34)

4節　スイスにおける賃金交渉の特質

1．インフレ調整と実質賃金の引上げ

(1)　インフレの亢進と賃金要求

　1990年下半期にはスイスの過熱した労働市場もクールオフが始まったが，インフレ率5.4%が低下するという見通しはなかった。賃金交渉も高インフレ率という文脈の中で展開され，実質賃金も0.25%程度低下すると見られた。

113

国家公務員部門の労働組合は，賃上げの実施時期の1991年半ばから同年末への延期に反発して，ストライキを構えた。また，政府当局も賃金交渉にあたっては一定の譲歩を示しており，連邦レベルでは，インフレ調整手当（Teurungsausgleich）の支給を前倒しし，ジュネーブの州政府はインフレの亢進に伴う購買力の減退をカバーする追加的な手当の支給を行うことにした。(EIRR No. 206 p. 11)

　OECDはスイス経済に対する年次レビューで，1991年の高水準の賃上げが経済に対するインフレ圧力を高めることになると警告した。8月の消費者物価指数も6％に達しており，周辺諸国と比べても高水準である。ちなみにドイツは4.1％，フランスは3％にとどまっていた。この警告を受けてナショナルセンターであるSGBはインフレ調整手当に関する交渉の開始を検討し始めた。

　1991年9月の記者会見でスイス労働組合総同盟は，インフレ分の完全補填は秋季賃金交渉の最低限の要求ラインであり，一般の賃金水準を下回る部門で，実質的な賃金の引上げを求めて行くことを明らかにした。代表Walter Renschlerは，賃金が，生産性の上昇にさえ追いついていないと苦言を呈した。インフレ分の完全補填は労働組合の正当な要求であり，これを確保するために必要とあればストライキも含むあらゆる利用可能な手段を用いる意向を示した。(EIRR No. 213 p. 10)

(2)　インフレ調整の後退

　1992年の賃金交渉は，高いインフレ率（5.5％）と1991年第4四半期に記録した生産の落ち込みから，一段と困難な状況になった。自動インフレ調整手当（Teuerungsausgleich）は，化学部門と鉄道，郵便，公務などの部門で交渉が行われたにすぎない。使用者の中には，将来においても協約でインフレ調整条項を定める可能性はないと公言する者もあった。

　1992年度の賃上げは平均で3％に達しなかった。年末までのインフレ率は3.5％程度であり，実質賃金は減少した。公務部門にとって，実質賃金の減少はこの10年間で初めてのことである。賃上げ率の低い部門は繊維，衣料，仕出し業などで1％程度で交渉を妥結している。公務員労組VPODによると，300の地方自治体で自動インフレ調整手当を廃止した。いくつかの州はなお少額のインフレ手当を支給している。例えば，ベルンは0.8％の手当を支給しており，連邦政府及び郵便，電信電

第3章 スイス労働関係における賃金交渉

話,国鉄は3％を支給している。建設部門では長びいた交渉の後,3％の賃上げで決着し,労組は実質賃金での2％の賃上げ要求を引っ込めざるをえなかった。

銀行業及び時計製造業では,年間賃金の最高額である5万2000フラン,3.5％の賃上げによりインフレの完全な保障を達成した。化学産業では,これまでの自動のインフレ調整手当が廃止され,今後の賃上げは年間の賃金交渉により決定することとされた。この交渉の結果,4.5％の賃上げが実現し,その他の条件の改善も進んだ。これはバーゼルに本拠を置く化学産業大手の好調な業績を反映している。(EIRR No. 229 p. 13)

1993年の秋季賃金交渉は化学,小売大手のミグロなどで3％で妥結しており,銀行も4％の賃上げで合意した。しかし,建設,時計製造などの部門では賃上げはインフレ率の半分にも達しなかった。同じく,多くの州の公務員もインフレ率の半分程度の賃上げしか実現できなかった。連邦政府も,議会に対して連邦政府公務員の賃金を1.7％だけ引き上げる法案を提出した。スイスの1993年の賃金交渉の平均妥結額は,率にして2.6％の引上げに止まっており,インフレ率をほぼ1％下回っていた。(EIRR No. 239 p. 13)

スイス労働組合総同盟は1994年の秋季賃金交渉にあたって,経済環境が実質賃金の欠損を補填するためにのぞましい状況にあると考えていた。SGBによると,実質賃金の目減りは1990年から1994年までの間で平均2.5％に達している。ほとんどの部門で実質2％程度の賃上げに甘んじてきたため,インフレ調整手当との関係では2.5～3％の賃上げ交渉が必要となる。この数値は国内経済における労働生産性の改善に見合った適切なものであるとしている。労働生産性は年率2％の改善がなされた。(EIRR No. 250 p. 13)

1994年の賃金交渉は,民間部門ではインフレ率（1994年末で0.4％）を上回る賃上げを実現した。一方,公的部門では労働者は購買力の低下に直面することになった。

多くの労働協約は,その有効期間を1年以上の長期に設定するものが増えた。建設産業の協約は1995年から97年までを有効期間とし,最低でも2.3％の賃上げを行った。バーゼル地域の化学産業の新協約は,0.5％のインフレ調整手当を支給する。

115

小売関係の労働組合VHTLは,平均して0.5～2％の範囲でインフレ率を上回る賃上げを実現した。(EIRR No. 259 p. 11)

⑶ 付加価値税の導入

1995年の賃金交渉は労組にとっては遺憾な結果に終わった。多くの協約は生計費の上昇分の補塡にも失敗し,いくつかの業種では,新協約の締結自体に失敗している。1995年は年間を通じて消費者物価が急激に上昇し,インフレが進行した。1995年8月には前年同月比1.4ポイント増の1.9％のインフレ率となった。これは年初におけるVAT(付加価値税)の導入によるところが大きい。上昇分の1.1％はこの導入によるものと見られている。使用者側は,VATの導入による超過負担分は労働者側で負担すべきであるとする主張を一貫して維持している。バーゼル地域の化学産業では,インフレ調整手当1.5％を含む協約が締結された。化学産業の協約交渉では,これまでのスイスの労働協約では,常識と考えられていた自動的な賃金調整条項が廃止された。(EIRR No. 266 p. 13)

スイスの1996年の賃金交渉は労働組合には厳しいものとなったが,使用者側は賃金水準を低位で維持することに成功した。前年の交渉と比較すると,労働組合は生計費の増加分の確保に失敗し,失望感を否めない。

民間部門では,1996年に締結された協約のなかには以下の傾向が現れている。①年次毎に賃金交渉が行われる産業部門では,賃金の物価調整(Teuerungsausgleich)と実質ベースでの賃金引上げ(Reallohnerhöhung)が一つの争点となっているが,賃金の物価調整は労働時間の短縮との取引材料となった。②自動的な物価調整を盛り込んだ賃金交渉の件数は減少を続けており,10年前には,主な労働協約がこれを含んでいたことと対照的である。③多くの賃金の物価調整は個人の成果に対応した賃金条項を含むようになった。

化学産業では,バーゼル地域の労働協約において1.3％の賃金の物価調整が行われたが,そのうちの0.6％は個人の成果に対応した賃金の引上げとなっている。同じく化学大手のロンザヴィスプ社は2.1％の物価調整による賃金の引上げを行ったが,そのうちの1.1％は個人の成果をベースとした配分を行うことになった。小売業大手のコープスイス社は個人ベースで成果に対応した0.7％の生計費調整の賃金

引上げを行った。エネルギー部門でも0.7～1.5％の生計費調整を含む賃上げで交渉を妥結したが，その多くは個人の成果に対応した配分を行うことになった。

1996年度の賃金交渉では公的部門での賃金カットが進行した。連邦政府は賃金の物価調整を行っていない。これは地方における公的部門の多くに反映したが，大都市を中心に0.7～0.8％程度の賃金の物価調整が行われていた。(EIRR No. 280 p. 30)

これまで，賃金交渉は購買力の維持と実質賃金の引上げという二つの要素に分けられていた。しかし，このような分け方はあまり見られなくなり，ほとんどの部門では，賃金を単一の問題として交渉する傾向にある。この結果，賃金制度は一層弾力的なものとなった。例えば個人の成果に対応した賃金に関する条項が労働協約にとり入れられ，企業は賃金や購買力の向上を労働力全体としてよりも，むしろ個人単位で実施できるようになった。それでも，1997年度は主要な賃金交渉において，労働者の購買力を維持することができた。それは，年間のインフレ率が0.4％と低位に止まったためである。(Ackermann 1998)

(4) 購買力の維持

1998年の賃金交渉では，労働者側は，賃金の購買力の維持に成功した。実質賃金も全産業平均で1.5％の引上げとなった。SGBのまとめによると賃金の購買力は維持されたが，これは年間を通じて0.1％という低いインフレ率によるものであった。

金属産業の労働組合（SMUV）はインフレ調整により購買力を復元するとともに実質賃金の1～1.5％の引上げを要求した。賃金交渉は伝統的な産別交渉とともに企業レベルでも行われることになった。

金属産業の労働組合（SMUV）は，1999年9月に時計製造業における労働側の要求を公表した。この要求にはインフレ調整による購買力の復元と実質賃金の引上げが含まれていた。(EIRR No. 297 p. 12)

スイス労働総同盟の傘下の各労組は，2000年度の賃金交渉に向けて2～4％の賃上げ要求を行った。労働組合はインフレによる購買力の棄損部分の全面的な復元を求めている。推定インフレ率は1％程度であった。一部の労働組合ではさらに1～3％程度の実質賃金の引上げを要求している。労働組合の賃金要求の具体的な内

容は以下の通りである。①建設業では，労組 GBI は全ての労働者に対して月額200フランの賃金の引上げを行うことを求めた。これは社会保険料の値上げなどにより，失われた購買力を回復する手段であると労働組合は考えている。②化学産業では労組 GBI は，これ以上の賃金引上げの個別化の進展を阻止するために，1〜4％の全体的な賃金の引上げを要求している。③金属産業では，労組 SMUV は購買力の完全な復元と実質賃金の引上げを求めて，1〜1.5％の賃上げ要求を行った。労働組合は，会社側が賃金改善に応じられるだけの収益を十分にあげていると主張している。④時計製造業では，労組 SMUV が購買力の全面的な復元と可能な限りの実質賃金の引上げを求めた。(EIRR No.311 p.11)

1999年度の賃金交渉は鉄道輸送，建設，通信，印刷などの産業で労働協約が締結され，インフレを上回る賃上げを実現した。(Ackermann 2000)

スイス労働総同盟傘下の多くの労働組合は，賃金交渉において購買力の完全な復元と0.5〜3％の実質賃金の引上げを求めた。(EIRR No.317 p.30)

これまでは，賃金に関する団体交渉は，購買力の復元（Teurungsausgleich）と実質賃金の引上げ（Reallohnerhöhung）の二つの要素に分けて行われてきた。しかし，賃金は益々単一の主題として交渉されるようになって来ており，長期の賃金交渉の一部として年間賃金の自動引上げの問題が取り扱われることは少なくなってきた。このような状況は10年前のそれと対照的である。当時は，ほとんどの労働協約が年間賃金の自動引上げに関する条項を含んでいた。(SECO)

2000年度に向けた賃金交渉で，スイス労働総同盟（SGB）は一律最低3.5％の賃上げ要求を行った。SGB によると1999年の賃金の引上げは僅か0.2％に止まったが，周辺ヨーロッパ諸国では3％の賃上げを達成していた。賃上げ要求のうち2％は購買力の復元を求めたものであり，残りの1.5％が実質賃金の引上げ分で，1990年代の低い賃金上昇の補填と，すでに3年に及ぶ景気回復に伴う労働者への収益の分配を意図したものである。

使用者側がこの3.5％の賃上げ要求を受け入れた場合，労働側は，労働者の賃金月額は平均で175フラン引き上げられる。SGB は1992年から1997年の間に実質賃金は減額となり，1999年の賃上げも周辺のヨーロッパ諸国と比して著しく低かったと

断言している。しかし，使用者側は物価調整のための一律の賃上げ要求を批判して，インフレ調整分の賃上げと実質賃金の引上げを毎年同時に行う慣習は，1990年代の不況の間に消滅したと述べている。(EIRR No. 320 p. 12)

2000年度の賃金交渉は，インフレ率を凌ぐ賃上げを実現したことが大きな特徴である。賃金の引上げは，一律の賃上げと個人ベースの賃上げを合わせたものが多かった。2000年12月のインフレ率は1.9％であった。

労働組合は，ここ数年の賃金交渉の特徴であった賃金抑制が終わり，賃金交渉では相当の成功をおさめたと見ている。経済状況の改善と労組の強力な交渉努力により，2000年の賃上げはインフレ率を上回った。2000年の賃金交渉の中心的な焦点は，前年までの賃金交渉では，除外されることの多かった生計費の賃金調整であった。(Ackermann 2001)

2001年の賃金交渉では，生計費調整と実質賃金の2～3％の引上げが主要な目標とされ，個人ベースよりも一律の賃上げによるインフレの補償を交渉の焦点に置いた。実質賃金の2～3％の引上げ要求は大きな困難を経験した。これは，2001年9月の米国同時テロ以降，支配的となった経済の後退と不確実性によるところが大きい。それでも，重要部門の交渉では，郵便，鉄道，スイスコム社，流通大手のミグロ社やコープ社などで3％を超える賃上げを勝ち取っている。労働組合の動員活動は，他の産業の交渉結果にも大きな影響を与えた。(Ackermann 2002)

2002年に至るまでの3年間，労働側の要求は主に，自動的な生計費調整，1～2％の実質賃金の引上げ，一律の賃上げ，3000フランの月額最低賃金の実現などであった。しかし，2003年度の賃金交渉では，スイス経済の悪化に伴ない，これまでよりも相当に要求が後退した。ほとんどの産業で，賃金要求を実現することが出来なかった。平均で0.9％という低めの妥結水準も，医療保険や年金の掛け金の値上げによって0.6％まで引き下げられた。(EIRR No. 365 p. 23)

2004年度の賃金交渉では，過去数年と同じく，労働側は2～3％の賃上げ要求を行ったものの，ほとんどの産業で平均的な妥結水準は2％程度にとどまった。賃上げの多くは2％程度であったが，中にはこれを超えるものもあった。しかし，多くの妥結内容に自動的な賃金の物価調整が含まれていなかった。(SGB 2004)

2. 雇用保障

(1) 失業保険制度の改革

スイス連邦政府は1992年秋に失業保険制度の改革案を発表した。この改革案は1993年4月からの施行を予定していた。この改革案では、失業保険金の受給期間がこれまでの最長300日から400日に延長される。しかし、保険金の受給日額はこれまでの平均賃金の日額の80％から70％に減額される。失業保険金の受給期間の延長はスイス労働組合総同盟も積極的な評価を行っているが、受給日額の削減については、多くの失業者の生活を破局に導くことになるとして懸念を示している。なお、政府は困難な事例について例外措置を講じることを約束している。(EIRR No. 227 p. 11)

この失業保険制度の改革により、失業者4人に1人が影響を受けることになるが、年間で失業保険制度の予算が2億3000万フラン節約されることになる。それでも、失業者数の急増により失業保険制度は20億フランの赤字を出すことが予想されている。労使で保険料の増加分を負担することになるが、使用者側は、保険料率の引上げに強く反対した。

連邦議会は、失業者に紹介された仕事の賃金が、受給中の失業手当の水準を下回る場合でも、就職すべきであるとした。これまでは、失業者は紹介された仕事の賃金が、受給している失業手当と同額以上であれば、就職すべきことを期待されるだけであった。一方で、追加的な優遇措置として、失業保険制度は最長6カ月まで、失業手当の受給額と新たに支払われる賃金の差額を補填することになった。(EIRR No. 231 p. 12)

連邦政府は、失業手当の支給方法の変更を行い、失業者を労働市場に再度統合するための政策を発表した。これは、1995年6月段階で4％に達していた失業率を引き下げる施策の一つである。失業手当を受給するための待機期間が5日間とされ、手当の上限額も9万5000フランとされた。また、受給期間も変更され、150日から400日となり、障害者及び退職年齢までに後30カ月以内の高齢者は520日まで延長されることになった。労働市場への再統合を促進するために、各州の政府は、職業経験の機会や訓練コースを2万5000人分用意することになった。(EIRR No. 261 p.

11)

(2) 雇用と賃金のトレードオフ

1996年には，賃金の引下げが多くの産業部門に広がり，雇用保障と引き換えに賃金の引下げがなされるようになった。スイス航空はパイロット組合との間で，ストなし条項と5％の賃金引下げを含む新たな労働協約を1996年7月に締結した。パイロットの飛行時間はこれにより4分の1増えて年間600時間となった。また予定している6000万フランの経費削減が実現できなかった場合は，1997年度も賃金の引下げがあり得るとする内容になっていた。この見返りとして，スイス航空は3年間にわたって950人分のパイロットの雇用を保障することになった。(EIRR No. 271 p. 13)

建設産業においては1996年に労働組合と使用者団体との間で「投資と雇用に関する協定」が締結され，職能と雇用を確保するための労使間の合意が形成された。この協定で定められた全ての措置が実施されると，5万人分以上の雇用が維持されることになる。この協定は建設産業の27万2000人の労働者のうち，1万6300人が失業している危機的な状況に対処するためのものであり，連邦のレベルでの次のような政策発動を呼びかけている。①2万の雇用を確保するための公共インフラに対する投資と，建替えを促進するための補助措置の実施。②民間部門での省エネ型住宅等への建替え促進のための補助制度の設置。③建設投資促進のための地方政府に対する特別助成の増加。

建設産業における労働者の熟練と技能を保護するために，訓練制度を充実し，高度な訓練も受けることが出来るようになった。建設関係の労働組合GBIの代表Vasco Pedrinaは，建設業における雇用条件の維持，改善をすすめるこの協定を歓迎している。建設業における雇用と賃金の減退は労働条件に悪影響を与えるだけでなく，優秀な労働者か流出する結果をまねき，全体として建設産業の質的低下を生じることになるとしている。(EIRR No. 274 p. 12)

スイスの1996年の賃金交渉では，労働組合は失業の増大という文脈のなかで，剰員解雇の回避を義務づける協定を締結するための交渉をすすめた。

郵便及電気通信部門では1996年度の団体交渉の結果，新しい形の早期退職制度

が労働協約の中に導入された。その具体的な内容は次の通りである。①早期退職は個別の労働者と使用者との間の合意に基づいて実施される。②この場合，個別の労働者は少なくとも19年以上の期間，年金保険料を納めていなければならない。③この早期退職制度の対象となるのは1943年以前に生まれた内勤者，郵便局管理者，郵便配達員で1997年6月末までに退職の意思表示をし，実際に遅くとも1998年末までに退職した者となっている。④また1941年以前に生まれた郵便局員で1998年末までに退職の意思を表明し，60歳に達したときに退職する者もこの制度の対象となる。

時計産業では，労働者は退職前2年間について労働時間を20％短縮し，対応する賃金のカットが可能になった。建築業でも1996年末までに早期退職について検討を行う作業部会を立ち上げた。(EIRR No. 280 p. 31)

1997年度の賃金交渉で，労働側は賃金制度の弾力化の進行を受け入れる見返りとして，使用者に対して剰員解雇を避けるための譲歩を求めた。(Ackermann 1998)

電気通信産業のスイスコム社は，労働組合との間で1999年5月に雇用の確保に関する協定を締結した。前年10月に同社は2000年12月から4000人の余剰人員の削減を実施する計画を発表している。労使間の交渉で，2000年末の剰員解雇を回避するための施策を盛ったプログラムが合意された。その内容は以下の通りである。①早期退職を実施する。②2000年2月を目途に週4日36時間労働のパイロットプロジェクトを立ち上げる。③社内に職業紹介機関を設置する。④50歳以上の労働者には特別な配慮と保護を行う。⑤困難な事例が生じた場合に備えて救済基金を用意する。この協定の実施は，労使合同の委員会により管理される。(EIRR No. 317 p. 29)

(3) 雇用安定計画

2000年1月に締結されたスイス国鉄当局と鉄道輸送労組SEVとの労働協約では，労働側が提案した経済及び経営上の理由による剰員解雇を行わないことを保障する条項が含まれていた。合理化に直面した場合，労働者に対してはスイス国鉄の内外での空きポストに対応できるようにするための転換訓練が行われる。(EIRR No. 315 p. 13)

機械産業大手のザルツァー社の労使は，リストラ計画の実施にあたって，労使双

方が雇用のセーフガードに関与して行くとする共同宣言に合意した。同社のリストラ計画は2000年9月に発表された。この計画では，多くの新規事業が含まれているが，およそ4200人の従業員に直接的な影響が及ぶことになった。この計画が発表された後に，同社の経営陣，従業員代表及び各労働組合の代表が集まり，リストの影響を極小化するための会議が開かれた。この交渉は1月中旬に妥結し，各当事者が雇用の確保に向けて努力する旨の宣言をまとめた。

この共同宣言は共通の目標を「スイス国内で可能な限り多くの雇用を確保する事業者にリストラ対象部門を売却する」とした。特に，この宣言は事業の売却の条件について次のように述べている。①既存の労働協約を尊重する。②関連の労働者代表組織と協議する。③現行の雇用と採用の水準を維持する。④全ての現行の製造部門を維持する。将来における変更については，労働協約の規程に添って，全て労働者代表組織と協議する。⑤既存の福利厚生計画を尊重する。⑥年金制度を尊重する。⑦必要な場合には，従業員の訓練及び再訓練を実施する。⑧見習工の訓練を重視する。労使の当事者は，この問題に関する協力こそが労使間の紛争を回避する最良の可能性を提供するとしている。(EIRR No. 325 p. 13)

スイスの使用者は，人的資源管理には長期的な視点が重要であるとして，他のヨーロッパ諸国と同じような剰員解雇の際の社会計画の立案義務の導入は考えていない。しかし，多くの若年者がグローバル化した産業部門で失業していることもあり，この計画の導入に関する圧力は，日々高まっている。エアスイスが2003年時点で直面している問題は，前身のフラッグキャリアであるスイス航空の譲渡によって発生したが，大規模な剰員解雇に関連した諸問題に国民の注意を喚起することになった。破綻した企業自身は社会基金に拠出することが出来ないことから，立法によって他の者に社会基金への拠出を義務づけるべきであるとする考え方も主張されている。(EIRR No. 357 p. 22)

3．個人の成果に対応した賃金

(1) 個人ベースの賃金引上げ

1992年の賃金交渉では，銀行や大手小売チェーンのミグロは4％の賃上げを提示

したが，さらに2％の賃上げを個々人の成果を反映して実施する意向であった。労働組合としては，労働者の賃金をインフレ率と並行させる一方で，能力主義の賃金制度に基づいて個々人に昇給を行うやり方には不満であった。その方式では使用者側の力を益々強めることになる。(EIRR No. 217 p. 10)

　1994年の賃金交渉は，民間部門では個人の成果に対応した賃金の引上げがはっきりしてきた。使用者は，その意向によって，賃上げの3分の1を労働者個人ベースで個々の成果に応じて実施できることになった。バーゼル地域の化学産業の新協約は，0.5％のインフレ調整手当を支給するとともに，個人ベースで1％の賃上げを実施することになった。

　製造業では，企業レベルでの賃金交渉が行われており，平均して1.5〜2.5％の賃上げで妥結している。労働者個人の成果に対応した賃金の引上げも協約の中に盛り込まれており，ABB-ターボシステム社は一律0.9％の賃上げに加えて，個人ベースの0.7％の賃上げを実施し，さらに1000フランの賞与を支給した。またランディス＆Gyr社は月額50フランの賃上げと職階に応じた定期昇給を0.6％，及び優れた成果をあげた従業員を対象とした0.2％の賃上げを実施した。(EIRR No. 259 p. 11)

　1995年の賃金交渉は流通大手ミグロ社の4万8000人の従業員を対象とする新協約では，一律0.7％の賃上げと個人の成果に対応して配分される0.9％の賃上げが決った。

　サービス部門でも，成果に見合った個人ベースの賃金決定という傾向が見られた。例えば保険業のヴィンタツール社では，一定の職階に対応した賃率は成果に応じて20％まで変動が出来るようになった。化学産業大手チバ社でも同じように24％まで賃率の変動を可能にしている。労働組合は生計費上昇分3％の補填とともに，生産性の向上分に伴なう収益の配分を要求している。

(2) 労働側の抗議

　化学産業の1996年度に向けた協約交渉では，使用者は賃金交渉の第1段階において，労働組合を排除するとともに，多くの部分を個人別の賃上げに移行することによって，賃金面での弾力性を管理できるようにした。労働組合は，会社側が高い収

益をあげながら，その利益を労働者側に配分しようとしないことに抗議するとともに，このような交渉のあり方を遺憾とした。労働組合はスト権確立のための投票を実施したが，組合員の賛成投票は25％に止まった。ロッシュ社の支部では1日ストを実施したが，労働者の広範な支持は得られなかった。(EIRR No. 266 p. 13)

放送部門では国営テレビ及びラジオ局が，1997年度において6500人を対象とした労働協約を廃棄して，交渉をより弾力的にして行く意向を明らかにした。当局は，放送市場の自由化に伴い競争が激化するなかで，このような対応はやむを得ないものであるとしている。労働組合は，このような動きが個人の成果に対応した賃金とともに，賃金及び労働条件の地域的な格差をもたらすことを懸念している。(EIRR No. 271 p. 13)

化学産業では，バーゼル地域の労働協約において1.3％の賃金の物価調整が行われたが，そのうちの0.6％は個人の成果に対応した賃金の引上げとなった。化学産業のEMS社では妥結した1.2％の賃上げの全額が個人ベースの成果に対応したものだった。同じく化学大手のロンザヴィスプ社は2.1％の物価調整による賃金の引上げを行ったが，そのうちの1.1％は個人の成果をベースとした配分を行うことになった。小売業大手のミグロ社は個人の成果に基づいて1％の賃金引上げを行うことで交渉を妥結した。一方，同業のコープスイス社は個人ベースで成果に対応した0.7％の生計費調整の賃金引上げを行った。エネルギー部門でも0.7～1.5％の生計費調整を含む賃上げ交渉を妥結したが，その多くは個人の成果に対応した配分を行うことになった。

スイスユニオン銀行のリポートによると，企業の3分の2は個人の成果に対応した賃金の引上げを行う意向であり，個人の成果に対応した賃金のウェイトが増して，基本給の引上げを上回ることが多かった。(EIRR No. 288 p. 12)

1997年度の賃金交渉では，使用者側の弾力的な賃金制度の導入によって，全体としての賃上げと言うものが見えにくいものになってきた。労働側は賃金制度の弾力化の進行を受け入れる見返りとして，使用者に対して剰員解雇を避けるため譲歩を求めた。

賃金制度は一層弾力的なものとなり，個人の成果に対応した賃金に関する条項が

労働協約にとり入れられ，企業は賃金決定を個人単位で実施できるようになった。また，弾力化は賃金と企業業績を直接的に結びつけた。サービス部門や大企業そして機械，化学などの業種で特に支配的な傾向は，賃金交渉が企業単位で行われるようになったことである。(Ackermann 1998)

(3) 労働組合の攻勢

スイス労働総同盟は実質賃金の引上げとともに，賃金の引上げを個人ベースではなく集団ベースで行うことを要求した。労働組合の狙いは，低い収入の労働者の賃金を引き上げることにより，個人ベースの賃上げにより拡大した収入の格差を是正することにある。過去数年にわたり，個人ベースの賃上げが増えてきており，また，個人と集団との間で賃金の乖離が生じてきた。このような傾向は，化学及び機械の産業で顕著である。

建設業における枠組み協定に関する交渉は紆余曲折を強いられた。労組GBIは，使用者側の40フランの1次回答に対して，当初一律200フランの引上げを要求した。1999年12月に100フランの歩み寄りが見られたが，使用者側は2000年1月に集団的な賃上げ分80フランと個人ベースの引上げ分を30フランとする別の提案を行った。これが労働組合の反発をまねき，連邦政府の調停を経て2000年7月から全労働者を対象に月額100フランの賃上げという妥協が成立した。

化学産業でも労組GBIは1999年の賃金交渉において3〜5％の賃上げを要求した。ロシュ社の労働側は個人ベースで2.5％の引上げで妥結した。一方，CSC社はインフレ調整分1％含む，1.8％で妥結した。BL社の労働側は1.5〜1.9％の集団的な賃上げを500フラン〜1000フラン賞与とともに受け取った。CILAG社の労働側は個人ベースで1.5％の賃上げとインフレ調整分1.2％の引上げで妥結した。

ノヴァルティス社の賃金交渉では，労働組合は3.5％の賃上げを全体として要求しており，そのうち1.5％は集団的な賃上げ部分とし，2％を個人ベースの引上げとした。しかし，経営側の回答は1.75％プラス成果に対応した賞与の支給というものであった。労組はこの回答を拒否し，2000年度には3分の2を集団ベースで支払うことを要求した。成果対応型の賃金ベースの下で過去3年間に労働者の4分の1が昇給していなかったことを遺憾とした。

機械産業でも，1％から3.5％の賃上げが行われ，多くの交渉は1.8〜2.5％の間で妥結した。交渉において，賃金の引上げは集団ベースまたは個人ベース，あるいは，その組合わせという形態をとるが，ドイツ語圏においては後者が支配的であった。(EIRR No. 317 p. 30)

(4) 個人ベースと集団ベースの分立

1999年の賃金交渉では，個人ベースの賃上げと集団ベースのそれとの分立は機械産業の企業協約で顕著であることがSGBの調査で明らかになった。Ascom社では一律の賃上げは0.8％であったが，労働者の3分の2はさらに個人ベースでの賃金の引上げを受けていた。WIFAG社では労働側は個人ベースで1.7％の賃上げに合意した。またSulzer社では個人ベースの1.2％の賃上げと賞与の支給で合意している。Rieter社では一律450フランの賃上げと個人ベースでの1％の賃上げ及び賞与の支給で賃金交渉を妥結した。Tornos-Bechler社では一律1.1％の賃上げと個人ベースの0.4％及び企業収益に対応した賞与の支給で合意している。

機械関連では時計製造業で，一律0.9％の賃上げを行った。これは実質で月額41フランの引上げに相当する。組立工を対象とした協約では1.2％または50フランの賃上げを会社が選択して実施することになった。金属労組SMUと電子機器製造関係の使用者団体との交渉は1.2％の賃上げと個人の成果に対応した賞与の支給で妥結した。一方，碍子製造業では一律1％最低額50フランの賃上げで合意した。

地方公共交通では，81件の労働協約のうち8割までが賃金の引上げを定めている。賃上げは0.5％から3％の範囲で行われ，多くは1〜1.8％の間にある。多くの協約は一律の賃上げを定めているが，集団ベースと個人ベースの賃上げを組み合わせる協約の数も急速に増えている。前年度の1998年と比較すると企業収益に対応した賞与という形での賃金の引上げは減る傾向にある。

小売及び食品業では，労組VHTLによれば，多くの賃金交渉は1〜2.5％の賃上げで妥結した。この中で，ミグロ社の交渉では個人ベースで1〜2％の賃上げが行われ，醸造業の労働協約では賃金構造の調整分0.4％を含む1.2％の賃金の引上げがあった。コープ社の協定では1.5％の賃上げが行われたが，そのほとんどは個人ベースであった。(EIRR No. 317 p. 31)

2000年度の賃金交渉では，賃金の引上げは一律の賃上げと個人ベースの賃上げを合わせたものが多く，特に個人ベースの賃上げは化学産業では支配的である。

　個別賃金の領域では，今もなお増加の傾向にあるが，2000年度にはこの傾向が若干弱まった。スイスコム社やミグロ社などの企業では，個人ベースで賃上げが行われた。化学産業でも，個人ベースの賃上げが行われた。(Ackermann 2001)

　運輸関係の賃金交渉では，2000年にはスイス国鉄の職員の90%に対して個人の成果に対応した8%の賃金の引上げが行われることになった。鉄道労働組合SEVはこの制度を温和なものであるとして受け入れた。管理者層に対してはこの制度は，さらに個人の成果に対応した要素を多く含むようになっている。

　小売チェーン大手のミグロ社の労働協約は個人ベース及び一律分で2.5%〜3.5%の賃上げを定めた。(EIRR No. 329 p. 36)

　スイスコム社の労働協約では2002年から3.7%の賃上げを行い，そのうち一律分を1.5%とし，個人ベースの部分を2.2%とすることになった。ミグロ社の協約では2002年1月から3.25%の賃金の引上げが行われることになった。一律分は少なくとも1.75%とし，残りを個人の成果に応じて配分することになった。(EIRR No. 335 p. 12)

　化学産業では労組GBIはノヴァルティス社との交渉に失敗し，1997年から2001年までの間，会社の意のままに個人ベースの賃上げを容認してしまった。労働組合が熱心に阻止しようとしてきた一つの傾向は賃金引上げの個人ベース化である。2004年度の交渉でも，この観点からは成功であったとSGBは評価している。製薬大手ノヴァルティス社の労働協約をこの部分で歓迎している。この協約は年間の基本給を1300フラン引き上げている。(SGB 2004)

4．最低賃金

(1)　最低賃金の適用

　スイスの最低賃金は，団体交渉の制度を通じて確立されている。これはオーストリアと同様である。しかし，労働協約がカバーする労働者の範囲は相対的に狭い。1991年の産業通商労働省の推計では民間部門で59%であった。公的部門では賃金は

団体交渉よりも法律によって決まる。さらにスイスの交渉システムは多様であり，産業別協約が支配的であるが，企業別協約も協約対象労働者の11％をカバーしている。企業別協約が定める賃率の方が優先される。

その上に，基幹的な金属産業の産業別協約も通常は最低賃金を定めることがなく，賃金決定は個々の企業とその経営協議会が交渉することになっている。このような要素を考慮すると最低賃金を含む労働協約の適用がある労働者は100万人を超えないものと見られている。これはスイスの全労働者約350万人の3割に満たない数となっている。

連邦または州のレベルで，当局が労働協約を拡張適用して，適法に当該地域の使用者及び労働者のすべてを適用対象として拘束する一般的拘束力宣言（Allgemeinverbindlichkeitserklärung）を出すことの出来る法規程が存在する。このような宣言を発出するための条件として，協約当事者のすべてが，これを是認していることと，拡張される協約が当該地域の労働者の少なくとも50％をカバーしていることが求められている。概括的にスイスの労働者の140万人が労働協約の適用を受けており，その4分の1，約34万人はこの宣言により労働協約の拡張適用を受けている。

⑵　最低賃金の水準

銀行部門の最低賃金は1994年当時で月額2750フランであった。バーゼル地域の化学産業部門では最低賃金は4200フランとなっていた。最低賃金は年間の賞与と関連して考えられるべきものとされている。労働協約の適用がある労働者の多くは「13カ月目の賃金」が支払われている。このボーナスは通常の場合，年末に支払われる。

1994年当時，化学産業の新しい労働協約では賃金に関する年次交渉と協約締結に至らなかった場合の争議行為の可能性について規定している。労働組合は労働協約のより広範な適用を求めている。労組は，州当局が外国人労働者のための最低賃金を定め，それを全ての労働者に拡張することも要求した。（EIRR No. 242 p. 28）

フランス語圏の報道関係では，1994年末に最低賃金が12〜14％引き下げられた。ドイツ語圏の同業種でも高額に設定されていた最低賃金が年次休暇の延長と引き換

えに，7579フランから6500フランに引き下げられた。印刷業でも月次の最低賃金を1995年3月から熟練工で9.6％，見習い訓練を受けていない未熟練者で18.3％の引下げを行った。しかし，いずれの事例も引下げは最低賃金だけで，実際の賃率には影響を与えていない。(EIRR No. 260 p. 12)

(3) 最低賃金の引上げキャンペーン

レストラン産業の1998年10月から施行される新協約では，未熟練の訓練生の場合，初任給の最低賃金が100フラン引き上げられ月額2350フランの水準に達した。また新規採用の熟練者の賃金は据え置かれ，月額3050フランに止まることになった。(EIRR No. 294 p. 12)

1998年の時点で，接客業の労働者の51％と小売業の労働者の33％で，月額の賃金が3000フランを下回っていた。このため労働組合は，2000年度から，この部門の賃金水準引上げのためのキャンペーンを始めることにした。小売業の労働組合 Unia と接客業の労働組合 VHTL が行った調査では，これらの部門の労働者の低賃金の状況が明らかになった。接客業では，1995年の33％から1998年には18ポイントも急増している。比率においても女性が56％と男性の43％を大きく上回っている。同じく，小売業においても，該当する女性の比率が43％と男性の10％を大きく上回っている。1998年にスイス労働総同盟はこのような低賃金と闘う運動方針を機関決定した。労組 Unia も2000年春の団体交渉で，この低賃金の問題を取り上げることにした。労組 Unia は賃金月額の最低基準について300フランの引上げを求め，これを少なくとも2710フランに増額することを要求している。労組 VHTL はすでに賃金の最低水準の引上げの取組みを始めている。小売業大手コープスイス社は労働組合に対して2001年1月から全ての労働者の賃金月額を3000フラン以上とすることを確約した。1999年12月からミグロ社との賃金の最低水準に関する交渉が始まったが，労組 VHTL は労働協約を締結していない他の小売業者の反発に遭遇した。(EIRR No. 312 p. 12)

SGB は2000年秋の団体交渉における要求事項の中に，月賃金の最低額を3000フランとする要求を含めた。2000年度の賃金交渉で，SGB は一貫して低賃金の問題に焦点をあててきた。スイス労働総同盟の賃金関係の具体的な要求は賃金月額を最

低でも3000フランとした。

　賃金の月最低額を3000フランに引き上げる労組のキャンペーンは，段階的にこれを達成するとした小売業大手のコープ社やミグロ社の支援を得ることができた。ジュネーブの旅行業では賃金の月最低額は3020フランから3200フランに引き上げられた。書籍販売業の訓練生の賃金の最低月額は3100フランとされた。民間の病院清掃を請け負う企業であるISS社では2002年から全ての賃金の月最低額を3000フラン以上とすることにした。1998年から始まったこのキャンペーンは，今後も3000フランを確保するために継続される。(Ackermann 2001)

　小売チェーン大手のミグロ社の労働協約は，2000年に月賃金の最低額を徐々に3000フラン以上に引き上げることを決定した。2001年1月から支給総額を最低でも3000フランとして，2003年1月からは，月額3300フランに引き上げることになった。流通大手コープ社の新協約が2年間の有効期間で，2001年1月から発効した。新協定では月賃金の最低額を3000フラン以上として，13ヵ月目の賃金（賞与）を支給することとした。(EIRR No. 329 p. 36)

　スイス労働組合総同盟は2000年の交渉と同じく2001年の交渉でも，1998年から始まった最低賃金額に関するキャンペーンは大きな成果を挙げた。金属産業でも，労働組合は月賃金の最低額を3000フランに引き上げることに成功した。小売及び食品関係の多くの企業でも従業員はこの成果を享受することになった。大手百貨店グローブスや煙草製造業などでも，この交渉に成功している。また，書籍販売業や観光業もこの取組みに成功した。このうち観光業では，月賃金の最低額が2510フランから3000フランへと19.5％の引上げとなった。しかし，山岳地域で新規に就労する未熟練（採用後6カ月まで）の労働者は低め（10％）の引上げとなった。ジュネーブ州の農業部門でも，最低額が2640フランから3000フランへと引き上げられた。この成功を受けて，スイス労働組合総同盟は全国均一の月賃金の最低額を3000フランとするキャンペーンを強化することにした。

(4)　労働の自由な移動と賃金ダンピングの阻止

　時計産業において賃金の最低額を定めた労組SMUVの新協約はとりわけ重要である。2004年にEUとの間で労働の自由な移動が実現するが，それに伴って発生が

予想されている賃金ダンピングから時計産業を守るために，この新協約は重要な役割を果たすと考えられている。新協約では，この最低賃金は EU 各国の出身者との契約においても尊重されることになっており，賃金ダンピングの「画期的な抑止力」になると期待されている。この最低賃率は時計産業全体において，州及び地域のレベルで熟練，未熟練の全ての労働者に適用される。(Ackermann 2002)

製造業では，2001年度の労働協約の締結は少数に止まっており，米国同時テロの影響もあり業績が不透明なことから，交渉の実施時期を2001年秋から2002年春に延期したところが多い。いくつかの企業では最低賃金の改善とフラットレートの賃上げに成功した。零細の事業所では低賃金に対する実質的な改善がはかられた。職種と事業内容によって異なるが月額で50フランから315フランの引上げが行われた。このようにして労組 SMUV の目標であった月賃金の最低額3000フランが達成された。

情報通信産業のスイスコム社では，賃金の最低額が年間で800フラン引き上げられた。

小売大手ミグロ社は2001年度の賃金交渉で月賃金の最低額を3300フランとし，遅くとも2003年1月には実施することとした。同じく大手コープスイス社では，正社員の月賃金の最低額を100フラン引き上げることで合意し，月額4000フランとなった。未熟練者の最低賃金は3150フランとされ，さらに2003年1月からは3300フランとされることになった。百貨店大手グローブス社では，最低賃金は未熟練者の場合，5％引き上げられ3150フランとなった。

観光業では熟練者の月賃金の最低額が4％引き上げられ，未熟練者については19.5％の引上げとなり，2510フランから3000フランになった。山岳リゾート地域では経過措置として最初の6カ月間は10％の引上げに止めることになった。(EIRR No. 341 p. 17)

小売食品関係では賃金交渉は企業単位で行われている。小売大手コープスイス社の交渉では労組 VHTL は4％の賃上げに成功した。この中には1.5％の一律分が含まれている。小売大手ミグロ社では個々の店舗ごとに1.75〜2.25％の賃上げが行われた。この中には0.5％の一律分が含まれている。この産業における平均的な賃

上げは1.5％をこえた。観光業では交渉は部門ごとに行われ，労組 VHTL は最低賃金を3～4％，月額にして90～150フラン引き上げることを交渉方針とした。この結果，2003年1月から観光業の最低賃金は未熟練の労働者で3100フラン，山岳地域では2790フラン，有資格者は3500フラン，有資格の経験者は4210フランとなった。(EIRR No. 352 p. 29)

　スイスは2003年段階でも，全国レベルの最低賃金制度が存在せず，使用者にはこの導入を受け入れる考えはない。それは，この制度がかえって失業を増大させるという考えを変えていないからである。使用者としては賃金要求は労使の取引に委ねるべきであると考えており，産業の単位ごとに交渉が行われるべきだとしている。一方，スイス労働組合総同盟は2002年も一律月額3000フラン以上の最低賃金を実現するためのキャンペーンを展開している。すでに，印刷，小売，観光などの産業で顕著な成果を納めているが，それでもまだ労働者の11％が3000フラン以下の賃金で就労している。その多くは女性であり，全女性労働者の18％がこれに該当する。一方，男性の場合は7％にすぎない。労組のキャンペーンに対して，使用者側は次のように反論している。ヨーロッパにおける最低賃金の平均は，およそ月額1800フランであるとして，新規採用者や一時的な就労者の最低賃金を低位に保つことによって経営のフレキシビリティーを維持すべきだとしている。(EIRR No. 357 p. 22)

　サービス部門の新労組 Unia は，産業全体によく機能する労働協約を拡張して適用することによって，適切な最低賃金の普及をすすめている。月賃金の最低額を3000フランとし，未熟練の労働者には3300～3400フランを，熟練者には4000フランを最低でも支払うことを求めている。(EIRR No. 380 p. 15)

　スイス労働組合総同盟も2004年度の賃金交渉において，3000フランの月額最低賃金の実現を掲げた。月賃金の最低額を全て3000フラン以上にする取組みについては，クリーニング業で顕著な成果をおさめた。初めての産別協約の締結により，この部門では今や3000フラン以下の賃金で働く労働者はいなくなった。また，この最低賃金は，イタリア語圏のティッチーノ州を除く全ての州の繊維産業でも達成された。(SGB 2004)

むすび

　スイス労働関係における賃金交渉の特質とその変容について検討してきたが，その背景にはソ連・東欧諸国における社会主義体制の消滅というパラダイム転換と，その後のグローバリズムの席巻がある。本章では先ず，労働関係における賃金交渉の土台をなす経済的な諸関係について労働経済的な視点からの把握を行った。次に，労働組合の連合体であるスイス労働組合総同盟SGBのナショナルセンターとしての賃金交渉の牽引過程と，産業別交渉の展開を部門ごとに検討した。その上で，労働関係における賃金交渉の特質とその変容を明らかにしてきた。周辺のヨーロッパ各国と比較してみると，賃金交渉は困難の度を増しているものの労働関係の安定を重視する伝統的な姿勢はなお堅持されている。

文献資料

EIRR: "European Industrial Relations Review" No. 205 (Feb 1991)～No. 380 (Sep 2005).

Pascal Mahon, "Labour Law in Switzerland", Staempfli, Bern 2001.

Ewald Ackermann, "Vertragsverhandlungen 1997, Eine Übersicht aus dem Bereich der SGB-Gewerkschaften", Nr. 53, 1998.

Ewald Ackermann, "Vertragsverhandlungen 1999, Eine Übersicht aus dem Bereich der SGB-Gewerkschaften", Nr. 69, 2000.

Ewald Ackermann, "Vertragsverhandlungen 2000, Eine Übersicht aus dem Bereich der SGB-Gewerkschaften", Nr. 75, 2001.

Ewald Ackermann, "Vertragsverhandlungen 2001, Eine Übersicht aus dem Bereich der SGB-Gewerkschaften", Nr. 80, 2002.

Ewald Ackermann, "Vertrags- und Lohnverhandlungen 2003/2004. Eine Ubersicht aus dem Bereich der SGB-Gewerkshaften", Nr. 84, SGB, Bern 2004.

Hans Ueli Schürer, "Arbeit und Recht", 8. Auflage, Verlag SKV, Zürich 2004.

David Hampshire, "Living and Working in Switzerland", 10th Edition, Survival Books, UK 2005.

Hanspeter Thür, "Arbeitsrecht: Was Angestellte wissen müssen", 2. Auflage, Consprint, Zürich 2003.

Irmtraud Bräunlich Keller, "Arbeitsrecht vom Vertrag bis Kündigung", 8. Auflage, Beobachter, Zürich 2005.
SECO　www.seco-adomin.ch/

第4章 スイス労働関係における労働時間交渉

はじめに

　本章では，ベルリンの壁が崩壊し，大きなパラダイムの転換が生じた後の，スイスの労働関係における労働時間交渉について，これに影響を与えた諸要因をふまえて，今日に至るまでの交渉過程を検討することにより，その特質を究明することを目的としている。スイスの労働時間は，長時間労働であることが特徴的であるが，これを短縮しようとする試みは，これまでも絶えず行われてきた。成功した取組みも少なくはなかったが，法制度として，これを確立しようとする国民的な合意の形成は，今日なお難しい状況にある。グローバリゼーションの進展，EU における労働時間規制の進捗などのスイスを取り巻く環境的要因だけでなく，労働立法の改定や労働時間短縮に関する国民投票の推移などのスイス独自の要因が，労働時間交渉の展開に大きな影響を与えている。

1節　労働時間の短縮

　労働時間の短縮は，雇用の再配分と失業の抑制に役立つ。また，生産過程の効率化のための職業教育・訓練を推進するためにも役立つ。さらに労働者が労働時間の自主的な選択を可能にすることで，計測の難しい人々の生活の質を改善することが出来る。家族と過ごす時間が増え，余暇の活動を通じてストレスの低減も可能にな

る。

　労働時間の短縮の効用を説く議論が多いなかで，常に労働時間短縮の反対論も存在し続けてきた。労働時間の短縮は，コスト増加の要因となり，グローバリゼーションと厳しい競争の時代には有害であるとする考え方は使用者側に多い。労働時間の短縮が失業の減少をもたらすという主張に対しても，労働時間の短縮による生産コストの増大に直面して，合理化が必要になることから，反対に仕事が失われる結果となることも指摘されている。

1．EU の労働時間規制

　スイスはヨーロッパ連合（EU）の労働時間規制の適用を受けることはない。しかし，EU の規範はしばしば，スイスの労働時間短縮キャンペーンの中で比較のために利用されてきた。確かに，労働時間の短縮は EU 諸国の中で熱心に議論されてきた問題であった。EU では労働時間は，1993年11月に採択された理事会指令93/104/EC によって規制されてきた。この規制で最長労働時間は週48時間とされた。イギリスはこの理事会指令の採択に反対したが，EC 設立条約118条 A（現137条(2)）の安全衛生分野での多数決投票を認める規程を根拠に閣僚理事会で最終的に採択された。加盟国はこの理事会指令を施行するまでに3年の猶予が与えられた。

　以来，この理事会指令はすべての EU 加盟国で施行されることになった。最後に国内法への批准を行った国がイギリスである。イギリスが最後になった理由は，イギリス政府がこの理事会指令の法的根拠について繰り返し異議申立を行い，118条 A 項が不適切であることを主張したからである。しかし，ヨーロッパ裁判所は1996年にこの異議申立を却下し，英国政府も1998年に最終的に，この指令を労働時間規則の形で移入した。

　ほとんどの EU 諸国では，協定で合意された労働時間は48時間を下回っている。フランスでは，この時期に労働時間を急速に短縮し，法定労働時間を39時間から35時間に削減した。2002年1月からは，従業員が20人未満の小規模事業所でも，週35時間労働制が拡張して適用された。（Daniel）

2．2002年の国民投票と労働時間短縮
(1) 賛成論

スイスの国連加盟の可否を問う国民投票が行なわれた2002年3月3日に，労働時間の短縮に関する国民投票も行なわれた。

スイス労働組合総同盟（SGB）は，労働時間短縮に向けた国民発議を行なうために必要な署名を1998年5月から集めており，1999年12月には必要とされる数の署名が集まり，その点検も終了していた。SGBの労働時間に関する要求の詳細は以下の通りである。①向こう8年間にわたって段階的に労働時間を年間1872時間（または制度改善により週36時間）にまで短縮する。②残業を含めた労働時間の上限を週48時間とする。③年間の残業時間の上限を170時間から100時間に短縮する。残業時間については自由な時間によって補償されること。④呼び出し労働（Arbeit auf Abruf）に代えて通常の契約を保障すること。残業の割当などでパートタイマーを差別しないこと。⑤労働時間を短縮する場合，7600スイスフラン以下の収入の労働者の賃金の削減は行なわないこと。これに合わせてパートタイマーの賃金は按分して引き上げること。⑥労働時間を率先して短縮する（年に10％以上）企業に対する政府の金融面での支援を求める。この点は，小規模，零細事業所での時間短縮にとって特に重要である。

この国民発議の主要な目標の一つは，長期雇用を守るために労働時間を短縮することであったが，一方で，1990年代の経済危機に対応した労働の弾力化，個別化，高密度化の増大に注目して，もっと社会的に受け入れられる働き方を創り出すこともその目的であった。スイス労働総同盟は，時間外労働の大幅な増加（1996年の148時間から1999年には163時間に増加した）や，男性のフルタイム労働と女性のパートタイム労働の間の不均衡の拡大について懸念を表明してきた。また，労働者の家族生活と労働生活の両立の重要性についても注意を喚起してきた。長時間労働や残業の増加の脅威にさらされている労働者の支えになることの重要性を強調した。1998及び1999年度において，労働の増大するストレスに伴う国家と企業のコストは年間で42億スイスフランに達すると推定された。（Daniel）

(2) 反対論

　使用者は，これに反対の意向を示しており，2001年12月の記者発表でスイス使用者団体（Schweizerischer Arbeitgeberverband）は，この国民発議を強く批判した。使用者団体は，労働組合が2001年11月に発生したゴッタルトトンネルでの惨事を，スイスの労働時間が長すぎることの証明に利用したことを遺憾とした。事故を起こしたドライバーはスイス人ではなかった。使用者団体は，スイスの賃金がヨーロッパで最も高い水準にあり，スイスの労働者はより多くの収入を得るためにより長時間働くことをいつも選択してきたことを指摘した。従って，この国民発議は，国民が自ら何時間働くかを決定する権利を侵害するものだと述べた。一方で，パートタイム労働者や，呼出し労働に従事する労働者を，この国民発議で保護することを歓迎した使用者団体（Centre Patronal）もあった。労働組合運動の内部にも，国民発議を支持しない少数派がわずかながら存在した。2001年6月にスイスのイタリア語圏及びフランス語圏の58人の労働組合員が，スイス労働組合総同盟に対して国民発議の取下げを要求した。労使の当事者の外部でも，SGBが公式に国民発議を行なった日に，これに反対する超党派の市民委員会が設立された。

(3) 結果

　スイス労働組合総同盟は，労働時間の短縮に邁進したが，この時期に国民発議が成功する可能性は少ないとみていた。しかし，この問題に衆目を注視させたことの意義は大きかった。SGBの議長パウル・レヒトシュタイナーは労働時間の短縮に関する国民発議が，国連加盟の可否に関する国民投票の陰に隠れて不利な状況にあることを指摘した。(Basler Zeitung, 18 Dez 2001)

　2002年3月に実施された国民投票で，労働時間短縮の発議は大差で否決された。この国民投票では，すべての労働者の労働時間を週36時間とし（残業を含めた最長労働時間は48時間），向こう8年間でこれを段階的に実現する提案に対して，スイス国民の多くは反対の投票をした。1958年以来，この問題で4回の国民投票が行われたが，今回の投票結果は最悪なものの一つであった。スイス国民の78％が短時間の労働を望まない意思を示した1976年の国民投票に次ぐ結果であった。個々の州の投票結果は，労働時間短縮に賛成する投票が25.3％に止まったチューリッヒから，

北西部のフランス語圏のジュラでの42％までの範囲で分布している。

　同日に実施された国連加盟の可否を問う国民投票は，54.6％の賛成を得て成功した。これにより，スイスは2002年9月に国連加盟を果たし，190番目の加盟国となった。(EIRR No. 338 p. 12)

3．ナショナルセンターの取組み

　スイス労働組合総同盟（SGB）は，1997年の協約交渉の優先事項の一つに労働時間の短縮を掲げた。通常の労働時間を短縮し，平均週37時間として1997年度中に，これを達成することを目標にした。この目標は弾力的なもので，時間外労働を含むと週45～48時間を上限として随時交渉して決定することになる。また，これを国民投票に付すことも提案した。(EIRR No. 277 p. 14)

(1) 失業の増大と労働時間の短縮

　スイス労働組合総同盟（SGB）は，1997年にEUの最長労働時間に関するガイドラインに沿った労働時間の短縮を提案した。この背景には失業率の悪化（5.7％）と，失業者の急増（20万人）があった。これまで使用者側は，労働時間の短縮について一貫して反対しており，1994年以降も平均の労働時間は41.9時間に高止まりしたままだった。SGBは長い週労働時間を，ECの労働時間指令の水準である残業を含めて48時間まで引き下げることを要求した。これを受けて傘下の各労組は労働協約交渉の枠組みの中で，労働時間短縮のキャンペーンを推進した。SGBが1997年の後半に労働時間の短縮に関する国民発議を行った際の草案には以下のような事項が盛られていた。①週37時間の標準労働時間を確立すること。②労働時間の上限が週45時間から48時間の間におさまるように残業時間を規制すること。この草案では，とくに労働時間の短縮が賃金の減額を伴うものであってはならないことを強調した。SGB傘下各組合は1997年5月末までに，この草案を承認するか，または修正提案を求められた。(EIRR No. 279 p. 12)

　SGBは1998年に，週労働時間を40時間から36時間に短縮する国民発議を行なうことにした。SGBは同時にキャピタルゲイン課税に関する発議も行ない，この税収を企業が労働時間短縮をすすめる際のインセンティブにする意向であった。標準

労働時間を40時間，一部の産業では50時間から短縮することを要求し，年間52時間の削減を行い，祝日を含めて1872時間の年間労働時間の水準を達成することにした。また，代替の休息時間を翌年度に付与することを条件として，残業の最長許容時間を年間100時間まで受け入れた。この場合でも週労働時間が48時間を超えないものとした。

SGBはこれにより，使用者が労働力需要のピーク時に対応できる充分なフレキシビリティーを確保できると考えていた。一方で，この提案は，7500フラン以上の収入の労働者の賃金には影響を与えないとした。また，SGBは，速やかな労働時間の短縮と結果的な剰員解雇の防止，及び労働者の新規採用を促進するために，企業が助成金を受け取れるようにする提案を行なった。この助成金の財源は新たに導入するキャピタルゲイン課税の税収をあてることとした。SGBはこの発議の支持を取り付け，国民投票を実現するために，1年半にわたり，10万人の署名を集めるキャンペーンを展開する必要があった。(EIRR No. 289 p. 12)

1998年の労働時間短縮交渉は，ほとんど進展が見られなかった。労働時間交渉において，労働組合は週労働時間を40時間以下に削減することに失敗した。使用者にとって週40時間はイデオロギー的に重要なものであると感じたとスイス労働総同盟は論評している。一方で，休日に関しては一定の前進がみられた。(EIRR No. 304 p. 12)

活発な運動にもかかわらず1990年代を通じて，労働時間の短縮に関しては労働組合はあまり成功しなかった。1990年から1999年までの10年間でフルタイムの労働者の労働時間は週あたり0.4時間しか短縮されなかった。1998年のデータでは，スイスの労働者は平均で週42時間働いており，イタリアでは38.5時間，ドイツ，オーストリア，スウェーデンでは40.1時間，ノルウェーでは38.4時間など周辺諸国の労働者と比較すると長時間になっていた。(Daniel)

(2) 画期的な週39時間労働

スイス労働総同盟は，2000年2月15日までの傘下組合の協約交渉結果をまとめた。それによると，1999年の協約交渉における労働時間の短縮については一定の前進がみられ，いくつかの協定では，1時間の週労働時間の短縮を達成している。労

第4章 スイス労働関係における労働時間交渉

働時間交渉における大きな突破口は，スイス国鉄労使による39時間労働の協約締結である。(Ackermann 1999)

　2000年度の労働時間短縮交渉は進捗したが，スイスの週労働時間は未だにヨーロッパ水準よりは長時間にとどまっている。時間短縮のキャンペーンは盛んであるが，1990年代を通じて労働組合は，労働時間の短縮については，ゆっくりとした成果しか得ることが出来なかった。しかし，1999年度と2000年度のキャンペーンは今までよりも好調であった。いくつかの労働協約の中に40時間労働制を盛り込むことが出来たし，スイス国鉄では画期的な39時間労働が1999年に合意され，2000年から施行された。スイス労働総同盟は，これが多くの産業で2000年度において休暇の取得の改善を伴っていることから，小さな時間短縮ルネッサンスであるとして歓迎している。

　労働時間の短縮に関する成果は次の通りである。①フランス語圏の建設業，引っ越し業では2段階による1時間の時間短縮を達成し，2001年から週41時間労働となった。②建築業では週労働時間が0.5時間短縮された。③電気設備業では2002年1月から1時間短縮され41時間から40時間となった。④鉄骨組立業では2段階により，41時間から40時間に短縮された。⑤スイスコム社では週労働時間が41時間から40時間に短縮された。⑥コープ社では，これまで一部の販売店員は42時間就労していたが，一律に41時間労働となった。⑦スイス国鉄では2000年7月からこれまでの週41時間から39時間労働となった。(Ackermann 2000)

　スイス労働組合総同盟は2001年度において，すべての労働者を対象とした週36時間労働制を要求した。これは時間外労働を含めても48時間を上限とするものである。向こう8年間を射程に置いた要求である。労働協約交渉では，短縮の件数は前年ほどには多くなかった。ほとんどの労働者に影響を与える協定が，フランス語圏スイスの建築業で締結された。この協定では，0.5時間短縮して週41時間労働となった。(EIRR No. 341 p. 16)

　労働時間の短縮を議題とした国民投票が2002年の3月3日に行なわれることになった。この国民投票は，スイスの労働時間をヨーロッパの水準に近づけようとするものであった。国民投票は失敗に終わり，労働組合は新規の労働協約の交渉テーマ

として労働時間を取り上げる方針を決めた。建築工務業ではこの方針に沿って交渉が始まった。新規の協定では休暇の延長と週40時間労働への志向を強めている。使用者側は，法定労働時間の短縮に反対しており，法定の枠組みの中で自由にその必要に応じて労働時間を決められるようにすべきだとしている。(EIRR No. 357 p. 22)

2003〜2004年度の協約交渉の結果，最初の労働協約が締結された。この交渉では，金属産業で，週労働時間が0.5時間短縮された。

4．産業別組合の労働時間短縮
(1) 危機の時代の厳しい交渉

18万5000人の労働者が適用対象となった，金属産業の1993年の新協約では，使用者に有利な譲歩が盛り込まれた。この譲歩は二つの「危機条項」の形をとる。まず，会社は追加的な賃金の支払いなしに週労働時間を40時間から45時間に延長することが可能になった。次に，会社は「13カ月目の賃金」と呼ばれるボーナスの支払いの棚上げも可能になった。しかし，この「危機条項」の適用は，一定の制限の下に置かれ，経営側は必ず労使協議会の同意を得る必要があった。(EIRR No. 234 p. 11)

1994年の協約交渉では，多くの産業で週労働時間の短縮を定めた協定が締結された。建設産業は1997年から週40時間制を導入し，屋根葺き業では0.25％の時間短縮を決めた。また，家具卸部門でも1998年までに週40時間制とし，公務部門でも11の州で時間短縮が決まった。公務員は1995年1月から1時間短縮して週41時間労働とする合意が成立したが，当面は42時間労働としてこの1時間分を留保することになった。一方，GBI労組はバーゼルの化学産業などで時短交渉に失敗した。(EIRR No. 259 p. 11)

長期の交渉と300カ所以上での抗議行動の末に，1995年1月から建設産業で新協約が施行された。この協約は12万人の建設産業の労働者に直接に適用された。新協約では，年次休暇が5週間（50歳以上の労働者は6週間）に延長された。また，労働時間も2年後の1997年から，段階的に40時間に短縮されることになった。しか

し，使用者は経済状況の悪化などの場合，労働時間の削減を実施しない権限を留保した。

深夜労働手当の改善などを求めて，印刷産業では2万5000人の組合員の内，1万1000人が全日ストに突入したが，主要なドイツ語新聞は刊行を続け，結果として1995年の協約交渉は失敗に終わった。この協約交渉の失敗で印刷産業は無協約状態となった。この闘争の結果を受けて，フランス語圏の経営者団体は旧協約の継続適用を宣言し，新たに協約交渉は行なわないことにした。(EIRR No.253 p.13)

建設産業の危機を打開するため，「雇用と投資に関する協定」が労使間で締結された。建設部門では27万人の労働者のうち1万6000人が失業しており，この協定では，連邦レベルの政策出動を要望している。建設産業労働者の労働条件の悪化を防ぐために，労使は1996年度に，実質賃金の維持，高齢労働者の労働時間短縮，弾力的な労働時間制度の導入などについて合意した。

金属産業では，労組SMUVと使用者団体ASMとの1998年度の協約交渉で，労働側は週労働時間を40時間から36時間に賃金の減額を伴うことなく短縮することを要求した。使用者団体はこれに真っ向から反対し，弾力化の必要性を強調した。それまでの労働協約では，労働時間は35時間から45時間の間に分布しており，スイス全体の平均的な週労働時間は40〜42時間となっている。(EIRR No.288 p.13)

建設産業の1998年の労働協約は，全国の職場でデモが行なわれるなど，数カ月間にわたる厳しい交渉の末に改定された。この協約は10万人の労働者を適用対象としており，当該産業の全労働者に拡張して適用される。今回の協約更改では，賃金・労働条件の変更は最小限に止まったが，向こう3年間にわたって，労働時間は週あたり30分短縮されることになった。一方，労働時間の弾力化が一段と推進され，残業の標準は月10時間から15時間に，または年間75時間に増加した。

1997年の協約交渉で，建設産業は向こう3年間にわたって，週労働時間を30分短縮する交渉を行なった結果，1999年からこの部門の週労働時間は40.5時間となった。運輸部門では，SEV労組が1社で労働時間を42時間から41時間に短縮する交渉を行なった。(EIRR No.292 p.28)

(2) 機械産業の労働時間交渉

　1998年に締結された機械産業の新協約は，2003年7月まで有効とされた。機械産業の労働協約は，スイス労使関係の一つの柱と考えられており，その内容は他の産業の団体交渉の目安として使われてきた。この新協約では，年間2080時間をベースとする年間労働時間制（Jahresarbeitzeit）を導入した。ただし，企業内協約での合意が前提となる。ここでの協約交渉は，傘下の金属労組 SMUV の代表が1998年7月30日の第2回目の投票で妥結案を支持したことで，ようやく終結した。第1回の投票では，SMUV は週労働時間を40時間から36時間に短縮する要求に応えていないとして交渉の妥結を拒否していた。同労組は機械産業における労働者の6％しか代表しておらず，他の5労組と使用者団体は労働時間の短縮をせずに妥結することを望んでいたため，制度上は，協約の妥結を拒むことは出来なかったはずであったが，SMUV の署名なしで協約を妥結させることは問題であるとする発言があり，2回目の投票を実施することになった。しかし，同労組の労働時間要求に応えると，多くの大企業が機械産業の使用者団体から脱退し，労働協約自体の価値が損なわれていく恐れがあったため，同労組も2回目の投票で妥結案を支持せざるを得なかった。金属労組 SMUV は1998年の賃金交渉においても，賃金と労働時間の短縮をオルターナティブとして要求した。(EIRR No. 297 p. 12)

5．単位組合の活動
(1) 1990年代の交渉経過

　1990年末から始まった公務員部門の争議行為は，労使紛争がスイスではもともと少なかったこともあって注目された。中でも医療関係は解決が困難になっていた。労働市場の活況もあり，医療スタッフ不足が労働環境の悪化を招いていた。そのことが，さらに採用を難しくしていた。病院は経費削減の措置を求められており，連邦政府も医師の就労時間が週50時間を超えないよう指導したが，現場を抱える州と病院当局はこれに応えることが出来なかった。(EIRR No. 206 p. 10)

　1996年度の協約交渉は緊張した雰囲気の中で展開され，週労働時間の短縮と休暇日数の増加に関する交渉も行なわれた。運輸部門では，SEV 労組が15社において

週労働時間を42時間から41時間に短縮する交渉を行なった。建築産業の一部の労働者は交渉で週労働時間を30分延長した。公務部門では，公務員労組 VPOD が地方政府の労働時間短縮の状況をまとめている。フライブルク市では，週労働時間を41時間から40時間に短縮し，そのコストは労使折半として賃金の引き下げが行なわれた。Moutier 市では42時間から41時間に週労働時間が短縮されたが，そのコストは労働者の負担とされ賃金が引き下げられた。他方，Pruntrut 市では，賃金の引き下げなしに42.5時間から40時間への週労働時間の短縮が行なわれた。航空部門では，スイス航空が，一部従業員の労働時間を１時間延長する一方で，チューリッヒ地区の地上職員の労働時間を週あたり42時間から40時間に短縮する協定に署名した。小売部門でも，コープスイス社が運転手の労働時間を漸進的に短縮する制度を導入した。この制度の下では，労働時間は1997年には43時間から42.5時間に短縮され，さらに1998年からは42時間に引き下げられることになった。(EIRR No. 280 p. 30)

　1997年の協約交渉では，公務部門で VPOD 労組がベルン市において公務員の労働時間を42時間から40時間に短縮する協定を締結した。レストラン部門では，新たな労働協約が締結され，1998年10月から施行されることになった。労働側は，この交渉で大きく譲歩し，労働時間には変更がなく42時間とされ，小規模のレストランでは45時間とされた。使用者は，週労働時間を１時間短縮した場合には，年次休暇を５週から４週に削減することが可能になった。また，これまで，労働時間の記録を証拠として保管することは使用者の義務とされて来たが，労働時間に関連するケースの挙証責任は使用者側に有利に改定され，使用者が労働時間の記録を保管していない場合，労働者側で証拠を用意しなければならないことになった。(EIRR No. 294 p. 12)

　1998年の賃金交渉において，公務部門で公務員労組 VPOD が労働者の購買力の強化と１時間の労働時間短縮または１週間の年次休暇の増加を要求した。

　SEV 鉄道労組は，地方鉄道における１時間の労働時間短縮を1999年度に実現している。交渉の結果，地方鉄道会社の労働時間は原則として42時間から41時間に短縮された。タイル職関係の労働協約でも１時間の労働時間短縮が実現した。また，

電気設備業でも1時間短縮され41時間となった。一方，室内設備業でも1時間の短縮がはかられ，労働時間は40時間となった。（Ackermann 1999）

(2) スイス国鉄における労働時間交渉

1999年から始まった交渉で，スイス国鉄労使は，画期的な週39時間労働制を導入することに合意した。労組はこれを歴史的な突破口であるとして大いに歓迎した。スイスで初めての週40時間を下回る労働時間に関する協定となった。これにより，合理化で失われるはずであった500人分の雇用も確保されることになった。スイス労働組合総同盟（SGB）も，これを歓迎して好ましい経営センスの表れであると称賛し，他の産業にも時短方針の推進を促した。SGBは週36時間労働のキャンペーンを続けてきたが，これまで使用者側は40時間を下回る時間短縮には強固に反対してきた。（EIRR No. 305 p. 12）

SEVスイス鉄道労組は，交渉開始から20回もの交渉を重ねた後に，スイス国鉄当局と新労働協約の締結に達した。40時間を初めて突破した主要な労働協約であるとして労働側は歓喜に包まれた。40時間の壁はスイスの労働関係においてイデオロギー的な意味合いを持っていた。協定自体は2001年1月からの施行となるが，39時間労働は2000年6月から実施されることになった。同時に，20通り以上の勤務時間パターンも活用した，年間労働時間制も導入した。（Ackermann 1999）

(3) スイスコム社の労働時間交渉

情報通信企業スイスコム社は試験的にではあるが，週4日労働制を導入した。この労働時間の短縮によって，企業は失われるはずであった13人分の仕事を確保することが出来た。週4日労働制は，ジュネーブ，ヴァードツ及びヴァリの各地域で就労している同社の170人の従業員が対象となった。この新しい労働時間制は2000年1月から実施された。この新しい労働時間制度の下で，労働者は週4日間で36時間労働することが求められ，また5％の賃金カットに合意した。労働者は12日間の訓練休暇の取得が義務づけられ，その費用は会社負担となった。労働組合は，スイスコム社が労働時間の短縮に合意しただけでなく，労働時間制度の再編により仕事を確保し，訓練に対する関与を強めたことにも，大いに満足した。（EIRR No. 314 p. 12）

情報通信産業の2001年1月から施行された新労働協約は，スイスコム社の1万8000人の従業員の9割が適用対象とされたが，訓練生，3カ月未満の臨時労働者，管理職，一定の範囲のパート労働者は適用除外となった。この協定では，賃金は企業業績に応じて個別交渉をベースとして決定することが明記されており，労働時間については41時間から40時間に短縮され，年次休暇は4週から5週に延長された。(Ackermann 1999)

2003年度におけるスイスコム社の協約交渉でも，はじめに若干の紛糾はあったが，一般労働協約（Gesamtsarbeitsvertlag）の更改に成功し新たな労働時間短縮モデルを導入した。このモデルは，2000人の従業員を対象として，自発的に労働時間を10〜20％削減することを認めるものである。この場合，初年度に短縮された労働時間に対応する賃金の50％をカットし，次年度はその45％が削減される。一方で賃上げの1％を放棄することが合意された。この労働時間モデルは剰員解雇を回避するためのものである。

(4) 2000年以降の交渉経過

2000年度の労働協約交渉で，SGB傘下の各単組は労働時間の短縮を要求に組み入れた。地方公務員の組合であるVPODは，賃上げとともに労働時間の短縮を要求しているが，当局は一層の経費節約措置を示唆している。国家公務員の組合であるFöVは，購買力の維持に見合った賃上げと，労働時間の短縮を求めたが，使用者側は一層の経費節減の計画を示した。(EIRR No. 311 p. 12)

2002年度のティッチーノ州の民間病院を対象とした協定では，労働時間が2時間短縮され40時間となった。また，土曜日の就労に対しては4フランのボーナスが支給されることになった。

2003年度における協約交渉では，金属産業で労働時間が0.5時間短縮され，週労働時間が40.5時間から40時間となった。ザンクトガレンではガソリンスタンドの売店を対象とした協約が初めて締結され，週42時間労働が制定された。メディア部門の労働組合であるコメディア労組は，書店の従業員を対象とした労働協約の更改を行い，1時間の労働時間短縮により41時間労働から週40時間になった。(Ackermann 2004)

新労組 UNIA が締結した一般協約（Gesamtarbeitsvertrag）では，労働時間が段階的に削減され，2004年には44時間から43時間となり，2005年には43時間が42時間に週労働時間が短縮される。スイスの長時間労働の文化（平均週42.5時間，上限50時間）の修正を試みている。(EIRR No. 376 p. 18)

2節　時間外・休日労働

伝統的な労働協約は，単にベーシックな契約時間と，時間外労働について規定するだけであったが，新たに労働時間の弾力化をとり入れた労働時間制度の下では，時間外手当は，変動の帯域の上限を，週労働時間が超えてしまった時にだけ支払われることになった。この制度の下でも，25％（週末及び祝日は50〜100％）の残業手当は一般的に適用される。しかし，労働時間の弾力化をすすめる背景には，契約上の労働時間を，顧客需要に対応して配分できるようにし，時間外労働の発生を相当の範囲で抑止し，労働コストの節約を可能にしようとする意図があった。この新しい労働時間制度は，資源のより有効な活用と，スイス産業の競争力の改善に貢献することになると使用者側は主張した。(EIRR No. 258 p. 25)

スイスでは労働時間は業種ごとに大きく変動する。スイス国鉄は39時間労働を導入したが，農業部門の労働者は週49時間から66時間も働いている。運輸部門では標準の週労働時間は46時間または48時間である。時間外労働は増加する傾向にありながら，残業手当や代替休日が付与される労働者は全体の3分の2に止まっている。長時間労働が経済成長に大きく貢献し，1990年から1999年までの10年間にスイスの労働生産性は14.4％も上昇した。一方で，政府統計の示すところでは，この間に，労働者の賃金の上昇は2.4％にすぎず，労働時間も1.4時間短縮されただけである。(Daniel)

1．時間外・休日労働と1996年の労働法改正の試み

1990年代までに，労働時間の短縮に関する国民投票は，1958年，1976年，1988年の3回実施されたが，すべて成功しなかった。後の2回は週40時間に短縮する立法

の導入を企図したものである。1990年代に入ると，連邦労働法の部分改正（労働時間の上限，残業，夜業，休日労働などの規制）に反対する国民発議が2件なされた。法改正に反対する団体（SGB，婦人団体，教会）は，夜業に関する規制を外し，日曜労働を効率的に行なえるようにするものだと批判した。

スイス労働組合総同盟は厳しい日曜労働の規制とともに，夜業に対する10％の割増がついた休養補償（Erholungsausgleich）を行なうことなどの要求を盛り込んだ提案を行い，この提案が議会で受け入れられ，スイスはヨーロッパにおいて休養補償立法を持つ最初の国となった。この法律では夜8時以降の就労要請に対する異議申立権（Anhörungsrecht）が認められており，労働者の家族生活に配慮したものとなっている。(Daniel)

1996年12月の国民投票で，労働法の改正が提案された。改正案では，夜間勤務手当の支払いが，これまでの20時から6時の間から，23時から5時までに限定され，夜間勤務についても手当と代休のいずれかを使用者が選択することになる。また，連邦政府の許可を得ることなく年間6日まで，日曜日の商店の営業が可能になるとされた。教会は日曜日の商店の営業に反対し，スイス労働組合総同盟（SGB）も夜間勤務に対する代休の付与を義務づけることを要求した。結果的に，この国民投票は否決された。

SGBは1997年の協約交渉の優先事項の一つに労働時間の短縮を掲げ，通常の労働時間を短縮し，平均週37時間として1997年度中に達成することを目標とした。また，これを国民投票に付すことも提案した。一方で，この目標は弾力的なもので，時間外労働を含むと週45〜48時間を上限として，随時交渉して決定することになるとした。また，労働時間の短縮や，例外はあるにしても日曜日は原則として休息日とすること，20時以降を夜間勤務とすることなどを盛り込んだ新たな労働法の改正を提案することにした。(EIRR No. 277 p. 14)

使用者団体とSGBは，国民投票で労働法の部分改定が拒否された後，現行規定の部分的な見直しのための交渉を続けてきたが，交渉は，労働組合が使用者側の労働市場の規制緩和の提案に反発して暗礁に乗り上げた。使用者側の提案では，夜業手当の支給を23時から5時までに限り，使用者は夜業に従事する労働者に対して手

当または代替の休息時間の付与のいずれかを選択出来ることとし，また，店舗の日曜営業も年に6日まで認めることとしていた。

SGBは夜間就労の労働者に対する適切な休息時間，労働から解放された日曜日，残業時間に対する法的規制，そして現行通りの20時から6時までの夜業手当の継続支給を求めるキャンペーンを展開した。この労使双方の歩み寄りは難しく，両当事者とも政府の問題解決のための出方を見守った。(EIRR No. 286 p. 11)

2. 1998年の労働法改正と時間外・休日労働

1998年11月29日に実施された国民投票で，1964年労働法（Arbeitsgesetz）の改正が認められ，夜業の弾力化，残業及び特別の場合の日曜労働が許容されることになった。この改正は，過去に1996年12月1日の国民投票で否決されたものと同じである。主な労働時間関係の改正点は次の通りである。

①労働基準監督署の許可がなくても6時から23時までの間の就労が許容されることになった。また5時から24時の間については労働者の同意が必要となる。

②23時以降の就労が夜業と定義された。ただし，使用者は20時以降の就労については労働者と協議することが義務づけられた。恒常的に交替制の就労を行なう場合は，就労時間の10％に相当する休息時間を労働者に付与しなければならない。ただし，交替制での就労が7時間以下または夜間交替制が週4日以内のときは例外とされる。さらに，労働協約で例外を定めることも出来る。臨時的に夜間交替制で就労する労働者は25％の手当が支給され，またこのかたちでの就労は月10日を超えることは出来ない。新たな規程では，すべての夜間交替制の就労が公的に許容されることになったが，使用者は夜間交替制に従事する労働者の個々の同意を得ることが義務づけられた。

③残業に対する公的な許可はもはや必要がなくなった。残業の定義は法定の週労働時間の上限である45時間を超える時間であるが，1日に2時間または年間で170時間を超えることは許されない。この年間の上限は改正前は260時間とされていた。さらに，シフトと次のシフトの間の休息時間は平均して11時間以上を，また，2週にまたがる場合は1暦日をおくものとした。継続的な交替制及び日曜日の交替制は

報道における技術的ならびに経済的理由がある場合にのみ認められる。この場合，労働者は50％の割増手当を受け取るとともに，全日の就労ごとに1日を代替休日として与えられる。この休日は翌週のうちに取得するものとされている。この新しい規程は，労働者が同意している場合を除いて，深夜業であるか否かを問わず，労働者を同じ交替制で6日以上就労させてはならないことを明記した。

④16歳以下の若年者の交替制や日曜日の就労は，訓練の必要がある場合を除いて，禁じられた。また，若年者は時間外の就労も禁じられた。

⑤15歳以下の児童の養育責任がある労働者に残業義務を課すことも出来なくなった。さらに労働時間のパターンを児童の養育に便宜を図る形で編成することとされた。

一方で，労働者の夜間及び日曜日の就労を要求している中小零細の事業所では，許可制の適用除外とされ，ホテル，レストラン，商店，健康事業などの部門ではすべての新労働時間規制から，恒常的に除外することになった。(EIRR No. 300 p. 12)

3．時間外・休日労働と協約交渉

1997年の協約交渉で，金属産業では，週平均労働時間を41時間，年間労働時間にして2132時間とする合意に達した。通常の残業については，代替の休息時間が用意され，また，20時から24時までの就労については25％の手当が，24時から6時までについては50％が支払われ，日曜祝日の時間外就労については100％のボーナスが支給されることになった。化学産業では，ロンザヴィスプ社が年間労働時間制について検討する作業部会を設立した。

航空部門では，客室乗務員の組合であるVSFP労組が交替制の従業員に対する有給の休憩時間を50分から30分に短縮する交渉を受諾する一方で，夜業手当を時間当たり6フランに増額させた。この交渉では同時に日曜日の就労について時間当たり16フランの定額の手当を支給する一方で，20時から6時までの夜間就労に対して付与されていた時間当たり10分の別枠の休息時間を廃止することになった。(EIRR No. 292 p. 28)

労働時間の弾力化に関する2000年度の協約交渉の大きな争点は，夜業手当であった。建築業では有利な手当が維持されたが，屋根ふき業ではそうならなかった。コープ社の新協約でもこれが削減された。スイス国鉄では新たに手当の増額が合意されたが，これはそもそも夜業の発生自体を抑制する意図に沿ったものである。航空保険部門では，完全交替制の労働者に対して2週間の復活祭の休暇の取得が合意された。(Ackermann 2000)

　スイスの労働協約交渉では法定の労働時間よりも短い労働時間協定を締結してきた。例えば，1998年のエンジニアリング部門の労働協約交渉は，2080時間の年間労働時間を達成し，週平均で40時間となった。また，1999年と2000年の協約交渉では，いくつかの協約が，労働時間の短縮を取決め，スイス国鉄の労働協約では1999年に画期的な39時間労働を協定し，2000年から実施している。それでも，2002年の時点で週66時間までの就労が認められており，スイス労働総同盟は高い水準の時間外労働について懸念していた。労働組合は，残業も含めて最長労働時間を週48時間とする時間短縮の要求を掲げた。(Daniel)

3節　労働時間の弾力化

　1995年に入ってから，労働時間の弾力化の措置に関する合意が多くの労働協約に盛られるようになった。これは，一定の期間において週労働時間の平均が契約上の時間と等しくなるならば，週労働時間を一定の範囲または帯域で変化させることを可能にするものである。単に基本的な契約時間と就業に関する規程のみをおいていた伝統的な労働協約は，大きく変容することになった。

1．フレックスタイム

(1) エンジニアリング部門における労働時間の弾力化

　エンジニアリング部門の労働協約は，契約上の週労働時間を40時間と定めた。しかし，従業員代表と経営者との協定により，年間労働時間制または"flexi Jahr"と称される労働時間モデルの導入が可能になった。この場合，1年の間で週の平均

の労働時間が，契約上の労働時間と一致するのであれば，週労働時間を30時間から45時間の帯域内で変動させることができる。この労働時間モデルでは，さらに最大40時間までは年度を越えて翌年に繰り越すことを認めた。同様の協定は，印刷産業でも締結されたが，その帯域は最短32時間から最長45時間までとされた。

エンジニアリング部門は，労働時間の弾力化に関する協定をすでに長期にわたり締結しており，その運用について具体的な経験を問うことのできる唯一の産業である。一般ベースで従業員代表との交渉に基づいて，従業員全体にこれを導入している企業は相対的に少なかった。それでも，これまでの厳格な労働時間制度が，個人の労働時間の弾力化の結果，弛緩してきたのは事実であった。こうして，多くの企業がフレックスタイム（Gleitzeit）の制度を導入し，個々の従業員は一定のコアタイムを中心として始業時間と終業時間を決定することができるようになった。タイムレコーダーを廃止するとともに，個々の従業員に出退勤記録を持たせたり，個々の労働者の労働時間管理を従業員グループに委ねる企業の数が増えてきた。

エンジニアリング部門での労働時間の弾力化に関する協定は，急速に建設，家具，木材，繊維，時計などの産業でも導入された。産別協約は一般に労働時間の弾力化に関する規程の枠組みを設定し，その施行については企業レベルの当事者の交渉に委ねられた。

(2) その他の産業における労働時間の弾力化

他の部門でも労働時間の弾力化が進んでいる。家具製造部門の1995年の新協定は，週労働時間を37時間から45時間の範囲で変動させることを可能にするとともに，基本的な労働時間を42時間から40時間に短縮させた。一方，木材産業の協定は，二つの代替的なモデルを用意している。一つは，40時間から45時間の狭い帯域で変動する，週42時間労働をベースとするモデルである。もう一つは，36時間から45時間の広い帯域で変動するが，ベースとなる契約上の週労働時間が41.5時間と少し短くなっているモデルである。両方のモデルとも個別の労働者の同意が必要で，ほとんどの企業で従業員代表が関与することはなかった。個々の従業員の雇用契約が終了した際に，就労時間の残高が平均時間を下回っていた場合は，企業の損失として処理され，不足時間の補充を従業員が求められることはない。

繊維部門の協定では，企業は6カ月間において平均就労時間が契約上の時間と等しくなる場合，契約上の週労働時間である41.5時間を4時間まで延長することができる。時計産業では，基本的な週40時間労働が規範とされたが，企業内での労働時間の変動を認める規程が全国協約で定められた。建設産業の1995年5月から施行された新協定では，37.5時間から45時間の帯域で労働時間の変動を認めており，10時間までを翌月に繰り越すことができた。(EIRR No. 258 p. 25)

　建設産業の危機を打開するための「雇用と投資に関する協定」が，1996年に労使間で締結された。建設部門では27万人の労働者のうち1万6000人が失業しており，この協定では，連邦レベルの政策出動を要望している。建設産業労働者の労働条件の悪化を防ぐために，労使は，実質賃金の維持，高齢労働者の労働時間短縮，弾力的な労働時間制度の導入などについて合意した。

　(3) 労働組合の立場

　スイス労働組合総同盟（SGB）は労働時間の弾力化それ自体に反対するものではないが，フレキシビリティーは使用者と労働者の双方に利益をもたらすものでなければならないと主張した。また，SGBは労働者の健康と安全を脅かすようなあらゆる規制緩和に反対し，雇用問題に対する思慮分別のある解決を要求した。(EIRR No. 274 p. 12)

　1996年度の協約交渉は労組にとって緊張した雰囲気の下で展開されたが，週労働時間の短縮と休暇日数の増加に関する交渉も行なわれた。運輸部門では，SEV労組が15社において週労働時間を42時間から41時間に短縮する交渉を行なった。建築産業の一部の労働者は交渉で週労働時間を30分延長した。これまで従業員は2種類のフレックスタイム制を選択することが出来たが，新しい労働協約は，これにとって代わることになった。これまで，年間を通じて週平均労働時間が42時間となるように週40時間ないし45時間の範囲で就労するか，または，年間の週平均労働時間が41.5時間となるように36時間から45時間の範囲で就労するというものであった。1998年までに実施されることになった新しい協約では，単一のモデルのフレックスタイムを基底に据えたものとなった。労働者は年間の週平均労働時間が42時間となるようにフレキシブルに週36時間から45時間の範囲で就労することが出来るように

第4章　スイス労働関係における労働時間交渉

なった。(EIRR No. 280 p. 30)

　2000年1月からスイス国鉄ではフレックスタイム制を導入した。これは週39時間労働の合意の一部を構成している。年間労働時間制の導入の動きは地方公共輸送の業界で顕著であり，印刷関係のコメディア労組は，何らかの譲歩を引き出すことなく，年間労働時間制を導入することのないように使用者を牽制している。労組は，年間の夜業が30回以下であれば，夜間手当の支給率を100％から75％に引き下げることに合意したことは注目される。(Ackermann 1999)

2．呼出し労働

　労働における弾力化の進行は，他のヨーロッパ諸国でもみられるが，そこでは労働時間の短縮を伴った形ですすめられているのに対して，スイスではそのようになっていない。このため労働組合は，目に見える形での労働時間の短縮を主要な目標に掲げた。

　典型的な契約労働や反社会的な就労パターンが，小売，コールセンター，銀行などの一定の業種では増加しており，これには夜業や交代制の就労に起因する健康面の問題も随伴している。1991年から1999年までの間に夜業を伴って就労する労働者の数は31万5000人から52万1000人に増加した。臨時的就労やオン・デマンドでの就労のような不確かな労働の形態が増えている。これら契約は不安定であり，この様な形態で就労する労働者の多くは女性であって，大きな不利益を生じている。(Daniel)

　不規則なパートタイム労働の形として，「呼出し労働」(Arbeit auf Abruf) がある。労働者は自宅または容易に連絡のつく場所で待機し，使用者は必要なときに労働者を就労させる。連邦裁判所が，この様な形態の労働関係を法認したため，一層盛んに利用されるようになった。しかし，労働者の人格の一般的保護を定めた債務法27条は，呼出し労働の労働時間の上限を規制している。使用者からの呼出しに備えて労働者が待機している時間も賃金が支払われるものとしている。(Mahon　p. 105)

　「呼出し労働」と呼ばれる新しいタイプの就労形態は，1990年代の後半に急速に

157

広まった。労働者は就労を固定されることはなく，また，労働時間の下限を保障されているわけでもないが，一方で，「呼出し就労」(Pickettdienst) として使用者の自由な労働力の処分に委ねられている。使用者は，労働力を必要とするときには何時でも労働者を呼び寄せることができる。連邦裁判所は1998年5月の判決（ATF 124/1998 III 249）で，この様な働き方が債務法の規定に違反するものではないことを認めているが，企業外で労働者が使用者からの呼出しのために待機している時間についても使用者は賃金を支払わなければならないとしている。(Mahon p. 96)

一方，連邦裁判所の1998年12月の判決（ATF 125/1999 III 65）では，呼出し労働の利用にあたっては，債務法の定める枠組みを十分に尊重しなければならないとしている。提供する仕事の量を一方的にかつ実質的に削減する決定を使用者が行うことは債務法335条cの違反となる。すなわち，債務法が告知期間として定めた保護を尊重していないことになるからである。したがって労働者には告知期間の最後まで，報酬を支払わなければならない。(Mahon p. 97)

呼出し労働において，使用者が呼び出すか否か分らない段階で，労働者が待機している際に支払われる賃金の本質については議論の余地がある。連邦裁判所の2件の判決では，いずれも賃金は支払われなければならないとしている。しかし，この特殊な報酬は労働者の期待する稼働率に依存するとともに，個々の事例ごとに決定されることになる。使用者が呼出しを全く行わなかった場合には，労働者には法定の解約告知期間中の平均賃金の支払いを受ける権利があるとされた。(Mahon p. 119)

4節　休暇・休日・休憩

1．休暇

長期の交渉と300カ所以上での抗議行動の末に1995年1月から建設産業で新協約が施行された。この協約は12万人の建設産業の労働者に直接に適用される。新協約では，年次休暇が5週間（50歳以上の労働者は6週間）に延長された。(EIRR

No. 252 p. 11)

　時計産業では，新しい労働協約の下で休暇日数が延長された。1998年から，50歳以下の労働者の場合，これまでの4.5週から5週間に休暇が増加することになった。50歳以上の労働者は，これまでの5.5週から6週間に取得できる休暇が延長された。19と20歳の従業員の休暇は現行の5週から6週に延長され，見習い契約における第3年度の訓練に対応できるようにした。見習い契約の第1年度と第2年度の訓練に対応した休暇の付与はこれまで通り，それぞれ7週と8週に維持された。美容・理容業における新協約では，従業員が同じ店で，4年以上勤めたときに0.5週の休暇が上乗せされることになった。(EIRR No. 280 p. 30)

　醸造業の労働協約では年次休暇の改善がはかられ，2000年1月から，20歳から44歳までの労働者は年次休暇が1日増えた。さらに，35歳以上45歳までについてはもう1日休暇が増えることになった。タイル業の労働協約では年次休暇が1日増え，塗装業でも55歳以上の労働者に対する1週間の特別休暇が合意された。スイスコム社でも年次休暇が1週間増え4週から5週となった。(Ackermann 1999)

　スイス労働総同盟は，2000年の交渉を総括して，休暇休日の延長については大きな成功を納めたと評価した。その顕著な改善は以下の通りである。フランス語圏の建設業及び引っ越し業では年次休暇が4週から5週に延長され，50歳以上については5週から6週への延長となった。建築業では，休日が2日増え，コンクリート製造業でも休日が2日増えた。スイスコム社でも，年時休暇が4週から5週に延長された。(Ackermann 2000)

　メディア企業のイデースイス社は2001年1月から施行される協定から，新たにフルタイム従業員の労働時間の30%以上を就労する短時間労働者にも，これを拡張して適用することになった。これは年間でフレックス制の場合，538時間以上，または日勤あるいは交替制で100日以上の就労に相当する。新協定では，すべての従業員に対して年次休暇を4週から5週に延長した。50歳以上は5週から6週に増加した。55歳以上は6週から7週となった。一方で，年間の祝日における休日数は13日から10日に減少となったが，実質的には2001年度に休日が2日増え，2002年1月からはさらに2日増えることになった。(Ackermann 2000)

小売業大手コープ社の2001年1月から施行される新協定では，49歳までの従業員に対して5週間の休暇を，また59歳までの従業員と訓練生には6週間，60歳以上には7週の休暇が付与されることになった。さらにすべての従業員が11日の祝日を休日としてとることが出来るようになった。この協定はすべての月給制のフルタイムとパートタイムの従業員に適用される。時給制で働いている者も，通常の労働時間の半分以上を就労している場合は，月給制を選択することが出来る。(Ackermann 2000)

　スイス労働組合総同盟（SGB）が集約した2001年度の労働協約交渉では，休暇の付与に関して前年度に引き続き，顕著な改善の傾向がみられた。特に郵便，スイスのフランス語圏の建築業，引っ越し業，及びコンクリート製造業，インテリア内装業，食品，病院などで休暇日数の改善が進んだ。

　2001年度の労働協約交渉では，フランス語圏のスイスでは，建築業及び引っ越し業（Ausbaugewerbe Romandie）で，0.5時間の労働時間短縮に成功し，週41時間労働となった。また，2日の休日増も同時に達成された。時計製造業では，36時間労働制の導入に失敗した。情報通信産業の郵便労働者は，2002年1月から施行される新協定で，労働時間を変更しないままで，常勤者の休暇を改善する合意がなされた。50歳までは5週，51歳以上60歳までは6週の休暇が定められた。非常勤の従業員については変更がなかったが，3年以上継続勤務した場合，自動的に郵便労働者の労働協約が適用される優遇措置がとられることになった。(EIRR No. 341 p. 16)

　2002年度の化学部門の協約交渉では，年次休暇の付与日数が1.6日増えた。この協定は技術系の労働者にも拡張されることになった。エンジニアリング部門でも絶縁碍子製造関係では，2003年1月から2007年12月まで有効となる協定において，21歳から59歳までの従業員に3日の年次休暇を，また，訓練生に対しては5日を増加して付与することになった。また，労働時間を40時間に短縮した。情報通信部門の新協約では，1500人の労働者を対象として，週労働時間を42時間とし，45歳以上の従業員の年次休暇を5週とすることにした。(EIRR No. 352 p. 27)

2．休日・休憩・休息

　1997年の協約交渉では，航空部門では，客室乗務員の組合であるVSFP労組が交替制の従業員に対する有給の休憩時間を50分から30分に短縮する提案を受諾した。この交渉では20時から6時までの夜間就労に対して付与されていた時間当たり10分の別枠の休息時間を廃止することになった。

　1998年に締結された機械産業の新協約では，「時間貯蓄制度」が作られた。この制度では，個人の勘定に225時間まで超過時間を貯蓄でき，必要に応じて休養や訓練の目的でこれを引き出して使用することが出来る。また，13カ月目の賃金を復活することと引替えに，残業手当なしで使用者は週労働時間を45時間まで延長できることになった。協約で合意した週労働時間はこれまで通り40時間とされた。(EIRR No.295 p.12)

　1998年11月29日に実施された国民投票で，1964年労働法（Arbeitsgesetz）の改正が認められ，恒常的に交替制の就労を行なう場合は，就労時間の10％に相当する休息時間を労働者に付与しなければならないことになった。ただし，交替制での就労が7時間以下または夜間交替制が週4日以内のときは例外とされる。また，労働協約で例外を定めることも出来る。シフトと次のシフトの間の休息時間は平均して11時間以上を，また，2週にまたがる場合は1暦日をおくものとした。(EIRR No.300 p.12)

　2003年度における協約交渉では，一般労組SMUVは，家屋建築関係の職種の労働協約を更新した。新協約は2004年1月から2007年12月まで適用される。新たに時間外労働の上限を設定し，週労働時間を43.25時間から42時間に短縮した。また年間の休日を3日増やした。メディア部門の書籍販売業の労働協約では，労働時間が41時間から40時間に短縮され，出産休暇が10週となった。この出産休暇は，終了後，従前の企業に復帰すると否とを問わず適用される。(Ackermann 2004)

3．労働時間短縮策としての休暇延長

　2004-2005年度の協約交渉では，労働時間の短縮に関して，休暇協定の改善が特徴として指摘できる。特に，労働時間短縮の方法として休暇の延長が好まれてい

161

る。クリーニング業では長い労働時間を平均に近づけるために休暇制度の活用がすすめられた。公務員部門の労働組合VPODは，ソロツールン州で休暇を3日増やした。民営化後の郵便事業者との協定では通信労働組合GeKoが1週間の休暇延長に成功した。また，郵便車輌の運転手の労働時間を週2時間短縮している。また，航空輸送事業においても整備士の労働時間を42時間から40時間に短縮し，空港サービス関係の労働時間を40時間から38時間に短縮した。

新労組UNIAはクリーニング部門において，嚆矢となる重要な3件の労働協約を締結した。これらの労働協約は，2万6350人の労働者に適用されることになった。この結果，ヴォー州の50歳以上で勤続15年以上の労働者は，5週の年次休暇を取得することになった。ドイツ語圏の労働者は2年継続して週1時間短縮され，2004年度は43時間，2005年度は42時間になる。セメント製造業でも新労組UNIAが年次休暇の改善交渉を行い，1日の休暇増が実現した。ジュネーブでも同様の成果を得ている。建設技術者の労働時間は年間16時間短縮され，週労働時間が43.25時間から42時間となった。

公共輸送部門ではSEV労組が，スイス国鉄及びマッターホルン・ゴッタルト鉄道，ベルン・ソロツールン鉄道，アルプス鉄道と労働協約を締結した。新協定では，すべての労働者に5週の年次休暇が与えられ，50歳以上は6週，60歳以上は7週の休暇が用意されることになった。夜業や休日労働の代償措置も改善された。
(EIRR No.376 p.18)

むすび

労働時間の短縮に関する国民的なコンセンサスが十分に形成されない中で，労働時間の短縮をめぐる労使の交渉は，ナショナルセンター，産業別，部門別，地域別，あるいは単位労組，企業レベルで精力的に推進された。周辺諸国に見られるような長期のストライキを構えた全面的な対決には至らず，伝統とされている産業平和は維持されているものの，厳しい交渉となっており，双方の当事者はそれぞれの状況を斟酌しながら着地点を模索している。時間外や休日労働の規制を通じた総労

働時間の短縮に向けた取組みが進む一方で，労働の人間化の視点と企業活動の繁忙の時期的な波動性の双方に対応した労働時間の弾力化も進展している。しかし，極端な弾力化の形態である「呼出し労働」(Arbeit auf Abruf) の出現は，労働の人間化とは正反対の方向に機能することになり，早くも判例法理の展開の中で規制を受けている。また，スイスでは EU 諸国に比して労働時間の短縮が遅滞する中で，年次休暇制度の整備，延長による労働時間の短縮の取組みが注目される。

文献資料

EIRR: "European Industrial Relations Review" No. 206 (Mar 1991)〜No. 376 (May 2005).
Thomas Fleiner, "Swiss Constitutional Law", Kluwer Law International, 2005, Staempfli.
Pascal Mahon, "Labour Law in Switzerland", Staempfli, Bern 2001.
Ewald Ackermann, "Vertrags-und Lohnverhandlungen 2003/2004. Eine Ubersicht aus dem Bereich der SGB-Gewerkshaften" Nr. 84, 2004,.
Ewald Ackermann, "Vertragsverhandlungen 2000, Eine Übersicht aus dem Bereich der SGB-Gewerkschaften" Nr. 75.
Ewald Ackermann, "Vertragsverhandlungen 1999, Eine Übersicht aus dem Bereich der SGB-Gewerkschaften".
Daniel Oesch und Regula Rytz, "Die Arbeitszeit Verkürzen. Argumente Arbeitszeit-Initiative des SGB" Nr. 79, 2001.

第5章 スイス労働関係における均等取扱いと多様性の確保

はじめに

　ベルリンの壁が崩壊した後，大きく変化したパラダイムの中で，ヨーロッパ中央に位置する小国スイスは，ヨーロッパ連合に加盟せず，伝統的な中立政策を貫いてきた。その労働関係も1990年代から今日まで，国内外の幾多の要因によって，大きな変容を遂げてきた。本章では，この間のスイスの労働関係における均等取扱いの促進と，多様性の確保に向けた各々の当事者の取組みについて検討することを目的としている。ここで注目されるのは，ヨーロッパにおいて，取りわけ家父長的な家族関係と雇用関係を残してきたスイスでの，女性や外国人の就労に関する規制の変化である。労働組合の粘り強い運動と先進的な企業の活動の展開が，スイス社会に残る労働の面でのパターナリズムを変えつつある。また，地理的にも，四方をEU諸国に囲まれたスイスは，欧州連合（EU）に加盟はしていないものの，加盟各国との調整を積極的にすすめて通商面での支障が生じないように努めてきた。しかし，このことが一面では，外国人の就労に大きな陰りをもたらすことになった。

1節　問題の所在

1．女性の賃金格差

　1996年の連邦均等法の施行により，職場の機会均等については一定の進歩が見ら

れた。多くの女性が教育を受けて，就労するようになり，労働力の45％は女性になった。しかし，今も男性はフルタイムで働き，女性は家族の世話をするためにパートタイムで働く傾向があり，「男の仕事」と「女の仕事」の間の伝統的な配置に関しても大きな変化は見られない。賃金面の格差も一般的であり，月収が3000フランに満たない賃金で働く女性は，1996年の21％から2000年には18％へと減少しているものの，多くの女性は男性よりも低い賃金で就労している。(Natalie 2003)

1996年の賃金交渉において，女性の賃金が4％引き上げられたが，男性のそれは3％に止まった。しかし，女性の賃金月額はなお低位に止まっており，平均で男性の5400フランに対して女性のそれは4100フランであった。男女の賃金格差は顕著である。(EIRR No.296 p.12)

2．パートタイム就労と女性

フルタイム就労を希望しながらパートタイムで働いているマイノリティーが存在する。2002年の時点で雇用全体に占めるパートタイム就労の割合が30.7％となっており，EUの平均である18.2％と比べても著しく高い。しかし，スイス企業の中核を構成している中小零細の事業者は，フルタイムの雇用に対応できない現実もある。企業にとって労働における弾力性を維持することは重要であり，ジョブシェアリングや労働時間の一時的な削減などの労働時間モデルの検討がすすめられている。(EIRR No.357 p.21)

女性は労働の現場で，不安定な就労を強いられることが多い。スイスでも，働く女性の多く（55％）はパートタイムで就労しているが，男性のパート就労は9％にすぎない。実に，全パート労働者の82％が女性である。この現実は，女性がキャリア形成，就労機会さらには社会保障へのアプローチなどの面で，不利な立場に置かれていることを意味する。2001年9月に発表された政府統計によると，女性の失業は男性の3倍以上にも達する。一方で，女性は家事に男性の2倍以上の時間を費やしている。(EIRR No.337 p.18)

しかし，女性の賃金改善は，パートタイム就労において顕著である。月収3000フランに満たない収入で，正規の半分以下の時間を就労する女性の比率は18％から13

％に減少している。同じく月収3000フランに満たない収入で正規の50％から90％の時間を就労する女性の比率も29％から23％に減少している。一方，月収3000フランに満たない収入でフルタイムで就労する女性の比率には変化がなく，概ね19％程度で推移している。この背景には，職業訓練のコースを修了してから，パートタイムで就労する女性が5％増加している一方で，フルタイム就労の場合は，コース修了者は3％に止まっている現実がある。能力開発が進んだ女性の場合，パートタイムで就労していても，技能を身につけていないフルタイムの女性労働者よりも，賃金面で有利な状況にある。(Natalie 2003)

3．外国人労働者の権利の平等

スイスの労働力人口の特徴として，全体の25％に及ぶ外国人労働者の存在を指摘できる。万一，外国人労働力の追加的な供給が途絶えるようなことがあれば，年率2％の経済成長を維持することは困難になり，0.5ポイント程度の低下は避けられなくなると見られている。スイスはEUとの間で人の自由な異動に関する相互協定を締結しており，域内からの労働力の流入もあり，ヨーロッパでは最も人口稠密な国の一つである。未熟練の外国人労働力の移入を抑制しているが，一方で，熟練労働力の不足は深刻である。(EIRR No. 357 p. 20)

外国人がスイスでパートタイム就労する場合，すべて許可が必要となる。ただし，特別の規制の下に置かれるボランティア活動は，この例外となる。スイスに居住する外国人の家族も，同様の規制が適用される。農業における臨時的な2～3週の短期のパートタイム就労であっても許可が必要となる。パートタイム就労の場合，週あたりの労働時間数によって労働者としての権利の中身が変わってくる。1週間に同一の使用者の下で8時間以上就労すると，フルタイムの労働者と同じ処遇を受けることができる。(David p. 67)

外国人労働者の就労許可件数を規制している外国人法（Ausländergesetz）の施行規則では，各州は外国人労働者の割当を受ける前提として，季節労働者や越境就労者の最低賃金を制定しなければならないと定めている。この最低賃金額は当該の職種または地域で通常スイス人労働者に支払われているものと同額でなければなら

ない。スイスでは約30万人の外国人労働者が最低賃金の適用対象となっている。(EIRR No.242 p.28)

2002年6月，スイスとEU加盟諸国との間で，人の自由な移動を定めた協定が締結された。この協定の締結により，外国人法が大幅に変更されることになった。EUの市民権を持つ外国人の法的地位は，スイス国民のそれと同じ扱いとなるが，それ以外の外国人はその法的地位が大きく異なり，原則として厳格な規制が適用される。(Hanspeter s.23)

4．企業の取組み

1980年代まではスイス社会でも，女性は家庭に留まって子育てに専念するべきだと，一般に考えられてきたが，今日では，働く女性に対する人々の考え方にも変化が見られ，先進的な企業では，これにも機敏に対応した施策をすすめている。(EIRR No.355 p.22)

スイスの多国籍企業の一つであるロシュ社は，バーゼルに本部を置き，2002年度には基幹事業の売上が265億フランを記録した。全世界で6万2000人もの従業員を雇用している。ロシュ社は，スイス国内においても，バーゼルと周辺のカイザーアウグスト，ライナハ地区で約7900人の正規従業員を雇用している。この地区の従業員の国籍は57カ国に及び，スイスが46％，ドイツが26％，フランスが13％，イタリアが3％，イギリスが2％，アメリカが0.7％などとなっており，国籍の面でも多様である。

正規従業員の性別は32％が女性で68％が男性である。従業員の89.5％がフルタイムで就労しており，10.5％はパートタイムの就労となっている。パートタイムの従業員の10％が男性で残り90％が女性である。全体としては男性スタッフの1.4％がパートタイムで就労しているのに対して，女性スタッフの28％がパートタイムでの就労である。最も一般的なパート就労のモデルは所定時間の75％を働くものである。ロシュ社では，パートタイム就労の際の処遇の改善もすすんでいる。

女性の就労状況は部門によって異なっており，製造部門のシフト勤務についている女性はほとんどいないが，一方で製薬開発部門では従業員の61％が女性となって

いる。情報技術部門の従業員の5分の1は女性であり，研究開発部門の4分の1も女性であるが，均等取扱いと就労支援の措置がすすんでいる。(EIRR No. 355 p. 22)

スイスにおける世界的な金融事業会社であるクレディスイス社も，2002年末において，全世界で7万8457人もの従業員を雇用しており，スイス国内における従業員数は，フルタイム労働者換算で銀行業務に2万1270人，保険業務に7063人となっている。クレディスイス社は，その機会均等施策において，スイスの国内立法の水準を遥かに凌駕している。機会均等を促進するための措置が積極的に採用されており，職業能力開発と教育訓練，弾力的な労働，パートタイム専門職の雇入れ，ジョブシェアリング，親休暇などの多彩な施策を従業員は活用できる。

2002年に最高経営執行委員会と重役会は，クレディスイス社が拠りどころとする企業文化を維持するための全社的な行為規範の制定を了承した。この行為規範の中で，普遍的な価値が置かれる文化とは，従業員と企業が一体感を持ち，問題意識を共有していることである。包括的な行為規範が，既存の規則，規程，指示を補足する役割を果たす。

クレディスイス社の多様性促進チームは毎年，スイス国内の事業所における雇用機会均等の促進に関する努力の成果を報告している。2002年の調査結果では，スイス地区の中間管理職の20％，上級管理職の10％が女性になっており，前年比の増加率ではそれぞれ6％と4％の伸びを示している。(EIRR No. 356 p. 18)

2節 均等取扱い

1．法規制の展開

(1) EU法との関係

EU加盟各国は，1957年のローマ条約によって共同市場を開設して以来，その均等条項に服してきた。ローマ条約は，国籍に基づく差別を禁じており，理事会に対して差別禁止のための措置を策定する権限を付与してきた。また，この条約は加盟国に対して男女間において同一労働同一賃金の原則の遵守も義務づけていた。1999

年5月にアムステルダム条約が発効し，非差別原則を強化する新たな条項（13条）が追加された。この条項は，機会均等原則と密接に結びついており，理事会に性別，人種，民族，宗教，信条，障害，年齢あるいは性的志向にもとづく差別と戦うための適切な行動をとる権限を与えている。この13条に基づく行動として，欧州理事会は続いて二つの均等取扱いに関する指令を発出し，これらは2000年に採択された。これらの指令は，差別からの保護に関するEUレベルでの立法の枠組みを，著しく拡張するものとなった。

EUに加盟していないスイスは，均等取扱いに関するEU法の規制を受けることはないが，すでに均等取扱いに関するいくつかの国際条約の締約国となっている。この中には，1972年に批准した同一報酬に関するILO100号条約，1997年に批准した女性に対するあらゆる形態の差別の排除に関する国連条約なども含まれる。

⑵　連邦憲法の平等規程

1981年に修正された連邦憲法の14条2項が，家庭，教育，労働の分野における権利の平等を定めている。この規程は同一価値労働に対する同一賃金を基本権としてうたっているが，1996年に施行された連邦均等法は，憲法の同一賃金条項の実施を促進するものである。また，連邦均等法は，反差別，反セクハラ条項を含み，より一般的な雇用の分野における性的平等の推進を目的としている。(EIRR No. 355 p. 22)

連邦憲法8条3項は男女が対等の権利を持つとしている。この規程は相対的平等の原理に対する特別法を構成して，法のもとにおける絶対的平等取扱いに準じた措置を求めている。原則としてジェンダーは国家による不平等取扱いの根拠とはなりえない。連邦裁判所の判例法理（Bundes Gericht Urteil 123 I 56, 58）は，「生物学的及び機能的差異」に基づいて当然に絶対的平等取扱いの例外とされる場合にだけそれを認めている。(Thomas s. 164)

連邦憲法8条3項は男女の同権を規定しており，労働における平等取扱いに対する配慮がなされている。男女間での同一価値労働に対する同一賃金の支払いが求められる。この原則は私法上の雇用関係においても適用される。1985年6月，労働裁判所はこの原則を初めて，男性同僚の職務能力を上回っている女性の臨時工に適用

した。1990年8月にはチューリッヒ州行政裁判所は，チューリッヒ市に勤める6人の看護婦について，典型的な女性の職種に関する間接的賃金差別を認めた。この判決（Urteil des Verwaltungsgerichtes des Kantons Zürich vom 24. 8. 1990）の後，チューリッヒ州は，同一賃金の原則を同一の労働だけでなく，態様は異なっていても同一価値の労働にも適用するようになった。1996年7月，均等法（Gleichstellungsgesetz; GIG）が施行され，連邦憲法8条3項の同一価値労働同一賃金の原則がより良好に適用されるようになった。さらに，労働生活全般にわたって男女の均等取扱いを促進するための配慮が求められることになった。(Hans s. 221)

同一価値労働同一賃金の原則を規定した連邦憲法8条3項は，基本権または自由の侵害を理由として，私人である使用者を訴追できる直接的な権利を付与した，非常にユニークな憲法規程である。(Ackermann 1998)

(3) 均等法と割当制

連邦憲法8条3項は，立法府が法的及び実質的な平等の保障をすべきことを定めている。とくに家庭，教育及び労働における平等を強調している。1995年に連邦議会は男女間の平等を促進するための連邦法（SR115）を制定した。この法律は男女の平等を政府内だけでなく民間部門すなわち労働法の世界においても効果的に推進することを意図したものである。差別と効果的に戦うために，この法律は調停，集団訴訟，証拠手続の簡易化などのいくつかの手続規程を含んでいる。(Thomas s. 165)

連邦憲法8条2項及び3項は，性的差別に反対して，男女平等の原則を宣言している。この条項はとくに同一価値労働について同一賃金の支払いを求める男女の権利に対して適用されている。均等法も1996年以降，この原則を具体化している。同法は，また賃金，職業訓練の領域と同じく採用，配置，労働条件の領域においても，労働者の性に基づくあらゆる種類の直接及び間接の差別を禁じている。また企業におけるセクシャルハラスメントを防止する規程も含まれている。

採用とセクハラの際の差別を除いて，すべての領域で挙証責任の転換がはかられており，女性は差別があったことの蓋然性のみを説明出来ればよいとされる（均等法6条）。差別があった場合，使用者は差別の停止を命じられ，賃金の3カ月分か

ら6カ月分の損害賠償の支払いを求められる（同法5条）。(Mahon p. 143)

男女の平等を促進するにあたって「割当制」(Quatas) は，もう一つの議論の分かれる問題である。連邦裁判所は「割当制」が争点となった有名な二つの事件で，この問題の処理に取り組まなければならなかった。ソロツールン州事件では，州政府のすべての機関で同州の女性人口の比率に対応して人員の配置を行うとした，住民発議の合憲性に関する判断 (Bundes Gericht Urteil 123 I 165, 170) がなされている。連邦裁判所は，この場合の「割当制」の許容を排除した。「割当制」は，男女間の実質的な平等を保障するためには，適切ではないというのが連邦裁判所の見解である。さらに，ソロツールン州事件の枠組みは，連邦憲法34条の「参政権に対する不当な制限」を構成することになるとの懸念を示した。しかし，その後のウリ州事件では，連邦裁判所は，ウリ州政府機関内の平等を促進する枠組みが，当然に違憲となるものではないという判断 (Bundes Gericht Urteil 125 I 21, 29) も示している。(Thomas s. 165)

2．労働組合の問題提起
(1)「女性の日」のストライキ

平等原理が連邦憲法の中に規定されているにもかかわらず，性差別はスイス社会の中に，しっかりと根付いていた。そこで，スイス労働総同盟 (SGB) は，権利の面での男女平等の確立を要求する「女性の日」のストを，1991年6月14日に実施することにした。当時，女性の賃金は男性のそれより30％も低く，家事は女性の仕事と見做され，働く女性にとっては大きな負担となっていた。女性労働とくに家事や育児は，社会保障行政においてあまり評価されておらず，管理や行政の職に従事する女性も少なかった。低賃金の単調な職種に就く女性が多いなど，性差別に関する現実について，社会の注意を喚起することが，このストライキの目的であった。スイス労働総同盟は，働くすべての女性に対し，6月14日は仕事をやめて，また家事をしている女性にも，ストライキ集会に参加するよう呼びかけた。また，男性の同僚や配偶者にも，この行動に対する連帯を訴えた。(EIRR No. 207 p. 9)

1991年6月14日，スイス労働総同盟が呼びかけた「女性の日」の行動で，数千人

の女性がストライキに参加した。この日の行動では，男女の権利の平等をうたった連邦憲法の規程制定10周年を機会に，スイス社会で女性差別がなお継続していることを訴えた。スイス労働総同盟によると，約50万人の女性が何らかの形でこの日の行動に参加し，約20万人の女性が街頭行動に参加した。とくにスイス西部の時計産業では，この日，多くの女性が低賃金に抗議して1時間の職場放棄を行った。また，家庭にいる多くの女性も，買い物やその他の家庭の雑事を拒否して支援の意思を表明した。スイス労働総同盟は，この「女性の日」の行動の成功を大きく評価している。当時，金融スキャンダルやマネーロンダリングで低下していたスイスのイメージも，この日の行動が国際メディアで報道され，広範な関心を呼んだことから，その印象の改善に役立ったとしている。当時，スイスの女性の10人のうち9人までが，独立した生計が可能と考えられる収入の下限である月収3500フラン以下で働いており，男性の10人中3人と比べて賃金面でも大きな差異があった。(EIRR No. 210 p. 10)

(2) 協約交渉の展開

1996年の協約交渉では，厳しい状況の中ではあったが，機会均等の促進が議論のひとつの焦点となった。時計製造業の労働協約では，スイスの機会均等立法の規程に沿って性差別と戦い，賃金の平等を実現するための条項を定めた。販売，営業，運輸，食品関係の労働者を組織する労働組合（VHTL）によれば，これらの産業部門で新たに締結されたすべての労働協約が，男女の機会均等に関する規程を取り入れていた。公務部門の労働組合（FöV）は，女性職員の比率が1992年以来，2.5％増加したことを受けて，公務行政における機会均等委員会の設置について，協議することで当局と合意した。(EIRR No. 280 p. 30)

引き続き，1997年の協約交渉も困難な状況の中ですすめられたが，機会均等の推進については一定の成果を納めた。エンジニアリング部門の労働組合（SMUV）は，女性労働者の賃金改善を目的とした新しい給与制度の導入を展望した新協約を締結している。化学産業のロンザ・ビィスプ社の協約交渉では出産休暇を10週から14週に増加することで合意している。流通関係の新労組であるUniaはジュネーブの小売業部門で，セクシャルハラスメントと戦うための条項を含める協約交渉を展

開した。(Ackermann 1998)

　郵便労働者の組合は，2001年の労働協約交渉にあたって，同一労働同一賃金の原則にとくに配慮した。この同一労働同一賃金の原則は，郵便労働者の新協約の締結交渉の際に，指導原理の一つとされた。新協約は，他の理由に基づく差別とともに，性差別を禁じており，交渉当事者双方に対して機会均等政策の遂行を義務づけた。また，サービス部門の労働組合（VPOD）も，いくつかの州で，女性の典型的な仕事とされている業務に，より良い労働条件を適用させるために，職務分類の再編成を要求し，これを実現することに成功した。(Ackermann 2002)

⑶　均等取扱いの促進

　同一労働同一賃金の原則を達成するためのキャンペーンは，何度も展開されてきたが，それでも女性の就労している職場での男女間の平均的な賃金格差は，2002年度において，なお20％程度存在した。中でも大きな矛盾は，ホテル・レストランや対人サービスなど，女性が58％から78％と多く就労する部門での賃金格差が大きく，保険，銀行，証券など女性の就労の少ない部門で，女性の賃金改善がすすんでいることである。(Natalie 2003)

　Unia 労組は，クリーニング部門で初めての重要な3件の協約交渉を行った。この交渉の結果は2万6350人の労働者に及ぶことになる。また，ヴォー州では，一般拘束力宣言を伴うクリーニング・ランドリー部門の協約が締結され，15人以上の従業員を雇用するすべての事業所が適用の対象となった。そこでは最低賃金が0.5フラン引き上げられ，16.25フランとなった。また，16週の出産休暇が定められ，セクシャルハラスメントに関する規程も整えられた。さらに，50歳以上で15年以上勤続した従業員は5週間の休暇を取得できるようになった。(EIRR No. 376 p. 19)

　労働組合 Unia は，2005・2006年度の協約交渉において，労働者の購買力を高め，消費需要を刺激するために実質賃金の引上げを要求するとともに，男女間の賃金に関する均等取扱いの要求も行っている。(EIRR No. 380 p. 15)

⑷　パートタイム就労における権利の確保

　スイス労働総同盟は EU のガイドラインに沿って，フルタイムとパートタイム労働者の制定法上の権利の平等を促進する施策の導入を求めて，1997年下期に予定さ

第5章 スイス労働関係における均等取扱いと多様性の確保

れている国民投票で発議することになった。

　コープ社及びミグロ社の労働協約が，その適用範囲にパートタイム労働者を含めたことは，産別労組（VHTL）にとって機会均等をすすめる上で大きな一歩であった。労働組合は，この成功を機会均等政策の突破口として評価している。一方で，パートタイム労働者にとって残業とは何かを定義することの重要性と，賃金分類が間接差別を導くことのないように配慮することの必要性も強調している。(Ackermann 2002)

　スイス連邦参議（Bundesrat）は2002年に，これまでの労組（VHTL）に加えて，小売部門において新たに二つの労組（UniaとSyna）が協約当事者として適格とされる旨の決定を行った。また，Uniaは鉄道駅やガソリンスタンドに設けられている売店の店員について，その特殊性から別個の協約の締結を求めている。小売・食品部門の協約交渉は企業レベルで行われており，労働組合（VHTL）はパートタイム労働者に労働協約を拡張して適用するとともに，月額3000フランを超える水準に最低賃金を引き上げることにも成功した。(EIRR No. 352 p. 29)

　2004年の協約交渉では，繊維産業における産業別協約の更改が行われ，すべてのパートタイム労働者に産業別協約が適用されるとともに，男女間の賃金平等原則も導入された。また，女性が職業訓練を受講する際の機会均等の原則の導入も規定された。

　Unia労組は，ジュネーブを含まないフランス語圏のスイスで，2005年5月から一般拘束力宣言を伴う労働協約を締結している。この労働協約は125社，6000人の従業員が対象となり，そのうち5000人はパートタイムでの就労者である。職種別の最低賃金は月額3050フラン（時給16フラン）とされた。「13カ月目の賃金」の支給がパートタイム労働者も含むすべての労働者に段階的に実施されることになった。(EIRR No. 376 p. 19)

4．企業の対応

(1) 大企業の先進的な施策

　製薬部門大手のロシュ社における機会均等措置は，スイスの国内立法の遥か先を

行っている。ロシュ社の企業としての機会均等原則は1990年に最初に定められた。同社の経営執行委員会は，2003年1月に機会均等原則の見直し，修正及び追加を行い，2月には取締役会の承認を受けている。企業の成功は，熱心な従業員の才能と努力にかかっているという同社の確信が，同社の均等政策推進の根拠になっている。組織のすべての構成員に対して，お互いの権利と尊厳の尊重を呼びかけ，個々人の能力の開発及び平等と多様性の促進のために，会社が積極的に関与する決意を表明している。(EIRR No. 355 p. 22)

　金融大手のクレディスイス社も，賃金の平等のための取組みをすすめており，男女間の同一価値労働労働同一賃金に関する外部の賃金比較調査の実施にも関与している。これまでの成果をまとめると，中間層及び上層の管理者の女性比率を高めたこと，6カ月間の出産休暇の権利，育児施設の設置，情報冊子「妊娠・子育て・就労」が発行され，必要な情報が包括的に提供されたこと，賃金の平等を促進するための戦略，多様性に関するニューズレターの発行，多様性に関するイントラネットの開設，等をあげることが出来る。企業における多様性を促進するためには，上層の管理者の支援と関与が重要である。

　(2) 企業の外に広がる取組み

　クレディスイス社は，企業内の施策だけでなく，連邦政府と連携し，均等取扱いに関するプロジェクト等の外部の活動にも参加している。多様性促進部は，普段からノバルティス社などの他の大企業の同様な部門との連絡をとっている。2003年から授与されることになったザンクトガレン州の「家庭にやさしい企業大賞」の創設にあたっても授賞基準に関する議論などに参加している。会社の公務部門は，子育て中の女性が働き続けるためにとくに重要な学校の始業就業時刻の調整などの問題について，政治家に対するロビー活動も行っている。(EIRR No. 356 p. 18)

　大学卒業生を対象とした2002年の調査で，クレディスイス社は最も魅力的な使用者のトップランクに位置づけられている。従業員の自発性の高さは，金融サービス業界における競争力の高さと考えられ，従業員の高いロイヤリティーの証でもある。より良い生活と労働のバランスを実現するために，パートタイム，テレワーク，ジョブシェアリング等の労働時間モデルを用意している。これらの措置を利用

する従業員の数も増えている。しかし，これらを利用する従業員は，夫婦ともに教育水準の高い中間層の労働者に限られている。教育が低く経済的に良好でない場合，同様な支援措置が提供されても，まず収入の増加に関心を示し，個人の能力開発の機会を得ることにはあまり関心を示さない現実がある。

(3) 機会均等代表の制度

ロシュ社には機会均等代表の制度が置かれている。機会均等代表の初期の業務は，主としてジェンダーの問題の取扱いに関連するものであった。実際に，当初は女性問題代表（Beauftragte für Frauenfragen）という肩書が与えられていた。公平性を確保するために，企業のラインマネージメントの外に機会均等代表は置かれており，直接，人的資源部門の長に対して報告を行うことになっている。人的資源部門の長はさらに，企業の経営トップ（Konzernleitung）にこれを報告するものとされている。この機会均等代表は，2002年の夏から人的資源管理チームの7人のメンバーの中に加わっている。ジェンダーは重要な活動の部分であるが，将来の活動の中心はロシュ社従業員の多様性の管理に移っていくと見られている。(EIRR No. 355 p. 22)

機会均等多様性代表の緊要な業務は，その存在と活動に関する情報を従業員に周知することである。この場合の主要なターゲットは製造部門である。この部門では，機会均等や多様性の促進のために何が可能かということについての従業員の意識が，低い段階にとどまっている。ラインの管理職は，トップダウンとボトムアップの二つの方法により，言葉だけでなく，草の根のレベルでも機会均等と多様性の促進に関する活動を周知する機会の確保が求められている。日々の場面で，問題が大きくなる前の小さなうちに解決できるようにすることが必要であり，すべての段階で双方向のコミュニケーションを充実させることが期待されている。女性の昇進をすすめ，その機会を拡大するためには，内部に大きな勢いが必要であり，機会均等の文化は，その促進に役立つ。能力開発とキャリア形成のための均等な機会が用意されている企業では，人種，年齢，健康といった多様性のすべての要素が企業の成功に貢献することになる。

(4) セミナーとネットワーク

　ロシュ社の機会均等促進部は,「女性とリーダーシップ」というコンセプトの下で,「女性とリーダーシップ」ネットワークを立ち上げ，2003年10月から運用を開始することになった。また，ジェンダーに特化した訓練を提供するプログラムも2004年中に始まる。ここでは，経験の浅い女性管理職が経験豊かな女性管理職から指導を受ける機会も用意されている。また，機会均等促進部は女性のリーダーシップに焦点を当てたセミナーを開催しており，会社の管理能力開発プログラムにおけるセッションも含んだ形で計画されてきた。このセッションのいくつかは女性に限定されており，他のセッションもリーダーシップとジェンダーを扱うことになっている。

　ロシュ社の女性中間管理職は8％にとどまっているが，下級管理職では23％が女性となっている。経営のトップの層にはまだ女性はいない。機会均等促進部は，女性管理職の育成に関する施策として，リーダーシップやリーダーシップ戦略について，広範に討論する一連のセミナーを開催しており，これらのセミナーは中間管理職の女性を増やそうとする会社の目標に沿って企画されている。現場のリーダーやグループリーダーあるいはマイスターとして活躍することが，女性にも期待されており，下級管理職の女性は，さらに製造現場の中間管理職に進出していく準備を求められている。

　ロシュ社の従業員だけを対象にしたものではないが，女性のキャリア形成の促進を狙いとした，4週間の実践コースが用意されている。このコースは，家族のために勤務を中断していた後に復帰したアシスタントや工場労働者を対象としており，「全国多様性ネットワーク」によって設置され，ロシュ社がプロジェクトとして運営している。このコースの参加者は，情報技術分野の進歩や仕事に適応できるよう最新の情報が提供され，能力向上のためのアドバイスや，仕事に使うアプリケーションの訓練などが受けられる。参加者は利用料の負担が要らない。また，ロシュ社の社員でない参加者も，コース終了後，何人かは同社に就職している。(EIRR No. 355 p. 22)

3節　多様性の確保

1．スイスにおける外国人政策の展開

　ヨーロッパ自由貿易連合（EFTA）とヨーロッパ共同体（EC）との間の「ヨーロッパ経済圏」条約で定められている「労働力の自由な移動の原則」は，スイスの外国人政策にも抜本的な見直しを求めることになった。スイスの連邦政府は対応策を検討し，外国人について3種のカテゴリーを定め，経済移民と政治難民を明確に区分することを提案した。

　1990年末の時点で，スイスの全人口650万人のうち外国人居住者は110万人に増加し，新たに記録を更新した。また，外国人労働者は86万4000人で労働力人口330万人のうちの26％を占めるに至った。加えて毎年何万人もの外国人が，政治難民の認定を求めてスイスに入国している。外国人居住者の数は膨大になっているが，移住してきた外国人労働者は厳格な規制のもとに置かれている。外国人労働者の多くは「季節就労」（Saisonnierstatut）の資格で入国しており，Aカテゴリーの就労許可が与えられているが，単一の使用者の下での就労と，9カ月ごとに一旦帰国することが義務づけられており，家族を呼び寄せることは禁じられている。

(1) 厳格な規制の帰結

　スイス労働総同盟は，外国人労働者に対するこのような扱いに反対する運動を展開しており，とくに季節労働者の問題に取り組んできた。1990年の9月にはベルンでこの問題についての大規模なデモンストレーションが展開された。

　一方で，その経済的な帰結の面からも，制限的な外国人労働者政策に対する批判が高まっていた。1981年に入国した外国人労働者のその後の異同を，時系列的に分析した調査研究（Straub 1991）では，大部分の外国人労働者は季節就労の資格で職業生活を開始しており，建設，ホテル，飲食業，農業などの構造的に脆弱な部門で雇用されたことが明らかとなっている。その後，4年が経過した時点で就労先についての自由な選択が許されるようになり，製造業や大規模な輸出産業などの部門に転職して行く。この調査では，スイスの厳格な外国人労働者政策が労働市場の運

用に大きな非効率をもたらしていると指摘している。移住してきた外国人を季節就労に限定する規制は，生産性の低い産業部門の向上を遅滞させるとともに，外国人労働者がその後，高い生産性を持った先進的な産業部門に参入するために必要な，適切な技能の修得を著しく困難にしてしまう。このような外国人労働者政策には人権の面からも批判がなされており，労働組合や左派政党は，季節就労の資格に伴う規制が，外国人労働者の職業選択や家族との同居を妨げているとして，懸念を表明している。「通年就労」の資格を持った外国人（Jahresaufenthalter）だけが，一定の規制の下で，4年の時間の経過を待たずに，定住権を全面的に認められる。

このような規制は経済的な問題だけでなく，情緒的な問題をもひき起こしており，スイスの外国人労働者の多くは，国内に横溢している外国人労働者批判の世論の潮流の高まりの中で感情を害していた。ヨーロッパ共同体各国に国境を開くことによって，より貧しい加盟国から移住者が殺到するということが，外国人労働者批判の主な理由となっている。

連邦政府は，新しい外国人労働者立法を通過させ，国内の情緒的な面の対立を緩和するためのキャンペーンを集中的に実施した。1992年半ばに予定されている，ヨーロッパ経済圏条約の批准に向けた，国民投票までの時間を有効に活用する必要があった。(EIRR No. 212 p. 14)

(2) 統合ヨーロッパとスイスの孤立

ヨーロッパ経済圏の加盟の可否を問う国民投票が僅差（50.3％）で否決されたことから，スイスは統合ヨーロッパの中央で自らを潜在的に孤立させることになった。国民投票の結果は，言語圏によって明確に分かれており，ヨーロッパ経済圏条約に対してドイツ語圏では反対がはっきりしており，フランス語圏では賛否が半々である。連邦大統領である Rene Felber は，言語圏の間の亀裂に重大な懸念を抱いた。使用者も労働組合もともに，この投票には賛成の態度を表明していたが，国民投票での否決は連邦政府に大きな打撃を与えた。大統領はこの投票結果に大いに失望したが，ヨーロッパ共同体への加盟こそがスイスと連邦政府の目標であることを繰り返し力説した。連邦政府首脳もできるだけ多くのスイスの法規制を，ヨーロッパ共同体のそれと調和させる計画を継続する意向を示した。

この投票結果は，短期的な視点からは金融，経済面での変化を生じさせるものではないが，多くのスイス企業は，ヨーロッパ共同体域内への生産拠点の再配置を検討し始めた。

スイス労働総同盟は，厳しい時代になるがデマや雑多な論評に惑わされず，労働組合が提供する客観的な情報に沿って落ち着いて行動するよう組合員に呼びかけた。また，使用者側がこれに伴う経済的困難を理由に，規制緩和のキャンペーンを推進し，協約交渉において，賃金や労働条件の引下げの攻勢を強めることを警戒した。スイス労働総同盟は，連邦政府に対してヨーロッパ共同体との交渉を継続し，一両年のうちにヨーロッパとの関係に関する投票を再度，実施するよう要望した。(EIRR No. 229 p. 12)

(3) 外国人労働者のカテゴリー

ヨーロッパ経済圏構想は，ヨーロッパ共同体（EC）加盟の12カ国とヨーロッパ自由貿易連合（EFTA）に参加する7カ国すなわちオーストリア，フィンランド，アイスランド，リヒテンシュタイン，ノルウェー，スウェーデン及びスイスの各国が協力して，自由な人，物，サービス及び資本の移動を伴う単一の市場を構築しようとした。スイス政府も，ヨーロッパ共同体及びヨーロッパ自由貿易連合の域内と，相互に労働の自由な移動を原則とする提案をした（BIGA 1991）。これが実現すると，それまでの外国人労働者規制は大きく変容することになり，家族の呼び寄せや財産の取得も認められることになる。これらの権利は，域内各国におけるスイス人労働者の権利の取得と引替えに，認められることになるが，この適用を受けるのが第1のカテゴリーの外国人である。

連邦政府が検討している第2のカテゴリーの外国人は，北米，中東欧の諸国からの出身者である。これらの諸国は民主主義と人権を尊重しており，このカテゴリーは政治的というよりも経済的側面からの分類になる。これらの諸国からの移住者は選択的な割当制度のもとに置かれ，これまでの「季節就労」と同じ扱いになる。しかし，労働組合はこのような取扱いに反対しており，量的な規制のみをこのカテゴリーに適用し，すべての外国人労働者が均等に権利を享受できるようにすべきだとした。将来におけるヨーロッパ経済圏の域内からの移住者の増加によって，第2の

カテゴリーに対する割当の増減が調整されることになるが，制度の過渡期における家族の呼寄せなどを除けば，域内からの移住者の顕著な増加は見込まれないと予想された。

　第3のカテゴリーの外国人は，第1及び第2のカテゴリーを除く，他のすべての諸国の出身者となる。これらの国々からの移住者は，需要の多い専門技術者を除いて事実上，抑止される。第3のカテゴリーには，政治的な難民認定希望者が含まれることになるが，連邦政府は外国人政策と難民政策を明確に区分する方針である。これまで実施されてきた政策の調整を意図したものであり，政治的な難民認定が認められなかった者について，経済面からの移住希望者の割当に含める措置がとられたことから，移住希望者が人種や国籍を理由に差別される弊害が顕在化していた。新しいコンセプトでは，欧米諸国出身の労働者を中心とした，民族的，文化的により同種の移住者の流れに切り替えて行くことになった。

(4)　ヨーロッパ経済圏構想と外国人労働力

　ヨーロッパ経済圏条約の批准を待って，この規制は実施されるが，経済面での影響は多方面に及ぶものと見られた。労働市場において，多くの外国人労働者がより賃金の高い産業部門での就労を選択することが可能になることから，これまでの「季節就労」の資格に伴う規制で恩恵を受けてきた，生産性の低い産業部門の労働コストが上昇することになる。これに伴い，合理化や事業所の閉鎖といった構造的な調整も増加するものと見られた。一方で，同時に技術革新のすすんでいる部門では，専門的な技能を持った外国人労働力に対する需要を，もっと効率的に賄うことができるようになる。この二つの傾向は，スイスの産業に生産性の向上をもたらすことになる。他方，スイスがヨーロッパ経済圏に組み込まれると，東欧や南欧の低賃金の労働力を求めてスイスの企業は，その事業の一部を国境を越えて国外に移転する動きが強まると見られた。スイスが維持してきた高い水準の産業における雇用が結果的に減殺されることになる。一方で，欧州におけるカルテル規制との整合を図ることと，食料品価格の低下から国際的な競争が活発になり，スイスの国際競争力は改善が予想された。

2．外国人の就労実態

　スイスの経済面での成功の多くは，外国人労働力の流入によってもたらされたものと言ってよい。外国人はスイスのいたるところで見かけることができる。多くの企業も相当数の外国人労働者を雇用しており，大手25社の経営層の半分は外国人で占められている。スイスの外国人労働者は100万人に達しており，労働力全体の4分の1を占めるに至っている。1990年代初めの世界的な不況は，スイスの労働力政策の流れを変え，多くのスイス企業は労働力の削減をすすめ，スリム化の努力を重ね，競争面での実質的な強化をはかった。それ以前は，剰員解雇は「経営の弱さの証明」であるとされたが，今や，それが「勇気ある決定」であると見られるようになった。1992年以降，スイス企業は労働力の削減をすすめ，多くの使用者が業務をかつての従業員に下請けに出すという「契約労働」を推進した。同時に企業はコスト削減のために，生産や研究の拠点を国外に移転させた。しかし，このような企業の大変動にもかかわらず，労使関係は良好に推移し，他の何れの先進諸国と比べてもストライキは極めて少なかった。長い間にわたって「失業したスイス人」という命題は明らかに矛盾であった。それでも，1990年代初頭には，失業率が6％に達し，20万人もの失業者が発生した。これは1930年代以来，スイスが経験したことのない高い水準であった。2004年の時点では，高い水準にある州もあるが，この失業率は4.3％に低下した。

(1) 外国人労働者の増加

　不況にもかかわらず，外国人の数は記録的な水準に達し，2003年には160万人を超え，全人口の20％を占めるに至った。ジュネーブはとりわけ高い水準にあり，人口の約40％が外国人である。この数字には国際機関の職員や外国大使館，領事館の館員とその家族，さらに季節就労者や難民認定希望者など合計で10万人を超える外国人の数は含まれていない。加えて，毎日国境を越えてスイスに通勤している越境就労の外国人が19万人もいる。外国人の60％はヨーロッパ連合加盟諸国とヨーロッパ経済圏域内の諸国の出身者であり，次いで，23％が旧ユーゴスラヴィア，5％がトルコの出身者である。一方で，スイスも労働力の輸出を行っており，60万人以上のスイス人が外国で居住し，就労している。

(2) 国民投票の推移

　経済的な必要から外国人を雇用することは，政治的にホットな問題を含んでいる。スイス国民は，一般に客人としての外国人と調和しながら生活と労働を営んできた。しかし，外国人労働者の数を大幅に減少させることを，声高に主張する者も，少数ではあるが国民の中に存在する。過去30年間にわたって彼らは，外国人居住人口の削減を求める国民発議を提案できる程度の国民の支持を取り付けてきた。これらの発議はすべて失敗してきたものの，スイス人と外国人居住者との間に緊張を生じさせている。失業率が3％を超えた産業部門での外国人労働者の新規就労を禁じる国民発議が，1996年にチューリッヒ州でなされたが，国民投票の結果，拒否されている。(David p. 20)

　一方で，1992年12月，歴史的な国民投票において，スイスの国民は財，サービス，資本，及び人の自由な域内の移動を認めるヨーロッパ経済圏への加盟も拒否した。ヨーロッパ経済圏への加盟が将来のヨーロッパ連合加盟の先駆になると見られていた中で，この投票結果は，スイスの将来に関するドイツ語圏住民とフランス語圏住民の間の深刻な亀裂を浮彫りにし，刺々しい対立を創り出してしまった。スイス西部のフランス語圏住民は圧倒的にヨーロッパ経済圏への加盟を支持しているが，一方でドイツ語圏，イタリア語圏住民の多くはこれに反対した。2001年4月のヨーロッパ連合加盟交渉の開始を提案した国民投票も，77％の反対に対して僅か23％の賛成という結果で大失敗に終わった。(David p. 21)

(3) 二国間協定の推進

　この間，スイスはヨーロッパ連合加盟各国との二国間協定の交渉をすすめ，加盟各国の国民がゆくゆくはスイス国内においても完全に自由な労働移動ができるように，またスイス国民もヨーロッパ連合加盟各国で同じことができるように準備してきた。この協定は2002年7月に発効したが，今後12年間かけて段階的に実施されることになった。

　これまで，スイスは高い労働コストや熟練労働力の不足にもかかわらず，スイス国内への外国企業の投資や生産拠点の誘致に成功してきた。しかし，今日ではそれも困難になってきている。さらに加えて，スイス企業はヨーロッパ連合加盟諸国を

第5章　スイス労働関係における均等取扱いと多様性の確保

中心として，益々国外への拡張をすすめており，ヨーロッパ経済圏への加盟拒否によって，この動きには一段と弾みがついた。スイスの産業とともに，この加盟失敗で大きな影響を受けたのはスイスの若年者である。彼らは，ヨーロッパ経済圏域内各国での就労や訓練が困難なことから大きな不利益を受けている。それでもスイスは，ヨーロッパ経済圏域外での活動に挑戦し，1990年代初めの不況の後，記録的な輸出増加に主導され力強い経済の回復を示した。2000年に国内総生産の伸び率は4.1％を達成し経済の健全さを示したが，2004年末には1.9％に低下している。(David p. 23)

(4)　外国人の職業資格と教育訓練

スイスで外国人が常勤の職に就くためには通年の滞在許可が必要であり，この割当は短期の許可と比べて大変に少なくなっている。外国人に用意されているほとんどの常勤の職は特別の技能，資格，経験を必要としており，これらは通常スイス国内における公用語であるドイツ語，イタリア語，フランス語を流暢に操る言語の能力よりも重要視されている。外国で取得した資格は，教育訓練の期間やカリキュラムがスイスの同等の資格と対応する場合に認められる。今日では，スイスとヨーロッパ連合加盟各国との二国間協定で，ヨーロッパ連合に根拠を持つ資格や学歴は，以前は除外されていた教師，法廷弁護士，事務弁護士，医師，歯科医師，薬剤師，獣医などの専門的職業に関するものまでも含めて，認められるようになった。それ以外の諸国についてはなお制限が残っているが，これらの諸国からの外国人も，長期滞在やスイス人との結婚などにより，スイスでの居住権が認められ，教育訓練を経て試験に合格すると，制限のある分野でも就労が可能になる。技能を持ったスイス人が不足している州では，個別にこのような規制を緩和しているところもある。(David p. 30)

3．違法就労と難民認定

(1)　厳格な違法就労外国人の規制

スイスで公的な居住許可を得ないで外国人が就労することはできないが，闇経済の違法な労働市場は活況を示している。その理由は，使用者にとって外国人を就労

させるための許可の取得がしばしば困難であることと，外国人が，これに伴う使用者の相対的に高い賃金の申出に対して，結果のリスクを取ろうとするからである。過去に，スイスで違法に就労する外国人は15万人を数え，その多くがホテル，レストラン，農場，建設現場あるいはクリーニング工場などで働いていた。この問題に焦点を絞った対策が講じられるようになってから，この数字は大幅に低下した。それでも悪辣な使用者は，低賃金と劣悪な労働条件で違法に，外国人を手軽に就労させている。ジュネーブは，闇経済の下での闇就労のメッカとなっている。使用者は，葡萄の収穫など数週間程度の短い期間だけ外国人の就労を求める場合，就労許可申請の手続を厭う傾向が見られる。

　スイスでは許可のない外国人の就労は厳格に違法とされている。闇経済の下での就労は使用者にとっても労働者にとっても大きなリスクを伴う。違法に外国人を就労させた使用者は1人に付き5000フランの罰金を徴収され，さらに不法入国を助けた場合には収監され，10万フランの罰金が課されることになる。許可がおりるのを待つ数日の間でも違法に就労すると，罰金を徴収され，許可の申請もキャンセルされる。就労許可のない外国人は公的年金や企業年金に加入できず，失業保険や疾病・傷害保険にも入れない。また，法定の雇用保護も受けられない。（David　p. 33）

　(2)　難民受入れ枠の縮小

　難民認定希望者は，スイス到着時に難民認定の申請を行わなければならない。この申請の処理がなされている間，難民認定申請中であることを証明する書類が交付される。避難民の状態に関する審査が行われている間の，最初の3カ月は就労が禁じられている。今日では避難民を装って就労許可を得ることは大変に難しくなっている。申請者の中で難民認定を受けられる者の割合は少数に止まっている。3カ月経過しても，審査がまだ終わっていない場合，宿泊，飲食，洗濯，農業，建設などの限定された領域での就労だけが認められる。難民認定申請が却下された場合，申請者は所定の期日までに，通常は直ちにスイスから退去しなければならない。申請が認められた場合，特別の「F」または「N」標記の難民認定証が交付される。相当の年数が経過して再審査が行われたなどの例外的な事情がある時は「C」標記の

認定証が交付される。

　難民申請が認められると割当を受けた州は，難民に対して住居の提供と，生活の支援を行なう義務を負う。単身者には兵舎型の集合住宅が用意され，家族を伴っている場合は家具などの用意のあるアパートが提供される。難民が就労する場合，低利または無利子の融資を地元の市町村から受けることができる。しかし，スイスは難民とその受入れに関して多くの困難な問題を抱えており，受入れに反対する市町村も少なくない。

　スイスでは難民の苦境に対する同情は，国民の間で共有されている。スイスで難民認定を希望する者は，難民認定がなかなかおりないという厳しい現実とともに，経済的な面での困難を感じることが多い。難民認定希望者の増加は，一部のスイス人の排外主義的な心情を刺激しており，難民に対する人種差別主義的な攻撃も少なくない。彼らは，近年，薬物絡みの犯罪が急増したことの責任の多くが，難民や不法移民にあると考えている。

　これまでスイスは，世界中の紛争地域からやってくる多くの亡命者の聖域であった。しかし，スイスは最早，その受入れの限界を越えており，押し寄せる難民を前にしてスイス政府も難民政策の変更を余儀なくされている。(David s. 69)

4．企業における多様性の確保

(1)　企業理念としての多様性

　ロシュ社は傘下各社及び従業員に適用される共通の最低基準を定めた雇用方針を発表した。この方針では，採用，昇進，能力開発などの際に，多様性の尊重と差別の禁止及びハラスメントに関する不寛容を強調している。1992年以来，会社によって設置された機会均等代表は「言葉でなく行動を」というスローガンのもとに熱心な活動を行っている。この機会均等代表の制度は，ロシュ社も参加した1987年の国民発議に含まれていた。このポストは社会で起こっている機会均等に関する問題についての議論を深め，人々の関心を高めるために設けられた。この問題は1987年頃から注目を集めるようになり，産業界内部においても論点となり始めた。ロシュ社の反差別方針は1996年から導入されている。(EIRR No. 355 p. 22)

クレディスイス社の雇用促進部は多くの計画を持っており，障害者，高齢者，マイノリティーに関する理解の普及を順次すすめて行くことも，その一つである。この中では，パートタイム雇用とともに，代替的な就労モデルの提示など，高齢者に対する配慮が強調されている。これまで関心は，子育て中の女性と差別を受けやすい男性に対する配慮に集中する傾向があったが，この場合は教育訓練の実施が有効である。

　女性が労働力として期待されることは重要であり，また，人々が健康状態の改善により，長い期間にわたって就労できるようになることも期待されている。クレディスイス社の定年は65歳であるが，若年選択定年制度がある。(EIRR No. 356 p. 18)

　あらゆる種類の差別とハラスメントから解放された労働環境の実現と，機会均等の支援をうたっている，クレディスイス社の行為規範は，すべての従業員に適用があり，20カ国語に翻訳されている。同社の多様性に関する管理の要点は，機会均等を実現することと，年齢，人種，国籍，ジェンダー，宗教の違いによる差別を認めないことにある。多様性に関する施策をコーディネートする責任は，スイス国内では多様性促進部の長にある。同部は戦略部門としてラインの管理機構の外側に置かれており，同部の長は人的資源部門の長に対して直接具申ができる。また独自の予算を持っており，多様性代表が外部の会合等に出席することができるようにしている。(EIRR No. 356 p. 18)

　ヨーロッパレベルでは企業が，多様性に関わる問題について，配慮の水準を引き上げることは一般に困難であると見られている。また，従業員も状況を変えていくための初期の段階に止まっている。この問題に対する汎ヨーロッパ的なアプローチに関しては，いまだにヨーロッパ共通の普遍性は存在しないと考えられている。ヨーロッパの企業はアメリカ流の多様性のアプローチには馴染まない傾向がある。多様性の導入には強力な企業経営の裏付けがなければならない。

　他方で，多様性に関する情報やアイデアを交換するためのフォーラムが存在する。スイスの多くの大企業やヨーロッパの企業が参加する「多様性に関する円卓会議」もその一つである。優れた実践例の共有と評価の機会を持つことはとりわけ生

第5章　スイス労働関係における均等取扱いと多様性の確保

産的であり，企業が相互に学びあえることが少なくない。

　クレディスイス社は，クォータ制を初め労働力の女性比率を高めるための人事システムは採用していない。しかし，機会均等の実践倫理は，経営の上層からの権利擁護により，徐々に社内に浸透している。同社は新たに女性を人的資源部門の長に抜擢しているが，一つのポストについて同じ能力の男性と女性の候補者があった場合は，多様性促進部では，常に女性の候補者を採用するよう働きかけている。

　⑵　多様性を支えるコミュニケーションと情報

　多文化企業として，ロシュ社はひとつのチームに通常，異なる国々の出身者10人を含めることにして，多文化間コミュニケーションの重要性を強調している。会社はニューズレターの中で，非西欧地域の文化と慣習について，従業員が相互に理解を深めることを訴えている。

　女性従業員に特化したコース，より一般的なコース，社内の訓練開発部門が実施するセミナーなどに加えて，会社は様々なセミナーやグループ討論を実施して従業員の個別の層に対しても情報の提供を行っている。「感受性」という中間管理層を対象としたセッションでは権力の濫用や，「ムービング」と呼ばれる心理的なハラスメント，セクシャルハラスメント，リーダーシップ，職場におけるジェンダーなどに関する情報を提供している。

　情報交換を改善するための双方向のコミュニケーションは，企業目標を達成するための鍵であると考えられている。そこで，個人の能力開発を促進するための通常のフィードバックとともに，広範なトピックスについて講演者を招いてランチトークも開催されている。この企画は年間10回開催されており，すべての従業員に案内が送られている。(EIRR No. 355 p. 22)

　クレディスイス社の多様性促進部は，学位取得者や大学生の協力を得て，企業の内外に対するプレゼンテーションも行っている。すべての従業員を対象として特定の問題に的を絞ったランチセミナーが行われている。コミュニケーションに関するセッションでは，「ネットワーキングと変化する経営」などのテーマで様々な角度から複数の専門家が議論を展開する。「ストレスマネージメント」などのテーマのランチプレゼンテーションも好評であった。これらの一連のイベントは魅力的で評

価も高く参加者も増えている。企画の開始当初は女性の参加者がほとんどであったが，その後，男性の参加者も40％程に増えてきた。2002年まで，このランチセミナーはチューリッヒのみで開催されていたが，大変に人気があるのでベルン，ザンクトガレン，クールにおいても開催することになった。多様性促進部は，また，学生グループや他の企業等の外部の人々に対するプレゼンテーションを実施する計画も用意している。

多様性促進部は社内雑誌である「多様性ニュース」を発行しており，年齢，ジェンダー，宗教，さらにはストレスマネージメント，心理ハラスメント，言語の差異などの多様性に関する中心的なテーマについて様々な情報を提供している。これから取り組むことになる課題としては国籍の差異やゲイの人々の処遇の問題がある。2003年1月からチューリッヒではゲイのカップルの登録が認められるようになった。多様性に関するニューズレターやその他の情報はインターネットでも提供されている。

(3) 多様性と人事政策

ロシュ社では良好な機会均等政策は，従業員の採用と維持に役立つと考えられており，この領域では同業他社との協調も存在する。多様性代表は他社との間で意見を交換し，成功事例を検討することも可能であり，実際に成果をあげている。スイスの主要企業が参加する「全国多様性ネットワーク」の会合においてフォーラムが開催されることもある。同社の多様性代表は，他社の専門家と理念を共有できることの積極的な側面を強調している。多様性の問題について，競争の要素を持ち込むことは有益ではなく，相互の協力の可能性を追求すべきである。(EIRR No.355 p.22)

クレディスイス社も多様性促進部では，機会均等と多様性への要求を，従業員全体に関連する，ビジネスの成功戦略として位置づけている。良い従業員を確保し，「選ばれる使用者」であり続けるために的確な施策を展開することが重要である。ビジネスにおける「能力の戦い」においては，高い潜在能力を持った従業員と，そのノウハウ及び経験を維持することが至上命題であると企業は考えている。有能な従業員に退職されてしまい，新たに優れた従業員を採用するとなると，コストが高

くつくというだけでなく，経営戦略の展開に大きな齟齬を来すことになる。優れた採用候補者にとって，その職業能力の向上が保障されているか否かが，入社を決意する際の鍵となる。多様性促進部は，有能な従業員の採用，確保そして能力開発という経営目標の支援を行っている。将来における労働力人口の減少という長期的な傾向と，それに伴う将来世代の職場選択の基準の大きな変容からも，ビジネスの場面における多様性が重視されている。労働は挑戦であり，満足をもたらすものである。良い機会，承認，報酬そして生活とのバランスなどについての考え方は変化している。今日，一般に従業員が示す忠誠は企業が期待する程には大きくない。これらの傾向は，同社が毎年行っている学生のグループとの討論の中でも価値観の変化として現れている。1990年代には彼らにとって，賃金の高さが就職先選択の鍵であったが，今日では，広がりのある，より良い生活ができるなら賃金は多少低くても構わないとしている。(EIRR No.356 p.18)

4節　保護のシステム

　スイスの労働法（旧33条）は，使用者に対して女性の健康に慎重な配慮を払うとともに，その道徳性の保護のために適切な措置をとるべきことを定めていたが，なんとも家父長制的な保護の概念であった。施行規則Ⅰは，一部の科学的活動，短期的業務を除いて今も，女性の坑内作業を禁じている（66条）。この禁止はスイスも批准しているILO45号条約を根拠にしている。1998年3月の労働法改正の以前は，女性の労働時間に関して特別の規制が行なわれており，原則として女性の夜業と休日労働は禁じられていた（34条）。

　女性の夜業の禁止は，国際的な労働条約とりわけ1906年のベルン条約で確立されており，とくにILO89号条約を初めとするILO条約は，工業で使用される女性の夜業禁止に大きな役割を果たした。周知の通り，1991年7月のヨーロッパ裁判所の判決を受けて，連邦議会は，労組の反対にもかかわらず，この条約の批准を廃止し，労働法を改正し，これを2000年8月から施行した。(Mahon p.143)

　これにより，15歳以下の児童の育児責任を持つ労働者には残業義務を課すことが

できなくなり，また労働時間のパターンを育児の必要に適合するように努めることとされた。労働時間以外でも，労働条件のすべての分野で男女間の差別が禁じられることになった。（EIRR No. 300 p. 12）

1．夜業規制

　1964年の労働法がこれまで禁じてきた製造業における女子の深夜業について，これを解禁する計画が物議をかもした。連邦政府はこれを推進するためのキャンペーンを展開した。政府は折衷的なプランを提示し，法改正にあたっては夜業に従事するすべての労働者の労働条件を改善することとした。とくに，23時以降の深夜に就労する労働者に1.5週間の年次有給休暇を上乗せして付与するとしている。さらに保健医療の面の給付も改善する。これら改善は製造業だけでなく，サービス業に従事する者にも適用される。

　スイス労働総同盟は1993年9月末に，政府提案に関する公式の論評を行い，経済的な理由からの夜業に対する規制の強化や，家族責任を持った労働者の効果的な保護に関する条項が不在であることなど，いくつかの問題点について懸念を表明した。（EIRR No. 236 p. 14）

　連邦議会は労働法（Arbeitsgesetz）の改正作業をすすめたが，ここでの議論の焦点は，労使及連邦通商産業労働省（BIGA）との間の妥協に基づいた夜業に関する政府案である。製造業における女性の夜業を禁止したILO89号条約の批准を取り消す1992年の政府決定により，労働法の部分的な改正が必要となった。労働組合は抗議の嵐を巻き起こし，これに対応して政府は男女の夜業に関する立法の改革及び健康と安全に対する十分な配慮を行うことを決定した。この妥協案では，女性の深夜業の禁止を立法から除くとともに，その見返りとして，恒常的に夜業や休日労働に従事するすべての労働者に対して休暇を追加して与え，夜業に従事する労働者に対して一定期間ごとに健康診断を実施し，健康面から夜業が好ましくないと診断された場合，昼間の同様の職種に配置換えできるようにした。

　長期の夜業に従事する労働者の健康と安全面から，保護の必要性を訴えていたスイス労働総同盟は，この政府案に一定の評価を与えた。しかし，使用者側はこの折

衷案に距離をおいており，これまでも夜業や休日労働の際の追加的な休日の付与には反対を表明してきた。(EIRR No. 256 p. 12)

女子の夜業を禁じたILO89号条約の批准を廃止する政府決定に基づいて，再度行われた1996年12月の国民投票では，女子の夜業を解禁する労働法（Arbeitsgesetz）の一部改正の発議がまたも拒否された（EIRR No. 276 p. 13）。1996年12月の国民投票で労働法の一部改正が拒否されたことは，規制緩和と自由化に対する拒否でもあるとして，スイス労働総同盟は，健康上の理由から女子の夜業を引き続き禁じることを，1997年の運動方針における優先事項として設定した。(EIRR No. 277 p. 14)

1998年6月の国民投票では，1964年労働法（Arbeitsgesetz）の改正がようやく認められ，夜業，残業及び特別の場合の休日労働などの弾力化が可能になった。これは1996年1月の国民投票で拒否された事項と同じものである。これとともに，性差別を禁止する規程も承認された。

2．有給出産休暇

1964年の労働法は，妊娠中及び授乳中の女性の保護を定めている。妊娠中の女性の権利は，連邦憲法においても保護されている。連邦憲法は，家族責任について配慮すべき義務を課している。出産後8週までの間の就労が認められていないにもかかわらず，法定の出産手当が支給されていなかったことから，出産手当を導入する立法が検討されてきた。

妊娠中及び育児中は残業を求められることがなく，また，産前産後それぞれ8週の間は解約告知ができず，出産後8週間は就労が許されなかった。さらに8週間を自宅で過ごすこともできる。多くの企業では，これまでも独自に出産手当を支給してきた。大企業では独自の出産支援プログラムを用意しており，例えば，ロシュ社では，従業員とラインの管理者との間で，出産休暇に入る前に関連して生じる諸問題の個別的解決を図るための相談がガイドラインに沿って実施されてきた。同社の従業員は，4カ月間の出産休暇が有給で付与されている。州においても500フランから1200フランの出産手当を支給しているところもあった。(David p. 56)

1999年6月の国民投票では，国家の拠出により，これまでの賃金額の80％が保障される14週の有給出産休暇を導入する発議が否決された。スイス大統領ルース・ドレフュースは有給出産休暇の法制化に熱心であったが，国民の過半の支持を得られなかった。この国民投票の結果，スイスは引き続きヨーロッパ諸国の中で唯一，有給出産休暇の制度を持たない国となった。

　スイス労働総同盟は，国民投票の結果を，男女の平等と職場における女性の均等取扱いを求めるキャンペーンの後退であるとして，遺憾の意を表明した。また，この結果を受けて，使用者側に対して，有給の出産休暇を制定するよう働きかけを強化した。航空保険部門は，2000年の労働協約交渉で，出産休暇に関して著しい改善が見られた。新しい労働協約は有給の出産休暇を16週から24週へと大幅に延長した。時計製造業の2001年の労働協約では，有給の出産休暇が14週から16週へ2週間増え，有給の育児休暇も10週間設定された。（Ackermann 2002）

　すべての女性を対象とした出産保険からの給付は，連邦議会において審議がなされていたが，すでに，民間部門で働く女性の約半数が，賃金の16週分の出産手当の支給を定めた労働協約の適用を受けていた。議会に提出された法案は，80％までが国庫負担となる14週の有給の出産休暇を女性に付与できるようにするもので，この法案に関して，使用者側の意見は一本化しておらず，中小零細事業者の多くはこのプランに反対していた。しかし，スイス経営者団体連盟（SA）はこれに反対しない方針を表明した。加盟団体の多くはすでに，それぞれの基金から女性に出産手当を付与しており，法案が成立すれば国庫からの給付を受けることができるため有利になると見ていた。一方で，使用者は給与支払額の約0.2％を国庫に拠出して行くことになる。

　この法案に対する各州の態度は様々である。ジュネーブは拠出を分担する出産保険の制度をすすんで導入する意向を示したが，他方，模様眺めの態度をとっている州もあり，チューリッヒとフライブルクの二つの州は，8週を使用者の負担で，残りの8週を連邦の負担で有給の出産休暇を提供するプログラムに関心を示していた。連邦議会の両院はこの方式を概ね受け入れることにした。（EIRR No. 357 p. 23）

2004年9月の国民投票で，就労補償規則（EO）を改正する連邦法が承認され，有給の出産休暇がすべての働く女性に導入されることになった。同法の16条以下には注目すべき重要な規程がある。就労している母性は14週（98日間）の有給の出産休暇を請求できる。補償の額は直近の収入の80％となる。給付の日額の上限は172フラン（月額換算で5160フラン）となっている。(Irmtraud s. 136)

この新法の施行は2005年7月となっており，それまでは出産に伴う賃金継続支払いに関する規程が適用され，妊娠出産の際の就労不能については，他に契約の定めがない限り，債務法324条 a の疾病の規程により補償がなされる。(Irmtraud s. 137)

3．児童手当

スイスでは月額100フランから350フランの児童手当（Kinderzulage）が支給されている。この児童手当は，使用者から支払われるが，州ごとに態様は異なっている。大半の州は児童ごとに定額の児童手当を支給することとしているが，少子化対策の面から第三子以降について手当の増額を行っている州もある。人口が少なく出生率も低下している州では多くの場合，高額の児童手当を支給している。この児童手当は，通常16歳の誕生日まで支給される。フリブールとジュネーブでは15歳の誕生日までとなっている。ただし，全日制の学校教育または職業訓練を受けている間は，引き続き18歳ないし25歳まで手当の支給が継続される。児童手当の登録申請は使用者が行い，毎月の給与支給日に主たる家計維持者に支払われる。約10の州では500フランから1200フランの出産手当の支給も行っている。(David p. 55)

4．失業手当

スイス国内でフルタイムで就労する，越境就労の外国人労働者が失業した場合，失業手当は，その居住国から受給することになっている。これは近隣諸国とスイスの間の相互協定に基づくものであり，同様の措置はヨーロッパ連合（EU）加盟各国との間でも行われている。スイスも，失業保険の保険料収入の一部を近隣諸国に移転して補償を行っている。

しかし，彼らが居住している近隣諸国と比べて，スイスの失業手当の水準が相当に高いため，この措置はスイスで就労する越境就労の外国人労働者には不利なものとなっている。とくにイタリアに居住する越境就労者の場合，問題は深刻である。イタリアでは失業手当は最低生活水準の額しか支給されなかった。1991年以降，2万2000人もの越境就労者がスイスで失業しているが，そのうち6000人以上がイタリアの居住者であった。また，ドイツやフランスからの越境就労者の場合も，スイスでの実際の収入によらず，本国での賃金水準に基づいて失業手当が計算されることから，失業手当の水準はスイス国内の受給者と比べて30～40％も低くなっている。
　スイス労働総同盟は，この様な事態が周辺のヨーロッパ連合（EU）加盟諸国による，スイス越境就労者に対する差別的取扱いにあたるとして非難している。ヨーロッパ連合加盟国相互間の通勤者は，欧州裁判所の判決により，実際の収入に基づいた失業保険金の給付がなされているのと対照的である。（EIRR No.242 p.11）

5．企業における保護の施策
　(1)　家庭にやさしい施策
　ロシュ社では，「家庭にやさしい施策」が採用されており，弾力的な労働や助成金の付いた子育て支援などは，家庭責任を持った人々の使用者に対する支持を高めている。同社の子育て支援事業は1996年から導入されており，優れた労働者の採用と維持のために大いに役立っている。
　家庭にやさしい施策として，フレックスタイムやパートタイムでの就労も可能である。実際に従業員の20％はパートタイムで就労しており，ジョブシェアリングやキャリアブレーク等の措置も用意されている。4年間勤続した従業員は6カ月の有給出産休暇を取得できる。一方，就労期間が4年に満たない従業員については3カ月間の有給休暇が利用でき，さらに無給の3カ月の休暇が使えることになっている。（EIRR No.356 p.18）
　家庭にやさしい施策には他に次のような措置が含まれる。
　①子どもが病気の際にも休暇を取得できるように条件面の改善がすすめられた。これまで，この目的のための年次有給休暇の利用は年間3日までとされていたが，

今では子どもの体調不良のときに,医師の診断書があれば,その都度,3日の年休が使えるようになった。この目的の休暇の回数が増えると見込まれる場合,従業員とラインの管理者との間で代替的な解決策を見出すための話合いが行われることになっている。

②従業員の仕事の内容に応じて,弾力的な労働のモデルを活用することができる。この場合,在宅労働やパートタイム労働などで就労することができる。パートタイムと在宅就労を組み合わせることもある。

③年間労働時間（Jahresarbeitszeit）は全従業員に対する標準として定められているが,個々の従業員によって変更することもできる。(EIRR No. 355 p. 22)

(2) 子育て支援事業

スイスでも子育て期間中,父親がもっと子どもの養育に関わりたい,また,母親は出産後,仕事に復帰したいと望む傾向が高まっている。これに応じて企業も,助成金付きの子育て支援措置を含む,「子育て支援事業」を展開している。

クレディスイス社の従業員は収入の額に対応して,少なくとも就労時間の20％について男女を問わず助成金の付いた保育サービスを利用できる。会社はヴィンタツール,チューリッヒ,ジュネーブに託児施設を持っており,また,スイス全域で施設契約を行い,育児のデイサービスを500人分用意している。(EIRR No. 356 p. 18)

ロシュ社は,子育て支援事業の詳細を紹介したリーフレットを用意して,利用可能な施設,利用条件,応募の基準,資金面での支援,申込み手続などを周知させている。子育て支援のための施設は,バーゼル地区で勤務する正規従業員が利用できる。対象となる児童は生後3カ月から学齢前までとされているが,学童に対する施設も用意されている。パートタイム労働者の場合も,その週労働時間までは施設の利用が可能である。

申込みの基準では,シングル・ペアレントの場合が最も優先され,兄弟がすでに入所している場合も優先される。配偶者が他の企業で働いている男性従業員の場合よりも女性従業員の子が優先される。子育て支援の施設利用料については,会社から収入に応じた資金面での助成が行われる。会社負担部分は給与とともに従業員に

支払われ，課税対象になっている。

　助成金の付いた子育て支援措置は，バーゼル地域の託児施設を利用して始まったが，2003年の時点で100人の児童がこの対象となっている。1996年以来，44人の児童のために独自の施設を所有しており，56人の児童のために他の団体の施設を借り上げている。この中にはバーゼル婦人組合（Basler Frauenverein）などが含まれる。バーゼル地区に異動してきたばかりで，子育て支援の制度を上手く使いこなせない従業員に対しては，緊急の短期子育て支援などの措置を活用できるようにしている。ロシュ社は2000年に子育て支援措置が評価され，二つの州（Baselstadt, Baselland）から機会均等大賞を贈られた。

　施設の利用希望が多く，充分な対応が出来ていないこともあり，会社は行政に対して，子育て支援の強化を働きかけている。2003年の時点で，補助金付きの子育て支援事業に対する企業負担は年間約130万フランに達している。(EIRR No. 355 p. 22)

⑶　従業員相談サービス

　ロシュ社の企業方針に沿って，機会均等促進部は従業員に支援や相談のサービスを提供している。この種の相談サービスは他の3部署（人事部，福利厚生部，保健医療部）からも提供される。必要な場合，従業員は相談の予約をする。相談の内容は人事の問題，アルコールや薬物の問題，権力の濫用や機会均等に関する問題など広範に及ぶ。すべての相談サービスは，来談者の秘密が守られ，また，問題の性格によっては複数の部の相談サービスを受けることもできる。

　雇用均等促進部には労働に関連する問題の調停を求めることもできる。これまでのところ，機会均等代表のアドバイスを求めてやってきた従業員は，ほとんどが女性であった。しかし，若干の男性従業員も相談にきており，同部は男性の来談者の増加を図ることに力を入れている。このサービスの存在は男性従業員にもよく知られている。

　同社の医療サービスは，一般の医療に止まらず，ストレスや心理的ハラスメント，職場での葛藤などの「社会医療」の問題にも対応している。

5節　労働組合の取組み

1．女性組合員の増加と新労組 Unia の台頭
(1) 新労組 Unia の登場

　サービス・レストラン部門で7000人の労働者を組織する新労働組合（Unia）が1996年3月に発足した。この労働組合は，これまで労働者の組織化が難しかったこの部門の組合員を増やすために設立された。また，資金及び組織面での支援はスイス労働総同盟（SGW）傘下の二つの大規模労組（GBI及びSMUV）から受けることになった。(EIRR No. 276 p. 13)

　1996年末のスイス労働総同盟傘下の18組合の組織人員は41万1000人で，前年比8700人，2.1％の減少となったが，この減少傾向とは逆に労働組合に加入する女性労働者が著しく増えている。1976年から1990年までの間は，女性の労働組合員の数は5万5000人前後で安定していたが，その後1996年末にはその数が7万2000人近くにまで増加した。スイス労働総同盟（SGB）における女性組合員の比率も，1991年の13.2％から1996年末には17.5％に増加した。また，新たに設立されたサービス部門の労働組合である Unia は7000人の労働者の組織化に成功した。(EIRR No. 284 p. 11)

　スイス労働総同盟の組織人員は1997年も減少（前年比1万5600人，3.8％減）したが，サービス部門の新労組 Unia は組合員数が急増しており，前年比3200人増で1万人を超えた。女性組合員数の増加も前年に引き続き顕著である。1997年末の組合員の中に占める女性の比率は前年比0.7ポイント増加し18.2％に達した。(EIRR No. 293 p. 13)

(2) 組織率の低下と女性組合員の増加

　労働組合の組織人員は1998年も下降し，前年比8100人，2.1％減の38万7000人となった。一方で，サービス部門の新労組 Unia は組合員を引き続き増加させており，1年間で20％もの伸びを示し，2000人の純増があり1万2300人の組織人員となった。また，女性労働者の組合加入も活発であり，1998年はスイス労働総同盟全体

で対前年比0.9ポイント増の19.1％となった。だが，同じ時期に男性の組合員は3.2％も減少している。(EIRR No. 307 p. 13)

スイス労働総同盟傘下の労働組合の組織人員は，減少傾向を続けており，1999年には38万人となり，前年比7100人，2.2ポイントの減となった。しかし，1996年3月に設立されたサービス部門の労組 Unia は今回もまた減少傾向に抗して組合員数を増加させている。対前年比で2280人，18.5％の増となり，1万4600人の労働者を組織するまでになった。女性組合員の増加傾向も引き続き顕著であり，スイス労働総同盟傘下の女性組合員の比率は対前年比0.7ポイント増の19.8％となった。(EIRR No. 317 p. 12)

2003年末の調査で，スイス労働総同盟はその組織人員を8437人増加させたことが明らかになった。傘下のサービス部門の労働組合である Unia は組織人員を今回も8％増加させた。女性組合員の数も増加しており，全組合員数8万8072人のうち女性は22.4％を占めている。スイス労働総同盟傘下労働組合のうち8労組が女性組合員を増加させたが，一方で，三つの大規模労組は女性組合員を平均で0.1％減らした。男性組合員数の減少はさらに大きく4500人減，1.5％減となっている。(EIRR No. 369 p. 15)

⑶ 組合統合と新労組 UNIA

産業部門を異にする4つの労働組合が統合し2004年10月に新 UNIA が結成された。新しい労働組合は，建設産業労組（GBI; Gewerkshaft Bau und Industrie），小売商業労組（VHTL; Gewerkshaft Verkauf Handel Transport Lebensmittel），一般労組（SMUV），サービス産業労組（Unia）の4労組の合併によって生まれた。この合併によって UNIA はサービス部門の労組から20万人の組合員を抱える大規模労組に生まれ変わった。各組合の組合員による合併承認のための投票が個々に行われた後，バーゼルで設立総会が開催され新 UNIA が正式に誕生した。(EIRR No. 370 p. 16)

新労組は14の地区で民間部門の60の職種をカバーし，2万人の現場管理職層も組織している。支部は，製造，建設，工芸，サービスの4部門に置かれる。組合員の半数は移住してきた労働者であり，女性組合員は16％を占めている。全組合員の約

40％は年齢が40歳以下となっている。新労組UNIAの本部はベルンに置かれ，旧SMUVの建物が利用されている。

(4) 「男女平等賃金の年」

スイス最大の労働組合となったUNIAは，2006年度協約交渉における優先事項を発表して，すべての労働者に対する実質賃金の引上げとともに，男女間の賃金面での平等の確保と賃金ダンピング阻止のキャンペーンを展開することになった。

スイスの労働組合は，2006年を「男女平等賃金の年」と宣言している。最大の一般労組UNIAは「男女平等賃金の年」の運動を支えるために，労働協約を企業レベルで適用して会社単位での賃金の平等を達成しようとしている。「最低賃金を協約でしっかりと固めることが，賃金平等の戦いにおいては最も有効である」とUNIAは述べている。

UNIAはまた，賃金等級におけるトップとボトムの間の差異を近づける提案を行っている。上級管理職の賃金を抑制するとともに，賃金等級が低位にある労働者の実質賃金を引き上げるために戦う意向を示している。多くの労働者の実質賃金は停滞したままか，近年では低下さえしている。健康保険の保険料が一貫して上昇してきたこともその理由の一つである。UNIAは実質賃金引上げのためのキャンペーンを強力に展開することにしている。

多くのヨーロッパの労働組合と同様に，UNIAは「サービス産業に関するEU指令」に懸念を表明している。この指令が，ヨーロッパ域内における労働移動を促進することから，スイスに「賃金ダンピング」をもたらすことになるのではないかと心配している。このため，同労組は，建設現場やその他の違法な就労が行われやすい職場を中心に，労働基準監督官とともに，適切な監視活動を行うことにしている。スイスにおける新しい厳格な規制措置は違法就労との戦いをより容易にすると見ている。(EIRR No. 385 p. 16)

2．パートタイム就労に対する働きかけ

小売り業大手のコープ社は，2001年1月から発効する新協約を，フルタイムの従業員だけでなく月給制のすべてのパート従業員にも適用することになった。(Ackermann 2001)

　小売業労働者の組合（VHTL）は，2002年1月から3.25％の賃上げを実現した小売業大手のミグロ社の協約交渉を「重要な成功」と評価している。同社の新協約は2002年7月からすべてのパートタイムの従業員にも適用される。(EIRR No. 335 p. 12)

　パートタイム労働者に対する差別の排除を訴えるスイス労働総同盟は，労働時間に関する主要な要求の一つとして，残業の割当の際の平等な取扱いなどを求めている。(Danie 1 2002)

　コープ社は，2001年の協約改定においてパートタイム労働者をフルタイムの労働者と同じ土俵に置くこととし，2002年からこれを実施した。パートタイム労働者は，これにより疾病休暇及び手当などの分野で新たに権利を取得することになった。これは，パート労働者が労働協約の適用を除外されることにより，間接差別を被ることになるという批判に応えたものである。(Ackermann 2002)

3．家族対策綱領と労組の支援

　第3次産業では，労働組合の組織率が低く，社会対話の発展を欠いているが，これまでの相対の協約モデルから，三者間あるいは多角的な交渉モデルへと変わりつつある。外部組織を含めた家庭生活と仕事の調和に焦点を当てた「家族対策綱領」に関する交渉は一つの例である。ここでは，家族のために使用者がもっと努力をすることが求められており，すべての当事者が家庭生活と仕事の調和という目的のために協力して活動することになっている。この綱領に沿って使用者に対する情報の提供や，この問題に関する会議が開催されている。(Peter 2003)

　2003年のメディア部門放送産業の労働協約改定交渉では，スイス国内のすべての放送会社で多様化推進部を設置する取決めがなされた。同時に2004年度には家庭外で適切な保育サービスを提供するための支援について検討することが決まった。(EIRR No. 365 p. 25)

　通信産業労組（Komunikation）は，スイスコム社との電気通信及び情報技術関係の労働協約の更改を行った。協約改定交渉は初期の段階でこれまでになく困難な

第 5 章　スイス労働関係における均等取扱いと多様性の確保

経過を辿ったが、出産保険に関しては著しい改善が見られた。(EIRR No. 365 p. 26)

マスメディア産業の労働者を組織する労働組合（SSM; Schweizer Syndycat Medienshaffender）はスイス放送会社（SRG）との労働協約を更改した。新協定では、良好な保育施設を用意するとともに、同社の各事業所に多様性促進部を設置することなどが盛り込まれた。小売商業労組（VHTL）は、いくつかの企業協約の更改を行い、一部の会社で出産休暇を10週から14週に延長することに成功した。(Ackermann 2004)

むすび

　スイスの労働関係における、均等取扱いと多様性の確保の取組みは、家父長制的な保護の概念が残存する雇用関係の中で、労働組合と企業及び使用者団体の労働協約当事者に加えて、政府のそれぞれの意識的な活動を通じて、展開されてきた。雇用の場での女性を取り巻く差別と格差を顕在化し、これを克服する活動は、法の理念と現実との著しい隔たりを乗り越え、労働組合の強力な運動として推進されてきた。使用者側も大企業を中心として、国内立法の水準を遥かに凌ぐ、高いレベルの均等取扱い施策を創り出すなど、単に制度の策定に止まらない、内的な部分からの自律的な取組みがみられた。

　多様性の確保を促進する面からは、外国人労働者の処遇が大きな論点となった。限られた受入れのキャパシティーの中で、政府は制度の整備をすすめ、労働組合はその人権擁護に尽力した。企業は多くの外国人を雇用し、多様性をコーポレート・カルチャーとして定着させる中で、企業の発展の可能性を探ろうとしている。労働組合は世界的な傾向として、組織人員を減らしているが、スイスでは、女性組合員の組織率は向上を続けている。中でも多様性と均等取扱い追求する新機軸を打ち出し、発展を続ける新しい労働組合 UNIA の動向は注目される。スイスの伝統的な中立政策と保守主義は国民の中に浸透しており、国民投票の度に、それは EU に対する保守的なスタンスとして、投票結果に現れる。しかし、政府も企業も労組もそ

れぞれの立場から，多様性を認めた諸国民との関係を模索している。

文献資料

EIRR: "European Industrial Relations Review", No. 205 (Feb 1991)〜No. 380 (Sep 2005).

Natalie Imboden, "Ungleichstellung: Merkmale sozialer Ungleichheit zwischen den Geschlechtern im Erwerbsleben", SGB, Bern, 2003.

Thomas Fleiner, "Swiss Constitutional Law", Kluwer Law International, 2005, Staempfli.

Pascal Mahon, "Labour Law in Switzerland", Staempfli, Bern 2001.

Ewald Ackermann, "Vertragsverhandlungen 1997, Eine Übersicht aus dem Bereich der SGB-Gewerkschaften", Nr. 53, 1998.

Ewald Ackermann, "Vertragsverhandlungen 2001, Eine Übersicht aus dem Bereich der SGB-Gewerkschaften", Nr. 80, 2002.

Hans Ueli Schürer, "Arbeit und Recht", 8. Auflage, Verlag SKV, Zürich 2004.

David Hampshire, "Living and Working in Switzerland", 10th Edition, Survival Books, UK 2005.

Thomas Straubhar, Giorgio Dhima, "Von der Migrationsinnenpolitik zur Migrationsaussenpolitik. Analyse der Wirkungen der heutigen Ausländerpolitik - Perspektive und Vorschläge", Wirtschaftswissenschaftliches Zentrum der Universität Basel, 1991.

BIGA "Bericht über Konzeption und Prioritäten der schweizrischen Ausländerpolitik der Neunzigerjahre", Bundesamt für Industrie, Gewerbe und Arbeit; Bundesamt für Ausländerfragen, 1991.

Hanspeter Thür, "Arbeitsrecht: Was Angestellte wissen müssen", 2. Auflage, Consprint, Zürich 2003.

Irmtraud Bräunlich Keller, "Arbeitsrecht vom Vertrag bis Kündigung", 8. Auflage, Beobachter, Zürich 2005.

Ewald Ackermann, "Vertrags-und Lohnverhandlungen 2003/2004. Eine Ubersicht aus dem Bereich der SGB-Gewerkshaften", Nr. 84, SGB, Bern 2004.

Ewald Ackermann, "Vertragsverhandlungen 2000, Eine Übersicht aus dem Bereich der SGB-Gewerkschaften", Nr. 75, 2001.

Daniel Oesch, "Die Arbeitszeit Verkürzen, Argumente zur Arbeitszeit-Initiative des SGB", Nr. 79, 2001.

Peter Wütrich, "Studie über die gesundheitlichen, sozialen und psychischen Auswirkungen der Nacht-und Sichtarbeit", SGB, Bern 2003.

終章 スイス集団的労働関係の変容

はじめに

　ベルリンの壁が崩壊して以降，今日までの労働組合と労働協約をめぐる枠組みの変化は，スイスにおいても集団的労働関係における制度と機能の両面からの抜本的な再検討を要請している。スイスにおける労働組合の組織率の減退と地球的規模での原理主義的な労働市場再編の動きをうけて，Urs. Ch. Nef（2003）はスイスの労働関係における労働組合と労働協約のあり方に関する理論的な分析をふまえた今後の予測を行っている。その内容については序章で紹介したところである。本章では，この間のスイス集団的労働関係における労働組合と労働協約の変容について具体的な検討を加え，Nef の論考と実態との乖離を明らかにする中で，あらためて労働組合と労働協約に関する制度と機能を究明することを目的にしている。

1節　労働協約のアクター

　スイスの労使関係の制度は，近隣のドイツ語圏諸国とは様々な面で驚くほど異なっている。例えば，オーストリアやドイツでは本質的に一つの主要なナショナルセンターが存在するが，スイスの労働運動はイデオロギーや階層によってナショナルセンターが区分されている。オーストリア・ドイツモデルの特徴である産業全体としての交渉の伝統は，スイスではあまり受け入れられておらず，交渉は分権的な性

格が濃い。さらにスイスの場合，この領域を規制する立法が相対的に少なく，ボランタリズムの確固とした伝統が存在する。(EIRR No. 240 p. 30)

1．労働組合
(1) 概括

労働組合の組織率は1970年代半ばの33％をピークとして，その後減少を続けており，1994年当時で約26％にまで低下した。

1994年当時のスイス労働組合運動における主要なナショナルセンターの組織は以下の通りである。

①社会主義を指向するものとして，1880年に創立されたSGB/USS (Schweizerischer Gewerkschaftsbund/Union Syndicale Suisse) がある。傘下に15の労働組合を持ち，1992年末の段階で43万6548名の組合員を組織している。この数はスイスの全労働組合員のほぼ半数に相当する。傘下の労働組合は産業別に組織されており，最大労組は12万3518人の組合員を擁する建築木工関係の労働組合GBIである。次に10万9679人を擁する金属，時計産業の労働組合SMUVがある。鉄道労働者の組合であるSEVが5万960人，公務員関係の労働組合VPODが4万2157人を組織している。

②キリスト教社会主義を指向するものとして，1907年に設立され，傘下に10万9000人の組合員を組織するCNG/CSC (Christnationaler Gewerkschaftverband der Schweiz/Confederation des Chrétiens de Suisse) がある。CNGは傘下に14の労働組合を置き，ほとんどが産業ごとに組織されている。中でも最大労組は，3万9000人を擁する建設労働者の組合FCTCと，2万4000人を擁する金属労働者の組合FCOMである。

③独立系の労働組合としては，ホワイトカラーの労働組合であるVSA (Vereinigung Schweizerischer Angestelltenverbande) が1990年の時点で13万5000人を組織している。

④リベラル系では，1919年に設立され約2万2000人の組合員を擁するLFSA/USSA (Landesverband Freier Schweizer Arbeitnehmer/Union suisse des

Syndicats Autonomes) がある。

　他にも，独立の職業専門別の団体がいくつかあり，とくに公的部門に多い。このうち大規模の労働組合は，連邦政府職員で構成される組織人員1万4400人のPVB労組（Personalverband der Bundesverwaltung）及び州と市町村の職員の組合で3万6000人を組織するZSG労組（Zentralverband des Staats- und Gemeindepersonals）である。(EIRR No. 240 p. 30)

　スイス第2のナショナルセンターは最近，設立された労働スイス（Travail Suisse: TS）であり，組織労働者の21％（16万6808人）を鳩合している。この労働スイスは2001年に結成され，これまでのCNGとVSAの二つのナショナルセンターを統合したものである。組織労働者のほぼ3分の1（30.4％）は独立系の労働組合の組合員である。(EIRR No. 357 p. 24)

　スイス最大の労働組合となったUNIAは2006年度の優先施策を発表した。この中には全ての労働者に対する実質賃金の引上げや，男女間の賃金の平等，賃金ダンピングの阻止などが盛り込まれている。

　スイスの労働組合は2006年を「男女平等賃金の年」と位置づけ，積極的な施策を展開することにしている。新労組UNIAもこのキャンペーンに取り組み，最低賃率を定めた労働協約の堅固さが賃金平等のための闘いでは有効な武器となることから，労働協約を企業レベルでの賃金平等を実現するためのツールとして活用するとしている。

　また，UNIAは賃金表における最低と最高の間の賃金差異を縮める取組みも行っている。とりわけ労働者の層の実質賃金の引上げを求めている。近年，労働者層の賃金改善は医療保険の掛け金の引上げなどもあって停滞していた。

　多くのヨーロッパの労働組合と同じく，UNIAはEUが提案しているサービス指令が，ヨーロッパ域内の労働移動を促進することから，スイス国内でも賃金ダンピングをもたらす可能性があるとして懸念を表明している。労組は入国管理官と協力して建設現場での不法就労を監視するとともに，新たに厳格な措置を導入し不法就労の抑止を効率化すべきだとしている。(EIRR No. 385 p. 16)

⑵　組合員の増加

　1990年度にスイスの主要な労働組合のナショナルセンターであるSGBの組織人員が2400人0.6％増加した。総組合員数は44万1400人から44万3800人に増えた。傘下16組合のうち10組合で組合員の増加を記録している。小規模のサービス業，メディア産業，航空管制，電気通信などの労働組合で5～7％の組織人員の増加が見られた。大規模労組の増加率はゼロまたは僅かである。一方，傘下の6労組は組織人員を減らしている。印刷産業の労組は6.9％もの減少を記録した。(EIRR No.208 p.9)

　2002年の時点では，全労働者の4分の1が労働組合に加入している。スイス労働総同盟SGBは最大のナショナルセンターで組織労働者の48.5％（38万4691人）を組織している。2002年のSGBの組織人員は501人（0.1％）増加した。労働組合員の増加はじつに1990年以降で2000年に次いで2度目のことである。(EIRR No.357 p.24)

　2003年末の時点で，スイス労働総同盟SGBの組織人員は8437人増加した。これは公務員関係の労働組合であるPVBが加盟したことによる組合員の増加である。傘下の労働組合のうち5組合は組合員を増やしているが，13組合が組合員を減らしている。サービス関係の労組Uniaは8％も増やした。しかし，今回のPVBの加盟がなければSGBは4000人の組合員の純減となったはずである。スイス第2のナショナルセンターである労働スイスTSも2003年末の時点で傘下の組合員数が16万4195人となり，2613人の減となった。スイスの全労働者数は313万3200人を数えており，そのうちの24.9％にあたる78万1695人が労働組合に加入している。(EIRR No.369 p.15)

⑶　組合員の減少

①　1990年代前半

　スイス労働総同盟傘下の16労組の組織人員は1991年に1571人減少した。同年末における組合員数は44万2314人となり，前年比0.4％の減となった。組織人員は産業部門により大きく変動する傾向がある。公務員関係の労組は組織人員を3297人（2.3％）増加させており，一方で民間部門の労働組合は4868人（−1.6％）の組合

員を減らしている。建設関係の労働組合である GBH は12万3518人の組合員を抱え最大の労働組合であるが，それでも組織人員を983人（－0.8％）減らしている。10万9679人を組織する金属時計産業関係の労組である SMUV も組合員を1175人（－1.1％）減らしている。

繊維皮革関係の労組である VBLA は劇的な組合員の減少に見舞われ，26.2％（1974人）もの組織率の低下を経験した。同労組はその後，SMUV 労組と合併した。また，食品，輸送，小売関係の労組である VHTL も5.6％の組織人員の減少に見舞われ，組合員数が2万5166人となった。一方で組織率をもっとも引き上げたのは電信電話労組である VSTTBd で組合員数を4367人（6.1％）も増加させた。またメディア労働者の組合である SSM も組織率を4.0％（2488人）も引き上げた。(EIRR No. 220 p. 11)

スイス最大のナショナルセンターであるスイス労働総同盟 SGB の組織人員は1992年中に5922人減り，1.4％の減少となった。総組合員数は43万6548人となった。とりわけ急激な減少に見舞われた単産は建築産業の労組 GBI であった。同労組は SGB 傘下最大の労組であり5373人の組合員の減少により組織人員は12万9319人となった。金属及び時計産業関係の労働組合である SMUV でも2136人もの組合員が減り，組織人員は10万9517人となった。SGB の全体的な組織人員の減少について労働組合サイドでは，これを雇用の水準という文脈で捉えることの必要性を指摘している。一方で，1992年中の契約労働者数は10万人に達した。(EIRR No. 233 p. 13)

スイス最大のナショナルセンターであるスイス労働総同盟傘下の労働組合員は1993年の1年間で，5496人も減少した。その減少率は1.3％に達する。SGB はこれで6年連続で労働組合員の減少を経験したことになる。1993年の組合員総数は43万1052人となり，10年前の1983年と比較すると実に2万5152人も組織人員を減らしたことになる。これは5.5％の減少になる。

参加15組合の中で最大の労働組合である製造・建設労組（GBI）は1992・93年度に，4180人の組合員を失い（3.2％減），組織人員は12万5139人となった。一方，組合員数では傘下第2位の金属時計製造労組（SMUV）も組合員数を2879人減らし

(2.6％減)，組織人員は10万6638人となった。

SGBに加盟していない他の労組においても組合員数の減少を記録している。キリスト教労働組合同盟（CNG）は4.9％も組合員が減り，組織人員も10万6267人に落ち込んだ。また独立系の職員労組（VSA）も2.7％減の13万197人に組織人員を減らした。(EIRR No.248 p.12)

② 1990年代後半

スイス労働組合総同盟は，組織人員の全体的な減少の一方で，女性の組合員の数が増加していることが明らかになった。

1996年末の時点で，スイス労働組合総同盟傘下の18の労働組合の組織人員は41万4072名であった。これは1995年末との比較では8749人の減少（−2.1％）となった。最大の減少幅を記録したのは理容美容関係の労働組合SCPVで10.8％もの減となった。一方，メディア関係の労働組合SSMは3.7％の組合員の増加となっている。実人員で最大の減少となったのは建設及び工業労組GBIで，9909人もの組合員を失った。しかし，明るい話題もあり，新たに設立されたサービス関係の労働組合Uniaは7033人もの新規加入者があった。

労働組合の組織率の低下は，一般的には1992年に始まった不況が大きな原因となった。1985年から1991年までの相対的に経済の安定した時期の後，1992年を境に労働組合員数の減少が始まった。そしてもっとも直接的な要因は失業の増加であった。(EIRR No.284 p.11)

スイス労働総同盟によると1997年も労働組合の組織人員の減少は続いており，傘下17組合で39万5424人となった。前年比で1万5648人の減となり3.8％も減少した。なかでも組合員を減らしたのは建設・化学労組（GBI）であった。同労組は1997年に1万1328人も組合員を減らしており，1992年から始まった経済のリセッションの影響が大きかった。1991年から97年までの間に雇用が建設関係で33.7％も，化学部門では26.6％もそれぞれ減少した。

スイス労働総同盟の調査によると，1998年の傘下の労組の組織率は前年と比して2.1％も低下したことが明らかになった。傘下組合の組合員数は1998年には全体で38万7249人であり，前年より8180人の減少となった。しかし，前年の3.8％減と比

べると減少幅は縮小している。建設労組GBIと金属労組SMUVが相当数の組合員を減らしており、前者は2496人減の−2.4％で10万人を割り、9万7780人の組織人員となった。後者の場合は、2671人の減で−2.7％、組織人員は9万5315人となった。

スイス労働総同盟の集計では、1998年末の時点でスイス全体で何らかの労働組合に加入している労働者は77万5601人で労働組合の組織率は25.3％であったとしている。

1999年のスイス労働組合総同盟傘下の組合員総数は38万139人となり、前年比で7110人の減（−2.2％）となった。減少率は変わっていない。大きく組合員を減らした単産は小売輸送食品労組VHTL（1145人減−6％）、公務員労組VPOD（1756人減−4.6％）、建設労組GBI（5234人減−5.4％）などであった。一方で、サービス関係の新労組Uniaは組合員を急増させており、1999年も前年比2280人も増えている。これは女性組合員の増加を反映したものである。（EIRR No.317 p.12）

③　2000年以降

スイス労働総同盟SGBの発表によるとスイスの労働組合の組織率は全体としては大幅に低下した。2005年末においてスイスの労働組合員の数は76万9992人となり、前年比で494人の減少となった。組織率は24.6％となった。2大ナショナルセンター（SGBとT.S労働スイス）は若干の増加を記録しているが、零細労組や独立系労組で労組員の減少が見られた。

スイス労働総同盟は傘下の組合員を1580人増やし、前年比0.4％の増加となった。その結果、傘下16組合の総組合員数は38万4816人となった。労働スイスも249人の組合員を新規に獲得し、0.15％の増加となり、傘下の12組合の組織人員は合計16万1667人となった。

この2大ナショナルセンターの組織人員の増加は、新規の単位組合の加盟によるものである。SGBには音楽教員組合（SMPV）が、TSには大学教員組合（FH-CH）がそれぞれ加盟した。この2労組の加盟がなければSGBは0.7％、TSは0.8％の組織率の減少となったはずである。傘下最大労組であるUNIA（SGB傘下）

表1　スイスの十大労働組合と組織人員

組合名	上部団体	組織人員 2001年	組織人員 2002年
建設労組　GBI	SGB	91,276	91,981
一般労組　SMUV	SGB	89,907	88,438
キリスト教労組　SYNA	TS	66,886	65,000
商業労組　SKV		58,318	59,290
交通労組　SEV	SGB	53,117	51,426
教員労組　LCH		48,967	48,929
情報労組　Kom	SGB	38,375	37,657
ティッチーノ地方労組　OCST	TS		37,231
国家公務員労組　VPOD	SGB	36,830	36,318
地方公務員労組　ZV		30,183	28,459

出典：SGB-Pressedienst, 29 August 2003.

と Syna（TS 傘下）の組織人員は安定していた。UNIA はこの2年間連続して組合員を維持しており，明るい話題となっている。

また，SGB 傘下の7組合では女性組合員の増加が見られた。SGB の組合員の24.1％が女性となっている。2005年末までの1年で3791人の女性が加入し，女性組合員数の総計は9万2796人となった。一方で，男性組合員の増加があったのは傘下の3組合に止まった。

言語圏別の分析では，SGB の組合員の62.2％がドイツ語圏で，組合員の29.7％がフランス語圏に，8.1％がイタリア語圏にそれぞれ居住している。この数値は過去6年間大きな変化が見られない。

独立系の10組合のうち6労組は2004年及び2005年度に組合員の増加を見たが，残り4組合の組織人員は減少した。（EIRR No.393 p.12）

④　労働組合の合併

1990年代はじめに，3000人を組織する皮革繊維関係の労働組合（VBLA）が金属及び時計産業関係の労働組合（SMUV）と合併した。1992年1月1日から合併の効果が生じる。この合併により労組 SMUV はスイス第2の労働組合となり，組織人員は11万4000人に達した。同労組の委員長は合併の相手方の組合員にも充分な

配慮を払うとしている。また VBLA 労組の代表も財政面での合併によるメリットを強調した。VBLA 労組の前身は1868年に設立されたスイス仕立て職組合であり，1918年以降，皮革，帽子，馬具製造業の組合との一連の合併を経て，1923年までに今日の組織になった。(EIRR No. 218 p. 12)

　建築木工関係の労働組合 GBH 及び繊維化学製紙関係の労働組合 GTCP は1992年9月5日にチューリッヒで特別総会を開いて正式に合併することになった。合併によって出来た新しい労働組合は建設産業労働組合 GBI と称され，組合員13万5000人を組織するスイス最大の労働組合となった。

　この合併は1992年9月の GTCP の総会で満場一致で承認された。一方で，同日に開催された GBH の総会では324人中ただ1人の代議員だけがこれに反対した。GBH の委員長である Vasco Pederina が合併後の新労組 GBI の代表に就任し，GTCP の書記長であった Hans Schappi は3人いる副代表のポストの一角を占めることになった。

　この合併の提案は1990年の GTCP の総会でなされた。長い一連の議論と交渉が続いたが，合併に関する細部の事項はなお詰めを要している。SGB の委員長である Walter Renschler は総会における演説の中で，合併によって出来た新たな労組について正しい方向への勇気ある一歩であると述べている。(EIRR No. 225 p. 12)

　2004年10月，産業部門の異なる4つの労働組合が合併して UNIA を結成した。この新労組は建設労組 GBI，小売部門の労組 VHTL，一般労組 SMUV とこれまでのサービス関係の労組 Unia が合併して出来たものである。この新労組 UNIA は20万人もの組合員を抱えることになる。この合併は野心的であるが，労働者の権利と社会的公正が厳しい攻撃にさらされている中では，労働者の利益の確保と労働組合の生き残りのためには，不可避の対応であると考えられていた。(EIRR No. 370 p. 16)

2．使用者団体

　スイスでは，企業は使用者団体に加入する義務はない。また，一つの企業が加入できる使用者団体の数についても制限がない。

(1) 概説

 民間部門の主要な使用者団体は1908年に設立されたZSAO/UCAPS (Zentralverband Schweizerischer Arbeitgeber Organisationen/Union Centrale des Associations Patronales Suisses) である。その傘下には35の産業別団体と38の地域組織がある。産業別団体は業種ごとに9つの部門に区分して組織されている。傘下の最大の団体は機械金属産業連盟ASM (Arbeitgeberverband Schweizrischer Maschinen- und Metall Industrieller) で1990年の時点で580社を代表しており,そこでの従業員数は約20万人に達する。

 ZSAOが先ず第一に団体交渉に関連する問題に関与することになっている一方で,社会政策,経済,通商産業に関連する問題についてはSHIV (Schweizerischer Handels- und Industrie Verband) が多くの場合,口火を切ることになる。

 スイス中小企業連盟SBV/USAM (Schweizerischer Gewerbeverband/Union Suisse des Arts et Metiers) も,その第一義的な機能は会員企業の経済的利益の確保と増進にあるが,その活動目的には雇用政策への関与を含んでいる。フランス語圏のスイスでは,ZSAOはフランス語圏スイス経営者連盟FRSP (Federation Romande des Syndicats Patronaux) と競合している。同連盟は85の業種別団体の下に1100の会員企業を傘下に置いている。公的部門の使用者サイドは政府当局によって代表される。(EIRR No. 240 p. 30)

(2) スイスの使用者団体

① スイス使用者団体SA

 スイス使用者団体 (Schweizerischer Arbeitsgeberverband; SA) は,スイスにおける使用者組織をその傘下に置く中心的な存在である。この団体は1904年から8年にかけて生じたストライキの後に設立された。この時点では,本来の使用者の防衛的組織の形態をとって運用された。今日では,その役割は雇用政策,社会政策,訓練政策などの領域における使用者側の利益を代表し,ロビー活動を行うことが中心になっている。また,30以上の支部と地方組織を持ち,加盟企業はスイス労働者全体の3分の1以上にあたる100万人を超える労働者を雇用している。

 その主要な目的は,スイスの国際競争力の向上,政府当局に対する使用者側の共

通的利益の主張，会員組織間の親睦，国際団体への代表の派遣などの組織活動を通じて，スイス経済を強化することにある。スイス使用者団体は，ILO，OECD，IOE，UNICE などを含むいくつかの国際団体に代表を派遣しており，欧州議会にもオブザーバーを出している。

その施策は年次総会（Mitgliederversammlung）で決定され，そこでの票決権は拠出する会費の多寡によって割り当てられる。執行部（Vorstand）は産業及び地域ごとに組織別に選出される代表によって構成される。また，規程により5人まで必要と考えられる場合，他から執行部に加わる。議長や副議長などの役員は執行部の中で互選される。執行委員（Vorstandsausschuss）も執行部の中から選ばれる。

スイス使用者団体 SA は，団体交渉の過程で一定の役割を演じることはない。団体交渉は産業レベルで実施される。一方で，交渉プロセスにおいて有益な経済動向などのリポートを作成し情報提供を行っている。

② スイス経営連盟 SGV

スイス経営連盟（Schweizerischer Gewerbeverband; SGV）は，スイスの経済的な屋台骨を形成している中小企業の利益を代表する。スイス経営連盟には，従業員数250人未満の中小規模の事業所が加盟している。スイスの事業所の90％以上は9人以下の従業員数であり，250人未満で実に全事業所の99％を占める。また，これらの中小の事業所は民間部門におけるスイス全体の雇用の75％を担っている。

③ エコノミースイス ES

エコノミースイス（economie suisse; ES）は，2000年にローザンヌで結成された新しい使用者団体である。経済及び政治の領域における会員の利益を代表し，スイス企業にとって最適の経済環境を創造することがその使命とされている。その施策は，執行部，常設委員会，臨時の作業部会，種々の専門委員会などでの議論を経て年次総会で決定される。

エコノミースイスは国際機関である UNICE に加盟しており，その作業部会にも参加している。また，他のヨーロッパの経済団体とも密接な関係を維持している。さらに OECD の BIAC（経済産業委員会）のメンバーでもあり，国際商工会議所

ICCの理事としても活動している。

その活動の中心は，経済通貨政策，公共財政と税制，国際経済関係，教育研究，エネルギー環境政策，競争政策及び法務などの政策課題の解決にある。さらに地域や構造に関する政策課題，輸送及び郵政，電気通信，情報技術，中小企業問題，輸出促進，金融，農業，安全保障などの問題にも対応している。

エコノミースイスは政府及び議会，関係省庁とも密接な連絡を日常的にとっており，立法活動の全ての段階の重要局面におけるロビー活動を欠かさない。多くの委員会や専門家による作業部会に参加し，立法案の修正を試み，立法の採択の過程にも参加し，継続的に政府や議会の決定を監視し，国民投票にも積極的に関与している。また，多くの連邦の委員会で会員の利益を代表している。（EIRR No. 357 p. 21）

3．政府

(1) 労働行政の法的根拠

スイスの労働関係は法的な規制を欠いていることが特徴である。スイス労働関係の伝統はある種のボランタリズムである。そして，労働組合と使用者との間の関係に国家が直接的に介入することはない。法律の役割は自由な団体交渉の枠組みを定義するとともに，労働協約によって補充される一定の最低基準を定めることに限定されている。

① 集団的労働法

集団的労働法の不在は際立っている。労働組合や使用者団体に関する特別な法的規制は存在しない。また，「労働憲章」や一般的法規定も従業員参加に関してはない。結社の自由とストライキ及びロックアウトの権利は，間接的に保障されているだけであり，争議行為に対する法的規制は公務員（Beamte）に対してのみ存在する。同様に，労働協約やその内容に対する当事者の地位に関する制定法上の規制もほとんど存在しない。

② 個別的労働法

1964年の連邦雇用法（Arbeitsgesetz）は，安全，衛生，若年者及び女性の特別

な保護，労働時間，休憩などに関して最低限の規制を定めている。

1972年の債務法は，雇用契約における個別当事者の権利と義務を規定するとともに（319条～355条），解雇や契約の終了，期間の定めのある契約，訓練契約，などの規程も含んでいる。また同法は，最低4週間の制定法上の休暇について規定している。18歳以下の若年者の場合はこれを5週間としている。(30 EIRR 240)

③　労働条件の書面化に関する法律

2006年4月1日から，1カ月以上継続する労働契約における労働条件の詳細を書面にして提示する義務が使用者に課せられることになった。この新しい規制は債務法330条bとして導入されたが，スイス労働総同盟はこれを歓迎している。将来的には，使用者は労働者に対して雇用に関連する以下の重要事項を書面で伝えなければならないことになった。①契約当事者の氏名，②雇用関係の始期，③労働者の職務，④賃金及び手当，⑤週労働時間。この書面の内容に変更を生じた時は新たな書面を交付しなければならない。賃金の引下げ，労働時間の延長等の労働条件の不利益変更は告知期間が遵守された場合にのみ可能となる。SGBは使用者に対して文書による労働契約の締結を求めてきたが，この新法は労働者に多くの利益をもたらすものと考えている。とくに事前の労働時間の通知のないオンコールの労働者の場合も書面による週労働時間の記載が求められることになる。口頭による労働契約の設定は今や過去の遺物になったとSGBはコメントしている。(EIRR No.388 p.16)

⑵　労働行政と政治状況

社会民主党は1995年10月末に実施された連邦議会の選挙で，下院において改選前の42議席から52議席に躍進するなど，大きな勝利をおさめた。これまでの社民党，急進民主主義中央党，保守のキリスト教民主党，右翼のスイス人民党の4党による連立政権は維持されるが，連立内部での力の均衡は大きく変動した。

この選挙の結果，躍進した社会民主党とスイス人民党はともに，EU加盟と社会保障支出を選挙戦の焦点にして戦ってきた。社会民主党はEU加盟に賛成の立場をとり，社会保障給付の確保にも賛成しているが，スイス人民党はEU加盟に反対の立場をとり，また社会保障支出の大幅な削減を訴えている。

この両党が，その主張に対する支持を伸ばしている背景には，スイスの国民世論が両極化しているという現実がある。EU加盟の可否を問う国民投票に向けて軋轢が高まる中で，連立政権が継続して，その機能を良好に発揮することが期待されている。前回の1992年に実施されたヨーロッパ経済圏への加盟に関する国民投票の結果は僅差での否決となった。(EIRR No. 263 p. 14)

　1999年10月の総選挙の結果，右翼スイス人民党に対する国民の支持は22.6%に達し，スイス議会第2党に躍進した。その結果，同党は連邦参議（Bundesrat）7名のうち，これまでの1名から2名を要求することが可能になった。新しい連邦政府の構成は12月に招集される議会で決定される。この選挙結果が雇用や社会政策に与える影響から，スイス労働総同盟の前途には困難が予想された。(EIRR No. 311 p. 12)

(3)　使用者としての政府

　スイス労働組合総同盟は政府に対して，これまで通りの公正で進歩的な労働条件の遵守を求めている。政府は公務員部門の改革を計画しており，これが賃金に悪影響を与えるとともに大量解雇を導くことになると懸念されている。SGBは2000年10月の大会でこの要求を議決しており，11月4日には大規模なデモンストレーションが実施された。また，政府に対しても，模範的な使用者としてあり続けることを要求している。(EIRR No. 323 p. 13)

2節　団体交渉と労働協約の締結

　スイスにおける団体交渉の起源は19世紀にまで遡ることが出来る。1890年にジュネーブ州で成立した法律は，労働者団体と使用者団体との間に成立した合意の有効性を認めており，ヨーロッパにおけるこの種の法律の嚆矢であると考えられている。それにもかかわらず，スイスの主要産業における使用者団体は1937年に至るまで団体交渉に抵抗してきた。この年，強制仲裁制度の導入という政府の強い圧力を受けて，ようやく金属産業や時計製造業で重要な労働協約が締結されることになった。1944年から1951年までの間に労働協約の数は2倍以上（632件→1477件）に増

加したが，労働協約の対象となる労働者の数は3倍（25万8000人→77万5000人）に増えた。労働協約の数は1960年にピークに達し1667件の労働協約が存在した。その後，労働協約の件数は500件以上減少したが，これは統合や合理化の過程を反映したもので，団体交渉の重要性が低下したわけではない。(EIRR No. 240 p. 30)

スイスの団体交渉の歴史は，金属及び時計産業の使用者団体と労働組合の間で主要協定が締結された1937年から始まる。SGBを始めとするナショナルセンターは直接には団体交渉に参加することはなく，産業ごとに個々の労働組合が交渉を担当することになっている。同じように使用者団体の全国組織であるZSAOも団体交渉には直接に関与することなく個別の使用者団体がこれをまとめることになっている。

労働協約（Gesamtarbeitsvertrag）は，一般に産業部門ごとに締結され，賃金の最低水準を設定することになっている。実際の賃金水準は個別の労働組合と使用者の間で決定される。しかし，金属及び時計産業ではこのパターンの例外となっている。ここでは賃金は企業ごとに会社と経営協議会（Betriebskommission）との間で締結される企業協定（Betriebsvereinbarung）により決定される。この企業協定は労働組合がその当事者となっていないので，労働協約としての資格を有してはいない。労働協約はスイスの労働者の大多数に適用があり，その有効期間中，労働者側に争議行為を禁じる平和義務が課されている。

労働協約には次の三つの主要な類型が存在する。①全国レベルで単一産業をすべてカバーする全国協約（Landesvertrag），②州，地区または地域レベルで独自にあるいは既存の全国協約を補充する形で締結される地方協約，③労働組合と個別の使用者，あるいは企業内組合や従業員団体と単一の企業の間で締結される企業協約（Firmen- und Hausvertrag）である。(EIRR No. 280 p. 31)

1．団体交渉

(1) 団体交渉と交渉代理

団体交渉の水準は，産業ごとに異なっている。製造業では全国協約が支配的であるが，使用者団体に加盟していない企業に適用される個別的な企業協約もあり，ま

た加盟企業も企業独自の方針で全国協約に補充を希望することもある。建築や自動車など技能系の職種では，職種別の全国協約が主要な労働条件を規制しており，加えて，多くの地域・地方レベルの協定によって補充されている。サービス部門は，ホテル，仕出し，金融，保険，理容などでは，分野ごとに職種別の全国協約で規制される一方で，企業協約が存在している場合は，地域地方協約に沿った規制が行われている。サービス部門の他の分野では，小売や民間の保健福祉系の事業のように，労働協約が存在しないか重要視されていないという領域もある。

　このように全体としてスイスでは特色ある多彩な交渉の構造をもっている。この地域ごと産業ごとの変動は多様で非完結的な協約規制のシステムによるところが大きい。

　労働組合の連合体は直接に団体交渉に関与することはない。団体交渉は個々の労働組合が担当することになっている。使用者側でも，使用者団体の連合体も同様に交渉代理として行動することはない。労働協約は個別の使用者団体または使用者が締結することになっている。

　使用者団体である ZSAO に加盟している使用者の多くは企業レベルでの団体交渉を行っていない。機械及び時計製造業では変則的であり，その他の全ての労働条件は全国レベルで締結される労働協約で決定されるが，賃金交渉に関してだけは個々の企業と経営協議会との間で締結される賃金協定によって決定される。従って，経営協定は労働組合がその当事者となっていないので，労働協約としての地位を持たない。

⑵　団体交渉の分権化

　他の西欧諸国と同様にスイスでも，近年，団体交渉の分権化に向けた圧力が高まってきている。1991年には，いくつかの企業が経営者団体から脱退した。これらの中には，時計製造，印刷，出版及び繊維などの産業の企業が含まれていた。これらの事例のいくつかでは，競争的な環境でのリストラが経営者団体からの独立を助長している実態もある。一部の企業は，使用者団体の抱える要望が多すぎて，交渉での歩み寄りが出来ず，一方で，闘う準備も出来ていないと苦言を呈している。大手企業の使用者は，使用者団体が会員の多数を形成している中小零細事業者の利益を

活動のベースにしていると批判している。(EIRR No. 240 p. 30)

　1996年春,長期の交渉といくつかの争議行為の後にバーゼル地区の化学産業で新たな労働協約が締結された。工業建築労働組合(Gewerkschaft Bau und Industrie: GBI)の一部門と,ロシュ,チバ,サンドス,シュバイツァーハレの各社の代表との間で,この新協約が署名,締結された。3年間有効の新協約は,賃金交渉の第1段階では,労働組合の代表が交渉から排除されることが規定され,企業の従業員代表と使用者代表との間で交渉が行われる。第2段階で,労働組合と使用者代表の間での交渉が行われる。第3段階では必要であれば全ての当事者が交渉に自由に参加することが出来ることとされた。(EIRR No. 266 p. 13)

(3) 団体交渉における労組の役割の縮小

　1996年半ば,スイスの銀行業では新協約が施行され,賃金交渉における3段階システムが導入された。第1段階では労組は交渉から排除される。スイス銀行員組合とスイス商業労組の銀行関係の二つの労働組合は,賃金交渉の第1段階から排除されるが,この時点で,企業内の従業員代表と使用者との間の年次交渉の結果を受け入れることになる。交渉の第2段階または,交渉が不調の場合に限って,労働組合は個々の銀行との交渉が出来る。交渉の不調が続く場合は,賃上げについては仲裁手続に委ねられることになる。労働組合では,企業内の交渉代表を力強く支えていく必要性を訴えている。

　一方で,銀行業におけるリストラは継続している。1990年から1995年までの間に銀行部門の雇用者数は12万7600人から11万9100人へと減少している。これは広い意味での,地域産業のリストラの結果であり,多くは大手銀行の合併による影響が大きかった。大手のクレディスイスとUBSの合併計画が不調になって以来,大手銀行はさらに剰員解雇の計画を進めている。スイス銀行大手のクレディスイスは2年間で500人の合理化を発表した。地方の支店の窓口業務を中心として人員カットが行われる。スイス銀行協会では今後,業界全体で3万人の合理化が予定されており,地方の中小の銀行ではコストの削減と競争力の強化が課題であるとしている。(EIRR No. 271 p. 13)

(4) 団体交渉の現状

建設労組GBIは2000年の協約交渉では，新たな枠組み協約の締結を視野に入れた活動を進めている。通信産業でも，通信労組が郵便労働者のための初の公法の下での労働協約交渉を開始した。

化学産業の医学検査関係の企業であるIlford社は2002年に労働協約からの脱退を決定した。労働者側はこれに抗議して示威行動を実施したが，会社側はこれを撤回することはなかった。今後は賃金や労働条件に関する交渉は直接，企業内の従業員代表との間で行われることになった。その初めての交渉が2002年秋に行われたが，結果は賃金の引上げに至らなかった。(EIRR No. 352 p. 29)

公務関係の2004年の協約交渉では，労組VPODがソロツールン州で職員に有利な形で協約を締結した。この協約は2005年1月から施行される。同労組は公法により規制されたこれまでの公務員の労働関係を，労働協約に基づくものに置き替えることには熱心ではなかったが，他部門の協約締結の促進のために協力を行ってきた。この協定は教員を含む同州の全ての公務部門の労働者に適用される。(EIRR No. 376 p. 19)

2005年の協約交渉では，4件の交渉締結に至らなかった事例があった。そのうち2件は前年度からの継続事例である。ドイツ語圏の出版関係の企業と小売チェーン大手ミグロ社でのことである。木材建築部門でも交渉が失敗し，建築取引管理者の新協約の設定の試みも失敗した。

一方で，ヌーシャテル州の運輸，薬局部門では新たな協約の締結に成功した。

運輸関係では，スイス鉄道交通労組（Schweizerische Eisenbahn- und Verkehrspersonalverband; SEV）がレッチュベルク鉄道を始めとして協約を締結した。この協約は2006年1月から2年間有効とされており，1850人の従業員がその対象となっている。また，スイス国鉄と鉄道労組の間の「枠組み協定」はレッチュベルク鉄道の他にも2005年末現在，適用の準備が進んでいる。これが実現するとEUとの協定に伴う労働の自由な移動によるダンピングの阻止に有効であると労組は考えている。(EIRR No. 388 p. 32)

2. 労働協約の締結

　伝統的に、いくつかの労働協約は、政府によって「一般的拘束力宣言」を受けている。これにより、使用者団体に加盟していない企業にも、産業単位または地区単位でこの協約が拡張して適用される。(EIRR No. 357 p. 20)

　連邦通商産業労働局（BIGA）の統計によれば1991年の時点で、スイス全体で1138件の労働協約が施行されており140万人の労働者がその適用を受けていた。このうち512件は部門別協約（Verbandsvertrage）であり、多くは全国、州際、州または地域レベルで締結されており、126万人の労働者に適用されている。一方、626件の労働協約は企業協約（Firmenvertrage）であり、およそ15万人の労働者に適用されている。スイスでは包括的な労働協約は多くの場合、複数年度にわたって締結されており、年度ごとの賃金協定によって頻繁に補充されていることは銘記されるべきである。団体交渉の全体構造を俯瞰すると、交渉単位（Vertragsbereiche）の数の方が労働協約そのものの数よりも意味を持つといえる。

　民間部門では労働協約は約53％の労働者に適用があり、製造業で59％、サービス業で51％という数字になっている。産業ごとの交渉単位は平均5000人の労働者を対象としており、企業ごとの交渉単位の対象となる労働者は平均400人である。産業別の全国協約（Landesweite Verbandsvertrage）は労働協約全体の件数の10％程度に止まるが、約89万人の労働者に適用があり、その数は労働協約の対象となる労働者の実に3分の2に相当する。

　労働協約が公的部門に拡張されることはない。公的部門の労使関係は公法による規制を受けている。

(1) 一般的拘束力

　実際に労働協約は、署名した企業の熟練、未熟練労働者、ホワイトカラーの別なくすべての労働者に一般的に適用される。厳格な法的条件の下では、組合員でない労働者及び署名していない企業には適用されないが、管轄権限の範囲内で国家権力が（連邦または州のレベルで）署名していない全ての使用者と労働者に労働協約の法的拘束力を拡張して適用することを可能にする制定法上の条項が存在する。これを一般的拘束力の宣言（Allgemeinverbindlichkeitserklarung）と呼んでいる。し

かし実際にはこの過程は，全ての協約当事者の同意が必要であり，稀にしか援用されない。その結果，スイスでは1994年当時も労働協約の拡張適用は少数に止まっている。

(2) 労働協約の適用範囲とその拡張

連邦統計局の発表によると，1994年5月の時点で民間部門の労働者の約半数が，産業別の労働協約の適用を受けていることが明らかになった。

スイスの民間部門の全労働者260万人のうち130万人が，合わせて1231件もの産業別労働協約の適用対象となっていた。労働協約の数がこのように多数になっているのは，スイス労働関係における団体交渉の分権的な性格を反映したものである。

それでも5大労働協約だけで協約の適用対象となっている労働者の半数をカバーしている。建設業の労働協約は10万3000人の労働者を，金属では16万人を，宿泊及び仕出し業では15万人を，チューリッヒ地区の商業でも15万人を，銀行業でも7万5000人を単独で労働協約の適用対象としている。産業別協約の適用対象に入っている労働者の約4分の1は，労働協約の拡張適用を受けている。そのうちの多くは建設産業及び宿泊仕出し関係の労働者である。広く産業単位で比較すると，第3次産業の39％に対して製造業では約54％の部門別協約の適用対象となっている。産業別労働協約の適用対象となっている労働者のうちの8分の1だけが企業内協約の対象となっている。しかし，小売大手のミグロ社やスイスコープ社の企業内協約となると，数万人の労働者がその対象となり全国協約としての性格を帯びている。
(EIRR No.265 p.14)

連邦政府の発表によれば，1995年6月末までに拡張され全国協約の対象となる労働者は25万1450人，使用者は4万3560人に及ぶ。さらに，州レベルで拡張された労働協約の適用を受ける労働者は3540人，使用者は530人となっている。

1995年6月までの12カ月間で合計で11の全国協約の拡張適用が行われ，また8件の州レベルの協約の拡張もなされた。対象人員が最多の労働協約は建設産業及びホテル，レストラン，喫茶店などの業種を対象にしたものである。

1999年12月，印刷産業のコメディア労組はドイツ語圏及びティッチーノ地方で1年間にわたる無協約状態の後，新協約の締結にこぎつけた。新協約は2000年1月か

ら施行されるが，コメディア労組はフリーランサーを労働協約の適用対象に含むとともに，新聞の電子編集に従事する編集技術者も，労働協約の適用対象となるとして，その範囲を拡張した。(EIRR No. 317 p. 29)

(3) 労働協約の締結と弾力化

2003年の協約交渉では，GBI，Unia，VHTLの3労組は，初めてザンクトガレン州との間でガソリンスタンドでの就労に関する協定を締結した。疾病保険や合同委員会でのモニターに関する事項などもこれに含まれている。

鉄道労組SEVは，山岳鉄道を運営するレーティシュ鉄道を含めて民営化した公共輸送機関との間で，初めて企業協約を締結した。3年間の有効期間で，スタッフ委員会への代表の派遣という形で従業員参加が保障されている。(EIRR No. 365 p. 24)

2003年の時点でスイスには1000もの労働協約が存在しており，全国，地区，あるいは企業のレベルで交渉が行われている。スイスのソーシャルパートナーはより弾力的な協定の締結を志向している。

労働協約に何を含めるかについては，産業部門ごとにそのアプローチが異なっている。建設産業などでは賃金ダンピングを回避するために，労働協約の中核に詳細な賃金に関する規程をおいている。他方，機械産業や化学産業では一般に賃金に関する交渉は企業レベルで行われ，数年前からは賃金を労働協約の規程事項から外している。また，繊維産業では枠組み協定を志向している。

サービス産業や小売部門の多くでは，労働協約が存在しない。企業も使用者団体に加盟していない。小売大手のミグロ社やコープ社では企業内協約があるが，使用者団体には入っていない。賃金が建設産業のように産業別協約で規定されている場合には，賃金交渉は毎年実施されるが，そうでない場合には産業別の年次交渉は行われない。(EIRR No. 357 p. 20)

3節　雇用保障と労働協約

スイス労働総同盟（SGB）は1997年度の方針として完全雇用の実現をあげてい

る。また，政府に対しては，もっとリベラルな経済政策を通じて経済成長を促進するとともに，変化する経済の要求に応えられるよう労働者が訓練と再訓練の機会を得られるようにすることを求めている。SGBは企業に対して，早期退職の制度を設けて剰員解雇を減らすとともに，労働時間の短縮による雇用の維持も求めている。また，SGBは労働者にとって利害関係の深い健康保険の財政問題を国民投票にかける方針を固め，中低所得層の労働者の保険料負担を軽減するための具体的な提案を行うことにした。(EIRR No. 277 p. 14)

1．雇用の安定

(1) 建設産業における雇用協定

　雇用と投資のための協定が，建設産業の労働組合と使用者団体の間で締結された。同協定の目的は雇用と職能の保障を実現することにある。同協定が施行され，関連のすべての施策が実施されると，全部で5万人分の雇用が維持されることになる。1996年の段階で建設産業全体で27万2000人の労働者のうち1万6363人が失業しているという，建設産業の危機的な状態から抜け出すことが可能になる。

　同協定が連邦レベルで要求している政策発動は以下の通りである。①公的インフラに対する投資の改善によりビルの建替えを促進し，合計で2万人分の雇用を創出すること。②民間に対しては省エネ型住宅への建替え促進のための施策を講じる。③地方政府の建設投資を促進する。

　建設労働者の職能の向上のために，見習い訓練生の増加と中高年者に対する職業訓練の充実が図られることになった。また，建設労組（GBI）の委員長は，この協定を歓迎しており，建設産業の労働条件の維持改善を期待している。この産業における雇用と賃金の減少は，雇用条件に悪影響を与えるだけでなく，熟練労働者の退出と全体的な技術力の減退を招くことになると懸念している。(EIRR No. 274 p. 12)

(2) スイスコム社と国鉄の雇用安定協定

　1999年3月にスイスコム社と通信労組との間の雇用安定に関する労働協約が締結された。スイスコム社は前年1998年10月に2000年12月末から4000人規模の剰員解雇

を実施する計画を発表した。その後の労使交渉の結果，剰員解雇を回避するための一連の対策プログラムが合意された。その合意内容は，①早期退職の促進，②2000年2月からの週4日，36時間労働のパイロットプロジェクトの導入，③雇用支援機関としての役割を果たす「要員センター」の設置，④50歳以上の労働者に対する特別の配慮と保護，⑤特別なケースに備えての基金の設置などである。この協定の実施にあたっては労使双方が参加する委員会で監視を行うことになっている。

スイス鉄道輸送労組SEVが2000年3月にスイス国鉄SBBとの間で締結した新協約では，経済及び経営上の都合による解雇を行わないことが保障されている。しかし，剰員解雇を行わないというこの原則は，計画的な解雇の実施を妨げるものではない。この場合，合理化の影響を受ける労働者は国鉄内外の訓練ポストの提供を受けることになる。(EIRR No. 317 p. 28)

⑶　メンタルヘルスの社会的コスト

2000年秋，SECOは職場のストレスに起因するコストを42億フランと計算した。この中には賃金や医療費の負担，そして欠勤に伴う生産性の低下などによる損失も含まれている。この計算の基礎となった調査は，1998年と99年の2年間にわたって900人を対象として実施された。このうち26.6％の人が「しばしば」または「非常にしばしば」ストレスを感じていると答えており，また82.6％はストレス関連の兆候を被っていると答えた。回答者の多くはストレスの管理の仕方を心得ているが，12％はストレスに対応することが出来ないと回答している。この場合，医療的な支援とともに職務面での免除や軽減を受けている。(EIRR No. 321 p. 12)

2．先任権制度

2002年にスイス航空を継承する形でクロスエアによって設立されたスイスインターナショナルエアラインズは，2003年6月に3000人の人員整理と使用機材の3分の1を売却するというリストラ策を打ち出した。これにより，会社は16億フランの経費節減と5億フランのリストラのための資金の調達を考えている。このリストラでは700人のパイロットと850人の客室乗務員そして1500人の地上職員が人員整理の対象となっている。さらに政府によれば関連企業の2500人が剰員解雇されるおそれが

ある。2003年7月末，影響を受ける従業員に対する支援センターがバーゼルとチューリッヒの空港に設置された。スイス政府は金銭面での支援については計画をしていないが，国内線に対する燃料課税を免除することにより，年間600万フランの経費節減を可能にした。また，政府は，個人や地域にとって厳しいものであっても，再建に必要なリストラ計画に対しては，支持を表明している。(EIRR No. 354 p. 12)

(1) パイロットの労働協約における先任権と平等取扱い

① 厳しい民間航空事業の経営

1957年の日本就航以来，邦人旅行者の間においても，その高いホスピタリティーで好評を博していたスイス航空は，国際的な航空自由化政策の中で2001年には経営不振に陥り，同年9月の米国中枢同時テロによる乗客減がきっかけとなって，翌10月には経営が破綻した。スイス国民の間からはスイス航空を破綻させてしまったことに対する批判が噴出したが，負債総額が1兆円を超え再建は不可能であった。そこでヨーロッパ域内の近距離路線を中心に運行していた子会社のクロスエアを核にして新会社を発足させることになった。子会社とはいえクロスエアは地域航空輸送の分野では世界最大規模の事業者であり，スイス航空の一部路線をすでに継承していた。こうして2002年3月にスイスの新しい翼としてスイスインターナショナルエアラインズが誕生した。前身はクロスエアだが，株式はネッスルなどの大手企業が約70％を，州や自治体が約30％を保有する全く新しい会社組織となった。しかし，この新生スイスインターナショナルエアラインズも発足の初年度から約866億円もの損失を出し，経営難が続いていたところに，2003年に入って新型肺炎SARSなどの流行による乗客減や，格安航空会社の影響によりさらに経営状態が悪化した。このため同社はリストラを繰り返し，保有する航空機の売却や従業員の解雇をすすめた。

② 労働協約の併存に関する紛争

スイスインターナショナルエアラインズ株式会社（被告）は，操縦室乗務員の問題で原告であるスイスパイロット労組（旧CCP）および訴外アエロパース労組（旧スイス航空操縦士組合）の二つの労働組合と対立している。スイスパイロット労組は，2000年11月1日に当時のクロスエア株式会社（現在のスイスインターナシ

ョナルエアラインズの前身）との間で労働協約（以下 CCP 協約という）を締結した。この労働協約は2005年10月31日まで変更することができないことになった（第45条）。2001年秋の被告の事業統合の際に，国際線航空事業者であるスイス航空は2002年3月31日まで事業を継続し，クロスエアに統合され，スイス航空の保有する航空機も継承されることになった。2002年3月，この新しい国際線航空事業者であるスイスインターナショナルエアラインズはアエロパース労組との間で基本協約（以下 B 協約という）を締結した。この労働協約は2002年3月31日に発効し，2005年12月31日まで有効とされた（第43条）。この協約は，スイスパイロット労組も含めた二つの労働組合に対する共通協約として構想された。しかし，スイスパイロット労組が締結を拒んだ。同協約43条1項の規定によれば，すべての労働組合の承認が得られない場合でも，どちらか一方との間で協定が成立していれば労働協約は効力を持つことになる。このため同時に CCP 協約と B 協約という二つの有効な労働協約が存在することになった。

原告は被告がアエロパース労組との間で B 協約を締結したことにより CCP 協約に違反したことの確認を求めた。バーゼル仲裁裁判所は2002年7月15日，被告に部分的に協約違反があったことを認めた。しかし，原告も被告も，休暇に関する事項を除いて，仲裁裁判所の判決の履行合意には至らず，判決が認めた不利益の除去が出来なかった。

被告は2002年10月2日，オペレーションセンターを設置し，旧クロスエア所属の短距離および中距離機（サーブ，MD80など）のパイロットを第1オペレーションセンターに配置し，旧スイス航空の中距離および長距離機（エアバス，MD11など）のパイロットを第2オペレーションセンターに配置した。2003年2月24日には被告は800人の人員の削減を発表した。この人員削減は旧クロスエアのパイロットが対象とされ，第1オペレーションセンター所属のパイロット185人が解雇されることになった。

(2) 仲裁裁判所の判断

バーゼル仲裁裁判所は2003年6月17日の判決（Urteil 2003）で，この解雇を適法であると判断したが，被告が，その雇用するパイロットの員数的な関係を越え

て，原告であるスイスパイロット労組のより多くのパイロットを解雇することは許されないとした。この員数関係の規制は2005年10月31日まで，将来的に見込まれる剰員解雇などにも適用されるとしている。2カ所のオペレーションセンターを設置することは，昇進，訓練，職務類型の選択などの際に第1センターから第2センターへの移行またはその逆が禁じられている限り，適法であるとしている。

労働条件に関する統一性と平等取扱いという労働協約の基本原則から，被告スイスインターナショナルエアラインズは，雇用しているパイロットの員数に比例した以上の，スイスパイロット労組の組合員を解雇することはできない。さらに，同一の能力および資格に基づきながら，異なった職務上の期待をもたらす形でパイロットを二つに区分することも違法と評価された。平等取扱いが多額の教育訓練コストを要するということは考慮の外とされる。なぜなら，このコストは労働協約が予定する先任権の原則に基づいた制度の前提に付随したものであり，予見可能だからである。

① 先任権と乗務機材

先任権に関する規定はパイロットの労働関係に特徴的なものである。他の多くの航空会社でも同様に適用されている原則であり，労働協約の付帯事項となっている。この場合，先任権リストが作成され，個々のパイロットの先任権の通し番号，就職年月日や現在の職種，運行機種などの情報が記載されている。この先任権に関する規定は，余剰人員対策の措置にも適用され，解雇は先任権の番号の逆順で行われる。さらに先任権に関する規定は教育訓練，機長などの管理職への昇進，休暇の割当，その他の業務の運用などにも適用がある。労働協約は勤続年数に基づく優遇を原則としている。

CCP協約の適用にあたって，旧スイス航空のパイロットは，先任権リストにおいて，旧クロスエアのパイロットの後に組み入れられなければならなかった。それは，2002年4月1日なってはじめて，クロスエアにスイス航空が継承されたからである。それとは逆に，B協約が適用される場合には，2001年11月現在のクロスエアおよびスイス航空のパイロットとしての勤続年数が標準となる。旧スイス航空でのパイロットとしての就職年月日はクロスエアの先任権リストに移行され，そこでの

先任権番号も決定される。旧クロスエアと旧スイス航空のパイロットの年齢構成の相違から，旧クロスエアのパイロットの多くは，旧スイス航空のパイロットの後に位置づけられることになった。

　パイロットは年齢の階層だけでなく，乗務する機体の大きさによる階層も設けられている。機体のタイプは職務能力によって決定され，短距離，中距離，長距離といった乗務する路線の距離に関連している。機体の相違に対応して個々の乗務員の職務資格が識別される。機種と勤続年数とはそれ自体何ら内的関係はないが，機体の大きさと勤続年数には一定の並行関係が存在し，それが賃金の構造を説明している。長距離路線のパイロットは高額の賃金が支給されている。

　このシステムでは余剰人員に起因する解雇の際に，常に機種が関係するという点で不合理が存在する。勤続年数に基づく先任権の制度と馴染まない可能性が生じる。経営の都合から，年齢の若いパイロットが高収益路線に乗務していた場合には，より勤続年数の長いパイロットでも解雇されてしまうことも起こりうる。不採算路線や機種の問題が先任権に関する規定によって排除されないとすると，具体的な経営の事情による止むを得ない解雇は，不採算路線や小型機を運行する先任権番号の高いパイロットにも大きな影響をもたらす。さまざまの機種が運行されているという実態がある限り，これは操縦室乗務員の組合に内在する問題でもある。それは先任権規定の独自性に由来する根本的な矛盾と困難であるが，一方で予見可能なものでもある。

② 平等取扱い

　先任権の規定は大量解雇の際に企業の経営に役立つパイロットだけを維持するためには，適切なものではない。順番が型通りに勤続年数によって固定されており，乗務する機種に関する考慮はなされていない。経営上の便宜は最初から問題とされていない。経営を取り巻く諸事情は先任権の規程を無効とするための根拠とはなり得ない。バーゼル仲裁裁判所の2002年7月15日の判決は，2001年秋の旧スイス航空の経営破綻によって，そのパイロットと航空機の継承とともに，全く新しい状況が出現したことを明らかにしている。判決は，平等取扱いの原則が労働関係の中で重要な役割を果たしていることを指摘している。

3. 早期退職

(1) スイスの所得保障制度と早期退職

スイスの公的年金制度であるAHV/IV (Alters-, Hiterlassennen- und Invalidenversicherung) は高齢だけではなく，遺族や障害についてもカバーしている。スイス最大の社会保障制度であり，1947年の国民投票で導入され，その後，数次の改革がなされている。

AHV（老齢年金保険）は退職後の基本的なニーズを満たすように制度設計がなされており，スイス年金保障の3本柱の概念のうちの第1の柱になっている。この制度に関する拠出金は2002年1月の時点では次のようになっている。使用者と労働者は各々，給与の4.2％を拠出する。自営業者は収入の7.8％を拠出するが，年収が4万8300フラン以下の場合は4.2％とされる。非雇用者は年額324フランから8400フランの間で拠出をする。連邦政府は年間給付の16.36％を拠出する。州政府も年間給付の3.64％を拠出する。付加価値税の年間税収もその13.33％が老齢年金保険に充当されている。

スイス年金保障の第2の柱は，職域年金である。この給付により，老齢年金と合わせて現役時の生活の水準を維持することが可能になる。職域年金の制度に対する拠出は次の通りである。この制度の拠出額はそれぞれの規約によって決められている。労使はこれを折半で拠出する。安全衛生基金は年金基金から連邦法に基づいて資金供与を受けている。第3の柱は個人年金である。この年金保険料は次の限度で，課税所得から控除される。被用者の場合は年間で5933フランまで，自営業者の場合は年間収入の20％，ただし上限は2万9644フランまでとなっている。

IV（障害保険）は，次のように拠出が行われる。被用者と使用者が収入の0.7％，自営業者は1.4％を，非雇用者は54フランから1400フランの間で拠出する。また，政府はこの保険給付の50％を負担する。そのうち連邦政府は4分の3を，州政府は4分の1をそれぞれ分担する。

他のヨーロッパ諸国と同じくスイスも人口の高齢化が進んでおり，既存の年金制度に大きな影響を与えている。2000年における65歳以上の高齢者の労働人口に対する比率は1対4であったが，これが2025年には1対2.6に達し，さらに2040年には

1対2にもなると予想されている。

　この問題に取り組むために政府は退職年齢の引下げ，実質賃金の変動に合わせて年金水準を自動的に調整する制度（Mischindex）の導入などを検討している。2003年5月に連邦大統領 Pascal Couchepin は連邦政府職員の退職年齢を2015年までに65歳から66歳へ，さらに2025年までには67歳へと引き上げる方針であることを明らかにした。この措置によって年金基金の財政負担を3分の1，軽減できるとしている。一方で，スイス人の労働時間は過去10年間で最も長くなっているが，早期に退職する傾向が顕著になって来ている。1990年代の初め頃は早期退職する者は25％程度であったが，2003年の時点では35％を超えている。退職の理由は企業のリストラや廃業，また健康問題によるものが多い。早期退職者は，多くの場合，職域年金の第2の柱によりその生活を維持している。

　労働組合は，退職年齢の引下げに反対し，年金調整の制度の導入にも反対の立場を表明している。そして第1の柱を拡充し，老齢年金がより社会的に公正なものとなるように要求している。この労働組合のキャンペーンは AHV の擁護（Hände Weg von der AHV – Hände Weg von den Renten）の運動として展開された。2003年の9月中旬から労働組合は全国と地方の両方で統一行動日を設定して運動を強化している。

　一方で，使用者側は国民が望む限り働き続けられるようにすべきであり，退職年齢の引下げをタブーにしてはならないと主張している。（EIRR No. 357 p. 23）

(2)　早期退職の制度化の進展

　時計産業では2002年春，勤続10年以上の従業員に対して所定の退職年齢よりも1年早く退職することを可能にする協定が締結された。この制度は早ければ2004年から導入され，使用者には1万8000フランの経過的な年金の支払いが義務づけられる。（EIRR No. 341 p. 17）

　建設産業では，2003年7月から生計費の増加分にのみ対応した早期退職年金の増額が労使間で合意された。このための負担は使用者側が賃金の4.66％を，労働者側が1％を負担することになった。この部分で労働組合 GBI はこの交渉を成功と見ている。伝統的に建設産業の交渉結果は拡張適用されるため，協約交渉の当事者で

なくともこの産業の全ての労働者がこの協約の適用対象となる。(EIRR No. 352 p. 27)

2003年も既存協約更新のための交渉が行われた。銀行業では，労働組合（Schweizerischer Bankpersonalverband: SBPV）が銀行員の労働条件を規定する企業協約の更新を行った。最も重要な変更は職務の範囲を4区分から3区分に整理統合したことである。建設産業では，労組GBIが労働協約を更新し，2004年以降，早期退職を62歳から認めることになった。(EIRR No. 365 p. 26)

2004年の協約交渉では，建設部門の塗装，左官，大工，建具などの職種で早期退職の問題が大きな議論となり，協約の締結に至らなかった。一方で，足場関係の職種では早期退職の問題に関する議論が進んだ。また，石材加工の職種では議論が継続している。労組UNIAは，新たな早期退職の措置と義務的な社会計画を導入することを要求しており，2005年3月からこのための議論を開始することになっている。床材や石材関係の職種の見習工に対する賃金の引上げがボォー州で実施されることになった。室内装飾の見習工に対する労働協約に関する検討も行われた。

労組UNIAは，セメント業界の労働協約を2005年末まで延長するための交渉を行なった。また2004年3月から施行の新協約に関する交渉では，労働組合の基本要求は早期退職プログラムとリストラの際の義務的な社会計画の実施の2点であった。発動機部門の労働協約は2006年6月末まで延長された。(EIRR No. 376 p. 20)

4．教育訓練

(1) 労働力の特質

スイスの労働力の主な特質としては次の点をあげることができる。人口及び労働力が高齢化していること。長時間労働であること。パート労働者の割合が多いこと（約30％）。外国人労働者が多いこと（約25％）。高学歴ではないが相当の専門的知識と技術を持った熟練労働者の存在などである。2003年の時点では，労働力の不足は顕在化していないが，年ごとに状況は変化しており，観光業や農業などの部門のように常に単純労働を必要としている産業もある。(EIRR No. 357 p. 20)

(2) 訓練箇所の不足

　1998年3月に連邦職業訓練局（BBT）が発表した統計によると，若年者向けの職業訓練場所が7000カ所不足していることが明らかになった。訓練箇所が不足する原因の一つは使用者側の態度にある。連邦職業訓練局によれば，若年者向けの職業訓練投資を継続している企業は全体の30％に止まっている。さらに，連邦統計局の調査によると1985年から95年までの10年間で職業訓練機会の提供を希望している使用者は，23.9％から15.7％にまで減少している。スイス労働総同盟（SGB）はこれを危機的な状態であるとして，訓練箇所の提供を促進するための資金面からのインセンティブを提供する動きを支援する活動を始めた。(EIRR No. 292 p. 13)

　1998年11月，国民投票において連邦雇用法の改正が認められ，若年者の職業訓練の関係では，訓練に必要のない交代制労働及び休日労働は16歳以下の場合，禁止されることになった。(EIRR No. 300 p. 12)

　2000年1月から1万8000人の従業員を対象に施行されるスイスコム社の新協約は，全従業員の90％を適用対象としているが，見習工，3カ月未満の臨時労働者，管理者，一部のパート労働者は対象外となっている。有効期間は2003年12月までの3カ月となっている。(EIRR No. 317 p. 29)

　時計産業では2002年春，勤続3年以上の従業員を対象に新たに3日の訓練休暇を与えるための労働協約交渉が行われた。訓練コースは職務に関連したものとし，有給とされる。(EIRR No. 341 p. 16)

　食品部門の2004年の交渉では，従業員代表に対してビール醸造業のフェルトシュロッセン社が教育訓練休暇として20％の職務軽減を認めることになった。また同社では労組UNIAが土曜就労の交替手当に対する侵食を回避することに全力をあげている。(EIRR No. 376 p. 19)

4節　従業員参加の制度

　スイスの従業員参加制度は，立法よりも労働協約にその根拠を置いている。その結果，参加の形態や程度も，工場から本社レベルまで，また個別部門から全社単位

まで，多様である。従業員加制度の発展の不均等による一定の差異は存在するが，制度の改革が最優先の課題になっているわけではない。

制定法上の労働憲章に基づいて従業員参加制度が整備されている隣国のドイツやオーストリアとは対照的にスイスでは，これに相当する法的な根拠は少なくとも民間部門には存在しない。そのかわり，スイスでは多くの場合，企業内協定（Betriebsvereinbarung）で従業員参加制度が定められている。

労働協約に基づく従業員参加制度は，スイス労働者のおよそ3分の2を包摂していると推定されている。実際の形態は様々であるが，この従業員参加の制度は全ての産業部門に拡張されている。ここでは主に協議に関する権限が定められており，化学産業の殆どの部門で訓練の延長に関する共同決定権を定めている。新たな投資や既設部門の閉鎖などの経営政策に関して従業員参加の権利は一般に「説明の聴取」に限られている。(EIRR No. 217 p. 23)

1．概説

(1) 経営協議会

従業員参加の権利は，制定法上の根拠を持たない経営協議会（Betriebskommission）で行使される。多くの場合，経営協議会は労働時間外に開催される。大企業の一部では就労時間中に経営協議会を開催するところもある。ほとんど全ての労働協約が，経営協議会の委員に対する，賃金や昇進等の面での，差別的な取扱いを禁じている。また，労働協約は委員に対して年間で2日ないし5日の休暇を与えている。

経営協議会の地位は産業部門によって異なる。経営協議会は参加型の構造をとり，労働組合からは独立している。だが，印刷産業では経営協議会は組合の機関であり，その職務の中に労働協約の適用を含んでいる。また，金属産業では，経営協議会は交渉機能を引き受けている。

(2) 事業所レベル

集団的に合意された従業員参加の実態は相当に変化に富んでいる。主要な内容は「協議の権利」であり，「共同決定の権利」も化学産業のほとんどの部門で，教育訓

練に関して設定されている。新規投資や事業の閉鎖のような経営政策に関する「参加の権利」は一般に情報提供のみに限定される。「参加の権利」は経営協議会（Betriebskomission）によって行使される。

　機械産業の新たな労働協約が1998年の中頃に締結された。この協約は5年間有効で2003年6月まで適用される。この協約交渉は，スイス労使関係の大黒柱であり，他の部門における協約交渉の水準点の役割を果たしている。この協約には，解雇の際の従業員代表の保護の促進がうたわれている。また，従業員代表が昇進となった場合でも，引き続いて，その役割を継続することが出来ることになった。これまでは，昇進があった場合，従業員代表としての役割を放棄しなければならなかった。(EIRR No. 295 p. 12)

⑶　役員会レベル

　役員会レベルでの参加に関する規程は，2～3の事例に限られる。多国籍企業ネスレ社の製造子会社であるNestlé Produits 社及び，小売大手のミグロ社とコープ社がこの事例の中に含まれる。また役員会（Verwaltungsrate）における従業員代表は少数代表に止まっている。例えば，Nestlé Produits 社では，8人で構成される役員会の中で従業員代表は2人であり，コープ社でもこの比率は27対2となっている。

　公企業でも役員会レベルでの参加を規定する事例がいくつか存在する。郵便電信電話公社（PTT）やスイス放送協会（Scweizerisce Rundfunk- und Fernsehgesellschaft）もこの中に含まれる。一方，役員会レベルでの均等代表を実現している唯一の組織体が国営保険会社（SUVA: Schweizerische Unfallversicherungsanstalt）である。(EIRR No. 240 p. 30)

　約130社の企業が従業員に資本参加の途を開いており，自社株の優先取得を可能にしている。1989年には，スイスの全労働者の4％にあたる11万人がこの制度の適用により，平均9000フランの株式を取得していた。

⑷　公務部門の従業員参加

　公共部門では，連邦レベルの従業員参加は，公務員法（Beamtengesetz）に定められた可能条項（Kann-Vorschriften）を根拠に一定の事項に限って実施されて

いる。この立法の下で，従業員参加の権限は以下により行使される。①関係業務について協議を行う権限を持つ，一定の従業員のグループまたは部門ごとに選ばれた従業員委員会（Personalausschüsse）。②労働組合員を含む25〜29人のメンバーで構成され，基本給や人事問題を査定する人事衡平委員会（Paritätische Komimission für Personalangelegenheiten）。③50〜500フランまでの罰金及び減給，降格処分を含む懲戒事例における異議申し立てを扱う衡平懲罰委員会（Paritätische Disziplinärkomimission）。

しかし，実際には人事衡平委員会はこの10年開催されておらず，また衡平懲罰委員会もその重要性は限られている。

地方公共部門における従業員参加は，連邦レベルとは異なる規程に従うことになる。チューリッヒ州では公務員条例（Beamtenverordnung）に基づいて，労働組合は人事規程（Personalerlasse）の改定の際に事前協議の権利を持っている。従業員委員会は，大学病院やレーゲンスドルフ刑務所などの個別の事業所に設置されているだけで，州の行政庁には置かれていない。チューリッヒ市での従業員参加は，市条例（Gemeindeordnung）を根拠として，従業員委員会がその権限を行使する。

⑸ 公共企業体の従業員参加

公共企業体の部門で最も顕著な従業員参加の事例は，スイス国有鉄道（SBB: Schweizerische Bundesbahn）や郵便電信電話公社（PTT: Post-Telefon-Telegraph）であった。どちらも，連邦の公共部門のそれに相当する権限を持った従業員委員会と衡平懲罰委員会が存在する。また，双方とも，衡平労働法委員会（Paritätische Arbeitsgesetzkommission）を置き，労働時間や安全衛生に関する規程の拡張など労働法関連の諸問題の審議と提言を行っている。

制定法上の従業員参加の唯一の例はPTT組織法（PTT-Organisationsgesetz）である。同法は役員会レベルに「充分な」従業員代表を送り込んでいる。この他には公共企業体で役員会レベルでの従業員参加を制度化している例はほとんどない。スイス航空管制では従業員代表1名を役員会レベルに参加させている。また，スイス放送協会では2名の従業員代表が顧問として役員会に参加している。役員会レベ

ルに衡平代表を参加させている唯一の公共企業体が，スイス傷害保険機構 (Schweizerische Unfallversicherungsanstalt) である。(EIRR No. 217 p. 23)

(6) 共同決定プログラム

1992年の段階では，労働組合が従業員参加制度の改革のための国民発議を行ってから20年の時間が経過していた。

1971年の「共同決定プログラム」の中で，スイス労働総同盟SGBはスイスの従業員参加の不均等な発展の問題を指摘した。従業員参加が労働協約の中で制度化されている事業所から，なお権威主義的な経営手法を維持している使用者まで，その落差は大きかった。従業員参加の制度が既に存在しているところでも，工場レベルから役員会レベルまで実際の参加の状況は多様であることを，このプログラムは明らかにしている。このような背景をふまえて，SGBは一方的な解決を拒むとともに，最低限の条件を定める「枠組み」立法の制定を提案した。この中には情報の提供，協議及び共同決定の権限を持った経営協議会の設置も含まれている。また，このプログラムは役員会での衡平代表の参加に関する会社法（Aktienrecht）の改正を求めている。

1976年にSGBは大きな試練に遭遇した。従業員参加の発議は国民投票で否決された。議会が提出した対案も同様に拒否された。この間に，この問題に関する関心は薄れてしまった。

「スイスの従業員参加は今日，議論の俎上に登っていない。」(Armin Jans) という見解は，この間にスイスでは一般に良好な経済環境が継続してきたことを根拠にしている。さらに雇用面での積極的な資本投入が続いたことで，労働市場はタイトになり，労働力の確保の面から，熟練労働者には高額の賃金だけでなく魅力的な労働条件が提供されたことも一因となっている。新しい技術と労働市場における隘路は，熟練労働者の個別的な共同決定を促進する傾向があるが，未熟練の労働者を共同決定から排除する方向で機能する面もあった。(EIRR No. 217 p. 24)

2．従業員参加に関する労働協約

ここでは1988年7月に締結され5年間の有効期間を持った「製造業における工場

レベルでの従業員参加に関する労働協約」について見ておく。

第25条　参加の目的
(1) 工場における従業員参加の目的は以下の通りである。
　－従業員の人格の発展と職場における満足度の向上。
　－工場レベルでの従業員の責任と参加の権利を高める。
　－良好な作業環境の形成。
　－作業への関心と企業の生産性の工場。
(2) 協約当事者は企業内での従業員参加を促す準備を整えなければならない。
　－個々の作業の領域で
　－従業員代表を通じて
　－特別委員会を通じて

第27条　従業員代表
27.1条　従業員代表の設置
(1) 職場または工場に従業員代表がいない場合，投票権を持つ従業員の5分の1の同意をもって従業員代表の設置に関する無記名投票の実施を求めることができる。この結果，従業員の多数が従業員代表を求めているのであれば，経営者及び従業員の双方は選挙を実施しなければならない。
(2) 既に従業員代表が存在する場合も，次の条件が満たされれば追加して従業員代表を選出することができる。
　－新たな代表の範囲は，当該の工場または事業場で投票権を持つ従業員の3分の1以上でなければならない（使用者側の同意があればそれを下回ることもできる）。
　－この提案は，新たな代表の範囲において投票権を持つ5分の1以上の従業員により行われ，投票の多数によって受理される。
(3) 新たな従業員代表が選出された後は，使用者との関係に関する一連の規程を定めなければならない。

27.3条　従業員代表の選出
(1) 労働協約の適用がある代表の範囲の全ての従業員は，選挙権及び被選挙権が

与えられる。
(2)　立候補の資格は年齢，勤務年数，雇用条件などによって制限されることもある。
(3)　選挙区分の設置が必要な場合，工場の部門ごとに代表をたてることができる。
(4)　選出がなかった場合は当該の代表範囲の投票権を持つ従業員の10％以上の得票を得た組織があれば，その中で最多の投票を得た組織の候補が，そこでの代表権を得ることになる。
(5)　単一の組織からのみ候補が選出された場合，会社は当該の代表範囲を適切に代表し，高い得票を得ている他の組織のメンバーを招致することができる。
(6)　その他の投票手続に関する規程は企業内協約で定めることができる。

27.4条　従業員代表の地位
(1)　従業員代表は，その地位に対応した信義と誠実の義務を負う。
(2)　従業員代表は職務に伴う守秘義務を負う。
(3)　交渉内容の広報に関して従業員代表と使用者は協議する。

27.5条　従業員代表の解雇からの保護
(1)　従業員代表と企業年金基金の評議員は，従業員を代表して職務を遂行したことを理由として解雇されたり不利益を被ることはない。
(2)　この種の従業員代表を企業が解雇しようとする場合は，経営者は理由書を交付しなければならない。重大な事由による解雇は予告なしに実施できる。
(3)　解雇理由に関する経営者と従業員代表との協議を勤務時間内に実施することを求めることができる。この協議は3日以内に実施するものとされる。
(4)　この協議は1カ月を超えることはできない。当事者が紛争の通知をした場合，1カ月より早く解雇の通知をしてはならない。
(5)　解雇通知に関して疑義がある場合，通常の手続で処理するものとする。

27.7条　訓練休暇
(1)　企業は従業員代表に有給の訓練休暇を年度ごとに付与する。訓練休暇の日程の割当等は代表ごとに決定する。

(2) 有給の訓練休暇に関しても従業員代表は企業福祉の同水準の措置が与えられる。
(3) 有給の訓練休暇を使って参加するコースが決まった場合，速やかに使用者にその詳細を通知する。

27.8条　一般的な範囲
(1) 従業員代表は従業員の提起する事項について調査し，通常の経路で処理できない場合，必要があれば使用者に対して行動を起こさなければならない。
(2) 従業員代表は使用者から提起される事項について検討し，見解を示さなければならない。
(3) 従業員代表は労働者と使用者の双方から事情を聴取する。
(4) 経営者と従業員代表は良好な労働環境を作ることに努めなければならない。

27.11条　参加の権利
(1) 情報の権利　企業は従業員代表に企業に関する事項について知らせるとともにコメントをする機会を与えるものとする。
(2) 協議の権利　企業の特別な事項について企業は決定を行う前に従業員代表と協議を行う。企業の決定は従業員代表に通知し不一致があるときは調整するものとする。
(3) 共同決定の権利　特別な企業の事項についての決定は，従業員代表と使用者との合意に達したときにのみなされる。
(4) 自主管理の権利　一定領域の権限については従業員代表に委譲される。このために労使間の連絡をはかるガイドラインが用意される。

27.12条　参加の範囲
(1) 参加の権利が適用される領域は使用者と従業員代表との間で合同で決定される。とくに次の領域がカバーされる。
　　－労働時間の割り振り　－休憩　－欠損時間の補塡　－短時間労働
　　－残業の計画　－休暇の計画　－休暇の規程
　　－労働の免除される日の決定　－交替制及び夜業
　　－作業場所評価の制度　－人事評価の制度　－出来高給制度　－男女平等賃金

－提案制度　－大規模剰員解雇の際の緩和措置　－作業環境　－健康保護
　　　－換気暖房　－騒音対策　－労災と職業病の防止　－安全施設
　　　－衛生規程，控室　－従業員食堂　－企業内保険　－福利厚生
　　　－情報の保護　－教育訓練　－収益の分配　－企業広報
(2)　参加の詳細は相互協定に基づいて検討する。

3. 従業員参加の法制度

　スイスを囲む周辺4カ国（ドイツ，フランス，イタリア，オーストリア）と異なり，スイスは従業員参加に関する制定法を長い間，持たないできた。これはスイスの大きな特徴である。しかし1994年初頭，このような特異な状況は最終的に解消された。新たな従業員参加に関する立法が制定され，従業員代表の選出と情報提供及び協議に関する権利が定められた。(EIRR No. 249 p. 22)
　連邦政府は，スイス法をECの立法と調和させる全体計画（aquis communautaire）の一部として，従業員参加に関する法律を先ず成立させようとした。国内法のヨーロッパ法への統合は，基本的にヨーロッパ経済圏（EAA）協定の下で要請されている。

(1)　問題の背景・参加法の前史

　1992年12月の国民投票ではヨーロッパ経済圏協定の批准が拒否されたが，それでも連邦政府はスイス国内市場に関する規制をヨーロッパ標準に調和させようとする計画を進めた。EUとの相互交渉とスイス法の適切な改変を通じて，この方針の推進を図っている。
　従業員参加の領域では，連邦議会は安全，衛生，集団的解雇，及び企業譲渡に関するEC指令に含まれている従業員参加に関する規程を国内法に取り込む作業を続けてきた。この作業は例えば雇用契約における両当事者の権利と義務を定める債務法（OR）などの関係諸法を改正する形で進められた。また，この作業は特別立法の導入という形でも進められた。例えば，1993年12月の企業における労働者の協議と情報提供に関する法律（Bundesgesetz über die Information und Mitsprache der Arbeitsnehmerinnen und Arbeitnehmer in den Betrieben）などがある。

従業員参加の法制度に関する提案は，20年以上にわたって議論されてきた。その頂点は1976年にスイス労働総同盟 SGB の提案が国民投票にかけられた時であるが，結果としてこれも拒否されてしまった。議会による相当緩和された提案も同じく拒まれてしまい，それ以降，この問題に対する関心は1980年代末まで逼塞することになった。現実的にもこの問題が論争のテーマとして現れて来ることはなかった。

　1990年代に入って，ヨーロッパ経済圏協定に関する交渉の結果，この問題が再び採り上げられることになった。使用者側は議論の冒頭から従業員参加に関する EC の規程の導入に対して強く反対し，政府もこれに一定の譲歩を示して，法的拘束力を最低水準に設定した法案を用意した。この法案は議会においても，さらに薄められた。一方，労働組合では EC 指令に沿って完全な共同決定の権利を行使できるものとして，この従業員参加の提案を理解していた。また全ての当事者はスイスがヨーロッパに統合されることに賛成しており，政府も労働組合も，議会による修正に関連して，国民投票の手続に移行することは望んでいなかった。この法律に関する国民投票の期限が1994年3月に経過したことで，新法は1994年5月から施行されることになった。

　⑵　従業員代表

　この従業員参加に関する法律は民間部門にのみ適用される。公的な行政部門には既に従業員参加の法制度が施行されており，連邦，州，市町村ごとに異なった形態で運用されている。

　この法律は労働者側に1人以上の従業員代表（Arbeitnehmervertretungen）を選出する権利及びその被選挙権を与えている（3条）。しかし，この従業員代表は従業員数50人以上の事業所に限って選出が可能になっている。なお政府案では最低従業員数を20人としていた。しかし，このことは50人以下の事業所に同法の適用がないことを意味するものではない。この法律は第4条で従業員代表が存在しない事業所では従業員は直接に情報提供や参加の権利を行使することが出来るとしている。

　従業員50人以上という基準によれば，スイスの第2次産業及び第3次産業に属す

る民間部門の労働者の42%が従業員代表による代表権を欠くことになる（BIGA）。だが，ナショナルセンターである SGB によれば BIGA の推計にはパート労働者が含まれておらず，実際の数値は50%を超えるとしている。

従業員代表の構成手続も定められており，従業員の5分の1以上の要請により，事業所の従業員の多数が代表の構成を望んでいるか否かを決定する秘密投票を行うことが出来る。500人以上の従業員を擁する事業所では少なくとも100人以上の従業員の要求があった場合に，この投票が行われることになっている（第5条）。従業員代表の数は労働者側と使用者とで合同で決定されるが，最低3名以上で事業所の構成を考慮するとする他には何らの規制もなされていない（第7条）。

(3) 権利と義務

従業員代表は使用者との関係で労働者の一般的な利益を保護するよう付託されており，日常的にその活動について，労働者に情報提供するよう義務づけられている（第8条）。

① 情報の権利

従業員代表はその本来的な責務を遂行するために必要な全ての事項について，適切な時期に明確に情報提供を受ける権利がある（第9条）。さらに使用者は少なくとも年に1回は従業員代表に対して，事業所の経営状況が雇用や従業員に与える影響について情報提供するよう求められている。

② 参加の権利

同法は労働安全衛生，企業の譲渡及び集団的解雇の領域について参加の権利を持つと定めている（第10条）。

同法は参加の権利に関する詳細については何ら定めておらず，同法の関与する領域をカバーする特別法が制定されている。関連する各法は同法に沿って改正がなされている。例えば，債務法は333条 a の改正により，企業の所有権譲渡の際に，従業員代表は，その理由と社会的経済的帰結について情報の提供を受けるものとしており，これに伴って生じる諸問題について協議するものとしている。

同様に集団的解雇に関する詳細な参加の権利は，債務法335条 d 及び335条の改正によって対応している。一方，安全衛生に関しては労災保険法（Bundesgesetz

245

über die Unfallversicherung）82条及び労働法（Arbeitsgesetz）6条の中に定められた。

③　協力

　同法は，使用者と従業員代表が事業所の操業に関する事項について誠実に協力するべきことを定めている（第11条）。使用者は，物的なリソース，業務管理など必要な前提に沿って従業員代表の配置を行うことが求められている。また使用者は従業員代表に対して，その職務を遂行している期間とその終了後について，差別的な取扱いをすることが許されない（第12条）。

④　守秘

　従業員代表は，関係する業務の性格から必要とされ，その職務がこれを許容する範囲で就業時間中でも，従業員代表としての役割を遂行することが出来る（第13条）。同法は守秘に関する一連の規程を含んでいる（第14条）。例えば，従業員代表（従業員代表が不在の場合は情報提供と協議の権利を直接に行使する労働者）は，その業務に関連して知り得た経営上の事項に関する秘密を漏らしてはならない義務が課されている。

⑷　枠組み立法

　同法は「枠組み立法」であり，労使の両当事者に対して，同法所定の最低基準を遵守する限りで，その施行に関して相当の裁量の余地を残している。すなわち，同法は労働者に有利な形でならば同法の規程からの逸脱も許している。また，労働協約に定めがある場合に限って，労働者に不利な形での同法からの逸脱も許されるが，次の同法の規程に関する事項の逸脱は禁じられている。適用の領域（第1条），従業員代表の選挙権（第3条），選挙規程（第6条），情報提供及び協議の権利（第9及び10条），従業員代表の雇用保護の権利（第12条），および労働者の個人情報に関する守秘義務（14条2b）などである。

　民間部門では，これまで従業員参加に関する制定法上の根拠がなかったため，これに関する規程は労働協約の中で定められ，これがスイスの労働者の3分の1をカバーしてきた。立法化された後は，新法と既存立法の改正法が求める最低基準にこれらの労働協約が適合し得るかどうかが評価されることになった。

一方で，金属産業の労働協約や化学，食品，テレビ事業などの労働協約に見られるように，新たな法的枠組みの下で定められた基本的な権利綱領を相当程度に超越する従業員参加の制度が労働協約で定められている事例も存在することに注目しておく必要がある。このように，将来において従業員参加の制度をさらに充実するための土台が用意されている。そして同法の特徴は，実体的な規制よりも原理原則を定めているところにあるといえる。政府は1993年11月に採択されたECの労働時間指令に対応して，労働時間の編成に関する制定法上の参加の権利を拡大するための検討を始めた。

4．従業員参加とEU指令

　1992年当時，スイスはヨーロッパ経済圏構想に関する協議に参加しており，これはEU加盟に向けた積極的な動きではあるが，従業員参加に関するEUの提案は，それが実現したとしてもスイスの制度にはあまり大きな影響を影響を与えることはないだろうと見られていた。

　スイス政府がヨーロッパ会社法の定める選択肢のうち，集団的に同意された代表の形式を志向することは明らかで，ヨーロッパ労働関係理事会指令の草案も，1000人以上の従業員を雇用するEU域内の多国籍企業に適用が限られることから，多くのスイス人労働者が適用外となり限定的な意味しか持たないことになると見られていた。(EIRR No. 217 p. 24)

(1)　EU労働評議会指令のスイス企業に対する影響

　スイスはEUにも，またヨーロッパ経済圏にも加盟していない。そのため，ヨーロッパ労働評議会指令の適用を受けることはない。それにもかかわらず，これまで同指令の適用を除外されてきたイギリスと同様に，スイスの労働者も多くの多国間協定の適用を受けている。

　1996年9月から施行されているヨーロッパ労働評議会指令は，イギリスを除く当時のEU加盟国とアイスランド，リヒテンシュタイン，ノルウェーのヨーロッパ経済圏の17カ国で適用されている。将来的にはイギリスもこの適用に踏み切るものと見られていた。

スイスは，EUにもヨーロッパ経済圏にも加盟していないため，同指令の直接の適用を受けない。スイスは1992年の国民投票で双方への加盟を拒否している。しかし，スイスには1994年5月から施行されている従業員参加に関する法律が存在する。この法律は50人以上の事業所について，従業員の過半数の要請により，従業員代表を置くことが出来るとしている。

スイスがヨーロッパ労働評議会指令の適用から除外されているという事実にもかかわらず，スイスの多国籍企業は同指令の条項の適用を受けることになる。それは多国籍企業の本社拠点がどこにあるかを問わず，同指令が多国籍企業を次のように定義しているからである。①EU内で少なくとも1000人以上の労働者を雇用している。②グループ企業が少なくとも二つ以上のEU加盟国内に存在する。③グループ企業はそれぞれの加盟国で150人以上の従業員を擁している。

スイスの多国籍企業はスイス国外で140万人もの労働者を雇用しており，そのうちの92万人は製造部門で，42万人はサービス部門で就労している。この結果，60のスイス多国籍企業が上記のEUの定義に該当することになった。

このヨーロッパ労働評議会指令の持つ大きな潜在的影響力について，スイス建設労組GBIはスイス企業と労働者を対象に調査を実施した。同労組は1996年9月にヨーロッパ労働評議会指令が発効する以前にすでに存在していたスイスの多国籍企業やヨーロッパ経済圏に拠点を置く多国籍企業が自発的に締結していた13件の協定の内容について分析した。1996年9月以前に協定を締結した企業は，同指令の適用が除外されることになっており，この協定が全従業員に適用され，国の枠を越えた情報の提供と従業員との協議が行われる。（Armin）

⑵　多国籍企業の従業員参加

ヨーロッパ労働評議会指令に基づく評議会の設置と参加の権利は，厳格にヨーロッパ経済圏加盟諸国の事業所とそこで雇用される労働者に限って適用される。従って，ヨーロッパ経済圏加盟諸国内に事業所を持つスイス多国籍企業は，理論上は当該諸国の労働者のために評議会を設立した上で，そこからスイス人労働者を排除することが可能である。同様に，ヨーロッパ経済圏加盟諸国に拠点を置き，スイスに事業所を持つ多国籍企業はスイス人労働者のヨーロッパ労働評議会における代表権

を否定することが出来る。

　しかし，GBIの調査では，スイス多国籍企業は，その多くがスイス労働者の参加を許している。7件の協定だけがスイス人労働者を除外しており，2件の協定はスイス人の従業員代表をオブザーバーとして扱っている。これらの企業の場合，拠点がスイスだけにあったり，労働組合の力が相対的に弱いといった背景がある。

　さらに，GBIは在スイス外国多国籍企業について調査を行った（Hans）。建設業では，多くのスイス人労働者を雇用する12の外国企業が自発的に協定を締結しており，その4分の3は労働評議会へのスイス人労働者の参加を認めている。しかし，このような参加は金属や機械産業では一般的ではない。スイスに生産拠点を持つ62の外国多国籍企業が，自発的にヨーロッパ労働評議会と協定に関する交渉を行っているが，そのうちの3分の1だけがスイス人従業員の参加を認めている。(EIRR No. 286 p. 23)

5節　争議行為と紛争解決システム

1．争議行為の推移

(1)　1990年代前半の争議行為

　公務員部門の争議行為が1990年末から1991年にかけて連続しており，争議行為は稀であることが特徴とされるスイスの国民の注目を集めた。争議行為の原因は構造的な困難によるものであるが，異例な6％という高インフレ率を記録していることにもある。

　イタリア語圏のティッチーノでは，ソーシャルワーカーが90％の参加率で半日ストライキに突入した。ザンクトガレンや他の州でも勤務医が示威行動に立ち上がった。とりわけ顕著な争議行為の例は，ジュネーブの公務員の1日ストライキである。清掃作業員から医師まで1万6000人が参加した。国家公務員の労働組合は，憲法で禁じられているストライキを背景にして，3％の賃上げの半年延期に抗議した。(EIRR No. 206 p. 10)

　1993年に金属産業で新たな労働協約が締結された。この新協約は18万5000人の労

働者に適用がある。この労働協約の条項は一定の規制の下に置かれている。経営側は労使協議会での合意を遵守しなければならない。労使協議会で拒否された場合，経営側はこれを受け入れ，仲裁手続には付託しないものとされている。一方，仲裁手続は紛争が生じた時の最終的な解決の拠所とされる。労使は企業が本当に経済的困難に立ち至った時には，類型に応じて必要な範囲で交渉を維持するものとされる。最終的にこのような「危機条項」が適用されるのは労働協約の有効期間の半分のみとされ，この期間は最大でも2年半である。

スイスの機械産業は，1993年の時点では困難な状況にあり，ドイツの不況で輸出の不振にさらされていた。この1年間でこの産業の雇用は6.2%もの減少を記録した。(EIRR No. 234 p. 11)

長引いた交渉と300以上の建設現場での一連の抗議行動の後に，労働組合と使用者側はようやく建設業における新しい労働協約の締結に漕ぎつけた。この労働協約は直接的に約12万人の労働者に適用され，さらに間接的にほぼ同数の労働者にも適用される。

この新協約は1995年1月から施行され，絶対的平和義務が定められたことにより（権利紛争と利益紛争の両方に適用される），全ての紛争は最終的には仲裁裁判(Schiedsgerichte)によって解決されることになった。通常とは異なり，この協約は労働条件について改善と譲歩の両面を含むものとなった。改善面は労働時間関係であるが，譲歩は賃金，諸手当の面でなされた。(EIRR No. 252 p. 11)

(2) 1990年代後半の争議行為

① スト禁止条項の棚上げ

1996年夏，鉄道労組SEVに所属する1万人の鉄道員が，スイス国鉄本社前で，1997年度における2～4%の賃金引下げに反対して抗議行動を行った。鉄道労組委員長は抗議行動の参加者に対して賃金引下げの脅威が現実化した場合には，現行の労働協約で合意されているスト禁止条項を棚上げにするとともに，幹線道路の封鎖などの他の形態の抗議行動も検討していると語った。こうした中で組合員は態度を硬化させており，合理化の要請を拒否している。また，政府に対して自動車に対する鉄道輸送の競争力を強化するための施策をとるよう訴えている。(EIRR No.

終　章　スイス集団的労働関係の変容

272 p. 10)

　労働組合にとって1997年の労働協約交渉は困難なものであった。(Ackermann 1998) 金属産業の交渉は厳しい経済状況の下ではあるが率直な形で展開された。また建設産業では，全国的な動員を行いストライキを背景にした団結の力を示すことで，最終的に労働協約の締結に漕ぎ着けた。労働組合によると，使用者団体の内部の緊張感が状況を一層悪化させている。民間部門では，使用者側は低迷した経済状況を前面に押し出してその交渉スタンスを正当化しようとした。さらに，生産コストの増加が競争力を低下させていると繰り返し主張した。公務員部門でも，使用者側は厳しい財政状況を指摘し，支出の抑制を理由として労働条件の民間準拠の必要性を何度も主張している。(EIRR No. 292 p. 29)

② ストライキの実施

　1997年中に実施されたストライキは，3カ所の事業所で327人の労働者が参加した。これによる労働損失日数は435日であった。スイスではストライキ（Arbeit-streitigkeit）は公式の定義では少なくとも1日以上継続したものをいい，作業停止（Arbeitsniederlegung）はこれに含まない。このストライキのうち2事業所は製造業で，解雇に反対して行われたものであり，1事業所は会社側の賃金政策に抗議して実施された。

　スイスのストライキ発生率は，産業国家の中では際立って低い値を示している。1990年から97年の間において，政府には21件のストライキが報告されているが，1993年に限っては全くストライキが行われなかった。ソーシャルパートナーが紛争を回避し，交渉による協定の締結を好むスイス労使関係の性向からすれば，これは驚くにはあたらない。多くの労働協約は平和義務（Friedenspflicht）を定めており，この伝統は1937年の機械産業の産業別協約にまで遡ることが出来る。(EIRR No. 299 p. 12)

　1998年の協約交渉は建設や機械を始めとして多くの部門で緊張のうちに展開した。SECOは少なくとも1日以上継続した紛争を争議行為と定義しているが，この年は7件の争議行為が発生した。これらの紛争は12の企業，1万6125人の労働者を巻き込み，労働損失日数は2万4719日に達した。

表2　1990年から1999年までの10年間の争議行為件数の部門別及び原因別内訳

	件　数	事業所数	参加労働者数	総労働損失日数
部　門				
繊維	2	2	141	5,991
印刷	4	234	7,091	10,531
工芸	1	1	40	200
石材	1	13	185	603
金属	2	2	382	1,589
車輌製造	2	2	97	485
その他	1	1	130	325
建設	5	125	808	1,131
商業	2	5	20	49
福祉サービス	3	3	158	190
化学	2	2	710	1,070
クリーニング	1	1	15	30
公務	6	15	22,091	31,466
金融・保険	1	4	560	980
原　因				
賃金	15	147	23,450	33,605
労働協約	7	249	7,226	13,774
その他（労働組合権，採用，雇用，リストラを含む）	11	14	1,752	7,261
計	33	410	32,428	54,640

出典：Swiss Secretariat for Economic Affairs

　公務部門で発生した争議行為により，多くの州で警察，教育，保険，社会福祉などの領域で影響が生じた。きっかけは多くの州が示した財政緊縮策であった。アールガウ州での集団的示威行動は賃金カットの抑制に成功した。
　1999年の労働協約交渉は建設，印刷，航空輸送などの産業分野でストライキや抗議行動が行われ，著しく困難なものとなった。地方の公務部門でも多くの労働者が争議行為に突入した。
③　ストライキとロックアウト
　争議行為による1998年のスイスの労働損失日数は2万4719日であったが，1999年

終　章　スイス集団的労働関係の変容

表3　1979年から1999年までの争議行為の推移

年　度	件　数	事業所数	参加労働者数	労働損失日数
1979	8	8	463	2,331
1980	5	330	3,582	5,718
1981	1	12	15	15
1982	1	1	55	550
1983	5	5	985	4,438
1984	2	2	50	662
1985	3	10	366	662
1986	1	1	36	72
1987	0	0	0	0
1988	4	4	131	870
1989	2	2	22	265
1990	2	2	578	4,090
1991	1	1	51	51
1992	3	18	220	673
1993	0	0	0	0
1994	8	238	6,901	14,380
1995	2	2	83	351
1996	3	5	5,888	7,266
1997	2	3	327	435
1998	7	12	16,125	24,719
1999	5	129	2,255	2,675

出典：Swiss Secretariat for Economic Affairs

には2675日に急減した。スイスの争議件数は90年代に増加したが，他のヨーロッパ諸国と比較すると相対的に低い水準が維持されている（Ackermann 2000）。このことは，スイスの労使関係が協約で定められた平和義務で下支えされているという事実を反映している。使用者側は，平和条項を最低限の協約交渉における要求事項と考えており，実際にも労働協約全体の3分の2が平和義務条項を含んでいる。

このように制度化された協力関係の結果，過去20年間にわたって争議行為は例外的なものであり，ほとんどの紛争は平和的に解決されてきた。だが，1990年代の困難な協約交渉は，労使関係における合意を追求する伝統的な方式を厳しい圧力の下に置くことになった。SECOの統計によれば，90年代に労使紛争が増加した理由

表4　争議行為件数の国際比較

国名	1980年	1985年	1990年	1995年
スイス	5	3	2	2
オーストリア	9	4	9	1
ベルギー	—	—	33	46
デンマーク	225	820	232	424
フィンランド	2,182	833	450	112
フランス	2,118	1,901	1,529	—
ドイツ	—	—	—	—
ギリシヤ	726	453	480	110
アイルランド	130	116	49	34
イタリア	2,238	1,341	1,094	545
ルクセンブルク	—	0	1	—
オランダ	22	45	29	14
ノルウェー	35	11	15	11
ポルトガル	269	476	271	—
スペイン	2,103	1,092	1,312	883
スウェーデン	212	160	126	—
イギリス	—	—	—	235

出典：ILO

には，企業のリストラによる雇用の不安定化と個別的賃金交渉の増加がある。(EIRR No.320 p.26)

　1999年の協約交渉の環境も近年最も厳しいものの一つであったが，労働損失日数自体は急激に減少した。公務員関係では多くの地方政府で争議行為が発生した。この年には5件のストライキが発生し，129の企業と2225人の労働者を巻き込んだが，労働損失日数は2675日に止まった。保険部門でのストライキは労働条件に対する不満を理由としている。また，印刷産業では産別協約の締結に向けた交渉が拗れて紛争になった。

　1998年と99年の労使紛争では，ロックアウトが全く行われなかった。今でもスイスのソーシャルパートナーは合意を重視した労使関係を希求しており，紛争は交渉を通じて解決することを心がけている。争議行為が避けられないと見られる場合でも，その日数や範囲は限定されている。過去10年間で労働者1000人あたりの労働損

失日数は平均1.43日にすぎない。同様な傾向はルクセンブルクやオーストリアにも見られる。(EIRR No.320 p.27)

(3) 2000年以降の争議行為

① 建設産業のストライキ

2002年11月，建設産業の労働者は，使用者側の早期退職協定の実施拒否に抗議して全日ストを実施した。

建設産業の使用者団体SBVは2002年4月の交渉において，建設労働者の63歳での早期退職制度の導入に同意していた。この制度は2003年1月から導入されるのに先立って，2002年7月から早期退職に対する割増が支払われることになっていた。しかし，使用者側はこれを実行しなかった。2002年3月で期限の到来する労働協約の更新交渉においても，早期退職問題は主要なテーマになっていた。労働者側は60歳での割増を受けての早期退職を要求し，ストライキを構えていたが，2002年4月に合意が成立したためこれを取り止めていた。

建設産業の労使は，1万5000人以上の建設労働者が参加して2002年11月4日に実施された全日ストを経て，早期退職制度の詳細について合意に達した。この合意の実施に関しては，若干の遅延を認めるものとなっている。また2006年6月から60歳以上の全ての労働者に早期退職を認めることになった。その間は，段階的に経過措置をとって行くことも合意されている。この制度の運用については特別な基金 (Stifung FAR) を設けて労使合同であたることになっている。(EIRR No.347 p.11)

② 争議行為の失敗

2004年の協約交渉は賃金面では全体として満足の行く結果であったが，ドイツ語圏とティッチーノ州の印刷産業では新協定の締結に至らなかった。労働組合の動員にもかかわらず，使用者が旧協約を2004年8月に終了させた後，数カ月が無為に経過してしまった。未解決のままとなっている基本的な問題は，賃金を企業ごとに決めるか，または産業ごとに決定するかであり，印刷産業の使用者団体 (Verband Scweizer Presse) は，今後は企業レベルでの決定を主張している。

建設産業でも困難を経験した。塗装及び左官関係の労働協約は2004年春で失効す

るが，新協約締結を妨げている主要な問題は62歳からの早期退職である。争議行為が行われても，労使はこの問題を解決できないでいる。その結果，この産業部門では非組合員の導入の脅威が高まっている。労働組合は連邦に対して仲裁を求めた。

　建具木工関係の労働協約の締結も早期退職措置に関する問題で合意が得られず実現していない。この問題は，これまで建築マイスター協会に加盟し，その全国協約（Landesmantelvertrag）の適用を受けてきた建築工務店関係の紛争に起因するものである。使用者側は2002年に合意された早期退職に関する措置の実施準備をしておらず，その後，建築マイスター協会を脱退してしまった。労組UNIAはこれを厳しく批判し，仲裁裁判所に提訴した。使用者側は，仲裁判決の前に新協約をSyna労組との間で締結したが，労組UNIAはこれを認めていない。(EIRR No. 376 p.20)

2．紛争解決システム

　「産業平和」の概念はスイス労働関係の品質証明の刻印のようになっている。ストライキは極めて珍しいので，他の諸国とは異なり一旦ストライキが発生するとメディアの注目を集め，政治的な関心を高めることになる。ある識者はスイスをしてストライキから解放された経済とまで評している。

　1982年から1991年までの10年間で争議行為の発生件数は極めて少なく，全産業における労働者1000人あたりの労働損失日数では経済協力開発機構（OECD）加盟諸国中最低であった。しかし，争議行為が少ないという特徴がいつの時代のスイス労働関係にも妥当するというわけではない。1918年から1927年の10年間では，平均して年に19万日もの労働損失日数を計上していた。1978年から1987年までの期間の平均が2000日以下であることと比較すると突出して大きな数字である。過去50年間に達成された争議行為発生件数の大幅な減少は1937年に締結された機械産業の歴史的な「平和協定」（Friedensabkommen）によるところが大きい。(EIRR No.240 p.30)

　(1) 平和協定
　スイスの労働者の大多数をカバーしている労働協約は絶対的平和義務を定めてい

終　章　スイス集団的労働関係の変容

る。労働協約の有効期間中，争議行為の回避を求める平和義務はヨーロッパのほとんどの国々で規範化されているが，一般に労働協約条項の解釈や，その違反をめぐる権利関係の紛争に適用されるだけで，労働協約がカバーする事項に関連しない利益紛争については，なお争議行為による解決が許されている。これに対して，絶対的平和義務は権利と利益の両方の形態の紛争に適用され，労働協約有効期間中のあらゆる争議行為の可能性を効率的に排除する。

　絶対的平和義務の概念は「平和協定」（Friedensabkommen）の下で1937年に機械産業で初めて導入された。この協定は逐次改定されて行くが，「誠実の精神」の下で紛争解決のために適用された。第１段階として職場レベルでの解決をはかる試みがなされた。そして大部分の紛争はこの部分で解決を見ている。従業員代表と使用者の間で協定の締結に至らない場合は，紛争は労働協約当事者間の団体交渉（Verbandsverhandlung）の場に持ち出されることになる。さらに労働協約の当事者間で紛争解決がはかれない場合，平和協定に基づいて仲裁裁判にかけられることになる。1950年代以降，金属産業方式が民間部門では広く採用されており，今日では労働協約全体の約３分の２が絶対的平和義務と仲裁裁判への付託を定めている。

　(2)　絶対的平和義務

　この平和協定の主要な構成要素は「絶対的平和義務」（Friedenspflicht）の条項であって，それは今日まで継続している。労働協約の有効期間中は争議行為の抑制を求める平和義務は，ほとんどのヨーロッパ大陸諸国で規範として成立している。しかし，それは既存の労働協約の条項の違反あるいは解釈に関連する「権利紛争」に限って適用されるという意味で一般に相対的な平和義務に止まっている。そして既存の労働協約が対象としない事項も含む「利益紛争」については，なお争議行為によって解決が計られている。これとは対照的に絶対的平和義務の場合には，両方の紛争の形態に適用があり，労働協約有効期間中は効果的にあらゆる争議行為の可能性を排除することが出来る。

　随時改定がなされてきた1937年の平和協定は紛争の解決に貢献してきた。職場レベルでの紛争の解決が計られるが，協約当事者間で紛争の解決に失敗した時には，平和協定の定めに従って仲裁裁判所（Schiedsgericht）に提起される。仲裁裁判所

の典型的な構成は，労働組合と使用者代表及び合同で指名した裁判長からなり，拘束力を持つ仲裁判決を下すことが出来る。しかし，実際には紛争の大部分が仲裁裁判所に提起される以前の段階で適切に解決されている。

1950年代以降は，絶対的平和義務と仲裁手続への付託の権利を定める条項を持った金属産業における紛争解決モデルが，民間部門を中心に広範に普及している。1991年には，絶対的平和義務が企業レベルの交渉単位で54％，産業ごとの交渉単位で61％も適用されている。産業ごとの交渉単位に関しては，平和義務はより多くの交渉単位で導入されている。産業ごとの交渉単位のもとに置かれる全ての労働者の71％が，絶対的平和義務の適用を受けている。絶対的平和義務のもつ重要性はこの間，労働協約の条項として産業別協約の中で，変わることなく維持され続けてきた。一方，企業協約においては，その重要性が減退している。

(3) 仲裁制度

1991年におけるスイスのストライキは1件を記録しただけであった。この国にとってこの記録は特別なものではない。争議行為の少なさは，その多くを制度的なメカニズムに負っている。絶対的な平和義務と権利及び利益関係の紛争を仲裁手続に付すことを義務づけている労働協約の存在がその土台となっている。

1998年4月に連邦議会ではストライキやロックアウトの権利を基本権として連邦憲法に取り込む修正案に関する投票が行われた。これらの権利は，労働条件に関するものであって，平和義務や仲裁裁判を損なうものでないという文脈の下で保障されることになった。しかし，団結権に関するILO87号条約の批准のための憲法改正は拒否された。スイス労働総同盟はこの結果を歓迎しており，これらの規程が基本権として確立したことにより，労使関係における予測可能制を高めることになるとしている。(EIRR No. 293 p.12)

3．紛争解決システムの信頼性

スイスでの争議行為の発生率は非常に低い。産業平和（Arbeitsfrieden）の機構が効果的に機能している理由は，スイスの社会経済の発展過程のなかで育成されてきた合意を重んじる態度と，紛争をコントロールする制度的なメカニズムにある。

① 仲裁制度の実際

　労働協約によって仲裁に向けた手続や内容に関する規程に差異が存在するが，多くの場合，仲裁機関は労働組合と使用者がそれぞれ指名した1名ずつの委員と中立の委員長で構成される。中立の委員長は他の2名の委員によって共同で指名されるか，または労働組合及び使用者団体によって共同で指名される。通常，委員長には地方または州の裁判官または大学教授が就任することが多い。時には退職した連邦の裁判官（Bundesgerichter）が委員長になることもある。

　仲裁手続においては，申立人側の当事者に対して紛争内容を書面で速やかに（通常1ヵ月以内）陳述するよう求めるとともに，相手方当事者にも同じ期間内に答弁書の提出を求める。そして協約当事者のそれぞれの代表に対する事情聴取が行われる。紛争が単一の企業内に止まる場合には，経営協議会のメンバーと経営者が仲裁裁判所に招致されることになる。

　労働協約によって挙証責任の配分も異なっている。機械産業の場合，例えば，産別協約が賃金について規定していないため，賃金紛争を仲裁手続に付託する際には当事者双方が適切な証拠を添付する必要がある。一方で，労働協約によっては賃金に関する規程を持ち，賃金のインフレ調整（Teuerungsausgleich）に関する条項まで定めているものもある。例外的な理由で労働協約の定める賃金条項に沿うことのできない企業は，仲裁手続に付託するとともに適切な証拠を提示しなければならない。

　仲裁手続における聴聞が終わった後，通常，仲裁裁判所は調停案（Vergleichsvorschlag）の提示を行う。ここで両当事者の対立する主張のそれぞれの土台が形成される。調停案が受け入れられれば，この事案は終結することになる。一方，両当事者がそれぞれの本来の立場に固執し続けた場合には，仲裁裁判所は通常の場合，当日中に仲裁判決を下すことになる。この仲裁判決は，厳密な法的解釈によるというよりも，経済的社会的な規範に沿って下されることが多い。仲裁判決に対する異議申し立ては，重大な専断（schwerwiegender Willkur）として，通常の裁判所に提起される。

　仲裁判決は正式に公表されることはないが，両当事者は判決要旨を一般に明らか

にすることができる。
② 制度に対する信頼

　仲裁手続における聴聞は厳粛な雰囲気の下で裁判所内において行われることが多い。これまでも，仲裁判決は敗訴した当事者からも信頼を得ている。しかし，一部の企業は，仲裁手続においては個別的な事情を勘案することが少なく，企業の意思決定の範囲を狭めることになるとして不満を表明している。労働者の側からも紛争解決システムにおける仲裁の役割が，職場や労働者の現実から乖離しており，労働組合の存在意義を失わせ，争議行為における組合員の動員力を削いでしまっているという批判がある。

　紛争の仲裁手続への付託は労働協約の有効期間中にのみ可能である。一旦，労働協約が無効になると，両当事者は絶対的平和義務による規制を受けることがなくなり，望むままに自由に争議行為を開始できる。1992年の時点でも重要ないくつかの労働協約が期間の満了や廃棄により無効となっている。ビッグスリーといわれるスイス化学産業の多国籍企業であるロシュ，チバガイギー，サンドスを含むバーゼルの化学産業の労働協約も無効になっている。新聞報道関係やスイス航空の労働協約も無効となっている。これら三つの労働協約の更新は，それぞれの協約当事者の立場から，これまでよりも困難な交渉になり，ストライキや争議行為も排除できないと見られた。

　争議行為の可能性は合意を重視するスイスでも広範に議論されているが，抗議行動，デモ行進，示威活動などによる国民のイライラがどの国よりも低いことが，更新後の労働協約に平和条項を設定する強い動機になっていることは示唆的である。
(EIRR No. 224 p. 22)

むすび

　団体交渉と労働協約は，自由市場の原理と矛盾する懸念があるが，生産要素としての「労働」の特殊な経済的性格から正当化され，政府の政策的意図に基づく介入により，自由な企業活動を基盤とする経済を統制する労働市場規制の一要素を構成

終　章　スイス集団的労働関係の変容

している。スイスでは労働協約の随意的性格が「消極的団結の自由」として保障されているが，国家が労働協約に「一般的拘束力」を宣言することにより，この随意的性格が侵食される潜在的な脅威がある。Urs. Ch. Nef のこのような指摘は，労働市場に対する自由主義的な経済分析からは当然の帰結である。さらに，Nef は，労働協約が国民経済における労働者の持ち分の増大に貢献するとする一般的な理解に対して疑問を投げかける。賃上げは絶えずインフレによりその実効性を侵食され，最低賃金の設定も逆に賃金相場を押し下げる圧力を発生させる可能性を指摘している。これも自由な労働市場を追求する原理主義的な言説においては一般的である。このように労働協約の無意味を説く一方で，Nef は労働組合がその機能を大きく変えて行くと予測し，その「認証機構」としての役割を提示する。労働組合は，所定の労働市場の標準に基づいて企業の賃金構造を評価し，その経営管理を細かく監視するようになるとしている。個別の企業の収益力と市場における地位を勘案した賃金及び労働条件に関する評価が，ここでの認証の決定要素となる。しかし，対抗的な分配関係の一方の当事者であることから離脱して，労働組合が「公正な認証」を行う第三者的な機関に変身する必然性を見出すことは困難と思われる。本章で検討してきた「ベルリンの壁の崩壊」以降の変容著しいスイス労働関係における労働組合の活動からもそのような兆候は見られない。

文献資料

EIRR: "European Industrial Relations Review" No. 205 (Feb 1991)〜No. 393 (Oct 2006).

Urs Ch. Nef, Collective Agreement and Individual Contracts of Employment under Modern Labour Conditions-Swiss Report; M. Sewerynski, Collective Agreement and Individual Contracts of Employment, 239-251, (2003), Kluwer Law International.

Urteil des Schiedsgerichits Swiss Pilots Association/Swiss International Air Lines AG, Basel vom 17. Juni 2003.

Armin Jans, "Mitbestimmung in der Schweiz und die europäische Herausforderung" in Gewerkschaftliche Rundschau 3/4-1991.

Hans Bauman, "Die Volkswirtschaft" GBI, 9/1997, s. 60.

E. Ackermann, "Vertragsverhandlungen 1997, eine Übersicht aus dem Bereich der SGB Gewerkschaften" (1998) SGB.

Ewald Ackermann, "Vertragsverhandlungen 1999, eine Übersicht aus dem Bereich der SGB-Gewerkschaften" (2000) SGB.

おわりに

　スイスの労使関係の制度は，近隣のドイツ語圏諸国とは驚くほど異なっている。オーストリアやドイツでは基本的に強力なナショナルセンターが存在し，協約交渉を牽引して来たが，スイスではイデオロギーや階層によってナショナルセンター自体が分立している。オーストリア・ドイツモデルの特徴である産業全体としての交渉の伝統は，スイスではあまり受け入れられておらず，交渉は「分権的」な性格が濃い。さらにスイスの場合，この領域を規制する立法が相対的に少なく，「ボランタリズム」の伝統が強固である。ドイツの労働協約システムの特色は，労使が交渉によって締結する労働協約が賃金，労働時間の水準など基本的な労働条件を定め，事業所委員会が賃金の配分，労働時間の設定，服務規律などの諸条件の具体的運用について経営側と協議決定していくという二元的システムにある。法制上は，労働協約が産業，地域などの適用領域において法律と同様の効果を持つのに対して，事業所協定はもっぱら事業所内の労働条件の整備，運用に関する規程であり，労働協約を補完する存在である。

　スイスでは団体交渉の行われる水準は，産業ごとに異なっている。製造業では全国協約が支配的であるが，使用者団体に加盟していない企業で適用される個別的な企業内協約もあり，また加盟企業も企業独自の方針で全国協約の補充を希望することもある。建築や自動車など技能系の職種では，職種別の全国協約が主要な労働条件を規制しており，加えて，多くの地域・地方レベルの協定によって，これを補充している。サービス部門は，ホテル，仕出し，金融，保険，理容などでは，分野ごとに職種別の全国協約で規制される一方で，企業内協約が存在している場合は，地域，地方協約に沿った規制が行われている。その他のサービス部門では，小売業や民間の保健福祉系の事業のように，労働協約が存在しないか重要視されていないという領域もある。このようにスイスでは特色ある多彩な交渉の構造が存在し，地域，産業ごとの差異は多様で，非完結的な協約システムが形成されている。

　労働組合の連合体は，スイスでは直接に団体交渉に関与することはない。団体交渉は個別の労働組合が担当することになっている。使用者側でも，使用者団体の連

合体が交渉代理として交渉にあたることはない。労働協約は個々の使用者団体または使用者が締結することになっている。一方，使用者団体であるZSAOに加盟している使用者の多くは，企業レベルでの交渉を行っていない。機械及び時計製造業ではやや変則的であって，他の全ての労働条件は全国レベルで締結される労働協約で決定されるが，賃金に関してだけは個別の企業と経営協議会との交渉によって締結される賃金協定によって決定される。この場合，経営協定は労働組合がその当事者となっていないので，労働協約としての地位を持たない。

　90年代以降，ドイツでも顕著になってきた労働条件の弾力化とその決定の個別化の流れは，ドイツ協約法制上の建前を侵食している。それは，主に経営者が使用者団体から脱退して労働協約の規制を離れる「協約からの逃避」現象や，事業所ごとに弾力的な労働条件の設定を可能にする規程（開放条項）が労働協約に盛り込まれる「弾力化」の現象として現れている。後者に関しては，企業別労働条件決定に向けた流れを加速させるとともに，交渉内容の面で，雇用保障と引替えに労働協約に定められた労働条件からの逸脱を可能にする動きが注目されている。これを示す「事業所レベルの雇用のための同盟」という言葉も定着してきた。（吉田和央「ドイツの協約自治システムと労働条件決定の個別化」日独労働法協会会報6号39頁・2005年）

　今日，多くのドイツ企業では，労働協約からの逸脱が見られる。従業員は規定された労働時間より長く働き，事業所委員会は労働協約の逸脱に見て見ぬふりをする。労働組合及び使用者団体でさえ根拠のある場合には共通して目を「逸らし」，公の場で労働協約からの逸脱について語らない。実務における協約当事者達のこの柔軟性の方が，政治的な場での柔軟性に関する議論よりも遥かに先行している。（2006年2月のJILTP国際フォーラムでのマルティン・ポール氏の講演）

　他の西欧諸国と同様にスイスでも，近年，団体交渉の分権化に向けた圧力が高まっている。1991年には，いくつかの企業が経営者団体から脱退した。これらの中には，時計製造，印刷，出版及び繊維などの産業の企業が含まれていた。これらの事例のなかには，競争的な環境でのリストラが経営者団体からの脱退を助長している実態もあった。一部の企業は，使用者団体の抱える要望が多すぎて，交渉での歩み

おわりに

寄りが出来ず,一方で,闘う準備も出来ていないと苦言を呈している。大手企業の使用者は,使用者団体が会員の多数を形成している中小零細事業者の利益だけを活動のベースにしていると非難している。

　ドイツでは近年,労使協議のあり方に大きな影響を及ぼす「協約自治」の制限を立法化する動きが注目される。現行制度の下では個別事業所の労働条件が労働協約を下回ることについては,有利原則によって開放条項を用いた場合以外には予定されていない。これに対して,開放条項がなくとも個別事業所の労使の合意により協約水準を下回る労働条件決定を可能にする立法案が提起されている

　1996年春スイス,バーゼル地区の化学産業で締結された労働協約は,賃金交渉の第1段階では労働組合を交渉から排除し,企業の従業員代表と使用者との間で交渉が行われることになった。労働組合は交渉の第2段階から使用者との交渉に入る。第3段階では,必要があれば全ての当事者が交渉に自由に参加することになる。団体交渉における労組の役割は縮小しつつある。同じ1996年に施行された銀行業の労働協約にも,賃金交渉における3段階システムが導入された。賃金交渉の第1段階では労組は交渉から排除される。スイス銀行員組合とスイス商業労組の銀行関係の二つの労働組合は,この段階では企業内の従業員代表と使用者との間の交渉結果を受け入れる。交渉の第2段階または,交渉が不調の場合に限って,労働組合は個々の銀行との交渉を行うことが出来る。交渉が不調の場合,仲裁手続に委ねられる。このため労働組合は,企業内の交渉代表をしっかりと支えていく必要性を訴えている。

　協約を規制する立法の少ないスイスでは,協約交渉は周辺ドイツ語圏諸国とは異なった様相を呈している。スイス集団的労働関係における「分権的」な性格と「ボランタリズム」の伝統が,産業平和を重んじる気風とともに,これまでの安定的なスイス労使関係を支えてきた。協約交渉をめぐる社会経済的な環境はドイツと同様であるが,これに対応するスタンスは,スイスの場合,より柔軟であるといえる。ドイツにおける「逸脱」と「弾力化」をシステムとして包摂してしまうところにスイスの労働協約の制度としての特質があるといえる。

著者紹介

中野　育男（なかの　いくお）

略　歴

1952年神奈川県箱根町生れ
法政大学大学院社会科学研究科博士課程修了
法政大学講師，宮崎大学助教授などを経て
現在，専修大学教授（社会学博士）

著　書

『米国統治下沖縄の社会と法』（単著・専修大学出版局）2005年
『学校から職業への迷走』（単著・専修大学出版局）2002年
『スイス労働契約の研究』（単著・総合労働研究所）1995年
『市民社会の変容と労働法』（共著・信山社）2005年
『福祉国家への視座』（共著・ミネルヴァ書房）2000年
『少子化と社会法の課題』（共著・法政大学出版局）1999年ほか

スイスの労働協約

2007年10月25日　第1版第1刷

著　者　中野　育男
発行者　原田　敏行
発行所　専修大学出版局
　　　　〒101-0051　東京都千代田区神田神保町3-8-3
　　　　　　　　　　㈱専大センチュリー内
　　　　電話　03-3263-4230㈹
印　刷
製　本　藤原印刷株式会社

Ⓒ Ikuo Nakano　2007　Printed in Japan
ISBN978-4-88125-199-7

◇専修大学出版局の本◇

米国統治下沖縄の社会と法
中野育男著　　　Ａ５判　　310頁　　定価3360円

学校から職業への迷走
―若年者雇用保障と職業教育・訓練―
中野育男著　　　Ａ５判　　272頁　　定価2940円

首都圏人口の将来像
―都心と郊外の人口地理学―
江崎雄治著　　　Ａ５判　　182頁　　定価2940円

日本国憲法第9条成立の思想的淵源の研究
―「戦争非合法化」論と日本国憲法の平和主義―
河上暁弘著　　　Ａ５判　　424頁　　定価6510円

少年の刑事責任
―年齢と刑事責任能力の視点から―
渡邊一弘著　　　Ａ５判　　282頁　　定価3990円

社会保障の立法政策
坂本重雄著　　　Ａ５判　　426頁　　定価7140円